Louis XIV

* * *

« Du temps où j'étais roi »

1671-1715

DU MÊME AUTEUR

AUX EDITIONS PLON

Louis XIV, I. *Le lever du Soleil*
Louis XIV, II. *Les passions et la gloire*
Bref traité de la colère, une passion interdite

AUX EDITIONS RAMSAY

Le Procès perdu de Thomas D.

AUX EDITIONS BERNARD GRASSET

La vie est un jeu d'enfant
Mémoires d'un homme amoureux
Le Dernier Amour d'Aramis (prix Interallié)
Boire

AUX EDITIONS BELFOND

Le Génie des Orifices (Esthétique des plaisirs de la table et du lit)

AUX EDITIONS MAZARINE

Stephen King, le faiseur d'histoires

AUX EDITIONS FLAMMARION

La Prochaine Polaire
Je danse pour les cannibales
Supplique au roi de Norvège

Jean-Pierre Dufreigne

Louis XIV

* * *

« Du temps où j'étais roi »

1671-1715

Roman

Plon

ISBN 2-259-19505-9

A Noëlle

« Ah ! Louis XIV, Louis XIV, que n'étais-tu philosophe ! »

VOLTAIRE,
Le Siècle de Louis XIV.

DERNIER AVERTISSEMENT

Ce troisième tome du « Roman du Roi » fait suite à *Louis XIV, le lever du Soleil*, et *Louis XIV, les passions et la gloire*, parus chez le même éditeur en novembre 2002 et septembre 2003.

De nouveau, nous avertissons le lecteur qu'il s'agit là d'un roman et non d'un essai historique.

L'auteur rappelle qu'il n'a pas voulu introduire dans le récit un seul personnage fictif qui eût pu lui faciliter la tâche, certes, mais aurait apporté l'artifice.

Le but de ce roman sur le plus grand roi de France, grand par le mythe qu'il a su créer de sa propre personne, était et demeure de le comprendre, de l'intérieur, comme tout romancier fait de son héros, qu'il soit sympathique ou odieux.

A la nécessité de respect de la vérité historique, s'ajoute celle de la vérité psychologique. Vérité ou point de vue subjectif ? C'est en s'aidant de la lecture (fort agréable) des auteurs du temps puis des historiens, dont il réclame une fois encore l'indulgence, que l'auteur a tenté de percer le mystère du roi le plus célèbre mais aussi le plus secret de notre Histoire.

L'auteur doit quelque explication au lecteur. Dans les deux précédents tomes, certains ont pu remarquer que des événements ont été à peine esquissés ou passés sous silence. C'est que l'histoire du monde et de l'époque est aussi riche que l'histoire de l'homme, mais que cet homme, doté d'une fabuleuse mémoire selon tous les témoins de son siècle, réagit souvent ou mieux, agit a posteriori, par souvenir de ces événements précédents, dont il tire la leçon. Sa propre leçon. Ce qui aurait pu donner une séquence spectaculaire, pour parler comme un cinéaste, aurait, à coup sûr, alourdi la narration et délié les liens serrés dans lesquels il importait, nous semble-t-il, de tenir la personnalité, riche et parfois contradictoire — bref, humaine — de notre héros.

Car Louis XIV est un héros romanesque et tragique dont les actes ne sont pas non plus exempts de traits de comédie. Le roi faisait des farces à ses proches ou à ses courtisans ! Il peut être aussi, selon les critères romanesques modernes, un « antihéros ».

L'auteur avoue avoir joué avec la durée ; certains événements s'étalant sur une semaine, voire un mois, ont été condensés parfois en une journée ou une heure. Le lecteur nous permettra ce respect de la règle des trois unités, de temps, de lieu et d'action, qui fut instaurée au Grand Siècle et à laquelle se sont tenus les meilleurs auteurs de comédies et de tragédies de cette époque classique. Elle permet de mieux condenser la réalité historique et la nécessité dramatique. Notre seul dessein fut de « plaire au public », comme le disait Molière, qui s'y connaissait, par cette même condensation.

Bien sûr, il fut commis des « impasses ». Le temps d'une vie est fait d'instants qu'il importe de saisir au vol afin de leur donner leur vraie saveur de la vie. Ces instants sont, dans une mécanique parfaite comme fut celle de la Cour, répétitifs. Nous n'allions pas rabâcher.

Enfin, il est évident que le système politique du Grand Siècle nous serait aujourd'hui insupportable. Mais, à l'époque, dans les mémoires, les journaux ou les historiettes, et donc dans ces romans que nous en trayons, il était normal et accepté. Sauf par de minces franges. Pour éviter tout anachronisme de jugement, l'auteur avoue là encore s'être placé du point de vue d'une époque médiane entre le siècle de Louis XIV et aujourd'hui. Celui des Lumières. Né sous les héritiers de notre héros, Louis, et dans le même système politique : l'absolutisme royal.

Le lecteur fidèle aura remarqué que, depuis deux volumes, le principal des épigraphes est tiré de Voltaire. Il ne s'agit pas là de forfanterie, de « vanité d'auteur » à se comparer à l'esprit le plus brillant de la littérature française, mais d'un angle de « prise de vue » pour rester dans la métaphore cinématographique. Voltaire, ennemi de l'absolutisme, parangon, lui aussi humain et contradictoire, des Lumières, écrivit *Le Siècle de Louis XIV*, dans lequel il est né, et sous lequel il vécut jusqu'à ses vingt et un ans. Il en tira un hommage à l'homme, à son esprit, à la gloire de son temps et au triomphe de l'art français, sans omettre les erreurs tragiques, les fautes politiques, qui ternissent sans doute l'image mythique, mais rehaussent le pouvoir dramatique — et dramaturgique — de l'Homme Louis, de l'Homme Roi.

C'était, à notre avis, le meilleur et le plus juste éclairage qui soit. Il ne négligeait pas les ombres.

J.-P. D.

PROLOGUE

LA NUIT DE LA SAINT-LOUIS

Ainsi, cela commençait par le froid. Le froid des chevauchées d'automne dans les forêts de La Laye ou de Chambord, l'hiver quand on traque le loup. Le froid des palais où les fenêtres s'ouvraient grand dès qu'il pénétrait dans une pièce. Et tout le monde y grelottait. Le froid des sièges qu'il aima tant diriger, où il aimait aussi parader, devant les villes de l'Est et du Nord, gardiennes du Rhin ou des polders bataves.

Un froid venu peut être aussi de l'enfance, sur une botte de paille de Saint-Germain, par une nuit des Rois, où l'on dut fuir la noblesse révoltée plutôt que de traquer la fève d'or dans une galette de frangipane.

Le froid était aimable en ce lit de souffrance, sur ce corps en sa chemise froissée, sous des draps humides de sueurs, une couverture de fourrure et une courtepointe damassée. Le froid avait gommé la douleur de la jambe malade. Gobé même, comme si cette douleur ne devait plus jamais exister à l'avenir. Un avenir amenuisé à quelques jours, quelques heures, il en ignorait la durée, mais ce qu'il savait c'est que cela avait commencé. Par le froid dans une jambe pourrie jusqu'à l'os, des orteils au haut de la cuisse, et qui ne diffusait plus nulle douleur. Une jambe incisée, charcutée par M. Félix, sous la surveillance de M. Fagon. Le froid qui endort la douleur est un bienfait. Bientôt, dans un avenir si proche qu'il lui soufflait dans le cou comme un cheval que l'on tient par la bride, à pied, le temps d'un repos, annonce déjà qu'il est prêt à reprendre le galop.

L'avenir allait entreprendre et terminer sa dernière course et le passé était immense derrière lui. Plus de trois quarts de siècle de vie. Un règne qui avait dépassé les soixante-douze ans auxquels il comptait bien ajouter cent jours. Il n'en était qu'à quatre-vingt-treize. Autant finir sur un chiffre rond. Il fallait tenir une semaine. On était à la Saint-Louis. Mais il n'y eut pas de fête dans tout le royaume. Il y eut des messes, seulement, des processions de reliques saintes, des prières commandées, exigées, et des chuchotis de la Cour. Le Roi passerait-il le jour de sa fête qui était celle de son royaume ? Les messes et les prières auraient-elles rempli leur office : allonger la vie, c'est-à-dire la douleur ?

Il est quelques années, déjà, que les messes ont remplacé les fêtes. Elle y veillait. Il était bien sûr toujours le Lieutenant de Dieu sur sa Terre, mais elle, elle en était la voix parfois, le regard toujours, et la volonté : le ramener, lui, à Dieu, quelque douleur que cela pût coûter.

Il était seul, comme depuis sa naissance, pourtant elle le veillait. Mais elle s'était endormie, la chère frileuse, dans une bergère de velours vert rehaussée d'un coussin rouge en oreiller, avec des glands d'or, de couvertures, de boutis venus de Provence, de fourrure sur ses jambes reposant sur un tabouret à l'épaisse et moelleuse assise matelassée. Qu'elle dorme enfin, frigorifiée et le nez rouge. Serait-elle enchifrenée que ce serait un autre bienfait, l'odeur de pestilence, de gangrène des chairs lui échapperait, comme elle échappait au malade allongé dans un lit presque d'apparat, et qui s'était tant habitué à cette horreur à ne plus la sentir, surveillant, l'œil encore vif et narquois, son assaut contre les visiteurs qui tentaient vainement de dissimuler leur haut-de-cœur.

Il sourit dans son lit. Et eut honte de ce sourire.

Le feu brûlait dans la cheminée et le valet, un garçon bleu, comme on les nomme d'après leur livrée et qui ne sont pas plus que mannequins vêtus du bleu de roi, dormait sur le tapis près de l'âtre. Voilà un homme que je vois chaque jour, chaque nuit, qui veille sur le moindre désir, l'ombre d'un besoin et que je connais si mal que j'en ignore le nom. Ou le connais-je trop bien. Le réveiller et lui dire de faire entrer les chiens, pour que leur odeur fauve cache, mal sans doute, l'autre odeur, celle de la jambe mourante ?

Qu'il dorme lui aussi. Mal à l'aise près du feu de sa fidélité qui n'arrive pas à réchauffer mes quelques pieds carrés de chambre d'agonie. Mais qui lui le met en sueur. Nous sommes à la fin d'août, le 25, et on m'a dit que les vendanges avaient commencé en Bourgogne. L'été fut si chaud qu'on coupe déjà le raisin. Il est important pour un Roi de savoir ces choses-là. Pourtant, j'ai froid.

Un autre valet, un Valet majuscule, distingué par le fait qu'il régnait sur la Chambre, et n'était ni un chien couchant ni en bleu, lui avait lu il y a bien longtemps des contes au coucher, des histoires de rois, de princesses et de chevaliers. Des histoires de fantômes récalcitrants et parfois comiques qui s'égaillaient en certains palais. Il se souvenait que, chaque fois, la visite du fantôme s'accompagnait d'une sensation de froid, même en plein été. Se souvenir, à son âge, d'un détail minuscule des contes de son enfance !

Il tenta de percer les ombres de la chambre dans les coins les moins éclairés par le foyer de la cheminée, et les deux veilleuses. Le froid était là, mais les fantômes ne le visitaient pas. Pourtant il avait envie de les appeler, de les mander céans et qu'eux aussi obéissent fût-ce pour lui adresser leurs remontrances. Trois quarts de siècle de vie et pas un seul fantôme ! Mon immense passé ne serait-il qu'un désert ? Pas un soldat rugueux mais couvert de blessures et de courage, pas un amour mort ou éloigné, pas un sourire, pas un ennemi glorieux vaincu ou vainqueur, personne pour le visiter alors que, il le savait en son âme autant qu'en sa chair, cela commençait.

Pas une âme pour l'accompagner. Cela ne se passait pas ainsi dans les contes et même les Ecritures saintes. Où sont les archanges, les anges, les trônes et les dominations, cette hiérarchie angélique aussi nombreuse qu'une Cour ? Où sont les figures des remords qui accompagnent chaque pécheur, c'est-à-dire chaque humain, quand l'horloge approche du glas de la dernière heure ? Où sont les visages défunts de la joie, des rares bonheurs, des instants de gloire ? Où est ma mère ?

Un parfum d'orange mêlé de celui d'herbe mouillée. Béni soit mon goût pour les fenêtres ouvertes. Bénie soit ma mémoire qui fait ressurgir cette écorce d'orange enrobée de chocolat espagnol et que ma mère croquait avec le sourire, dans des collations forestières où elle me menait. Ce n'est que le vent qui vient de l'orangerie. Il est tiède sur mon visage, et j'ai froid. La Saint-Louis fut pour moi une journée de fièvre : la brûlure du sang dans un corps qui grelotte.

Et cet étrange silence quand on a toujours vécu dans le bruit, même à nuit avancée. Aucun mousquetaire ne ronfle plus dans l'antichambre en équilibre sur deux chaises en travers de la porte. On ne sait plus ronfler. D'Artagnan ronflait à briser les vitres ! Il fallait parfois envoyer le secouer pour pouvoir sommeiller. Le malade sourit. Ce garçon bleu près de l'âtre a un souffle de bébé.

Il comprit : nul ne ronflait dans l'antichambre car nul n'y dormait. Ils avaient fui s'amuser ailleurs. Non, l'heure est trop tardive, il savait qu'ils étaient là. Ils attendaient. Ils attendaient que le froid eût terminé son œuvre. Et ils attendaient en silence le grand cri qui annoncerait, telles les Trompettes du Jugement, la fin de Tout, le début d'un monde nouveau.

Fagon ne m'a rien dit de ce froid monté à l'assaut d'un membre et qui m'envahit le corps. Et son quinquina n'y peut mais. Je suis couvert de flanelle et dans mon manteau de satin, coiffé d'un bonnet sur les cheveux si ternes et fuyants, dans une moiteur qui doit m'être salutaire et qui n'est qu'un bain de sueur glacée.

Il se reprocha d'avoir parlé à voix haute, au risque de réveiller la vieille femme, son aînée de deux ans, qui veillait près de lui et veillait tant sur lui qu'un simple murmure pouvait suffire à la tirer de son sommeil si rare. Il retint son souffle tant qu'il put, pas bien longtemps ; non, elle restait assoupie.

Fagon ne lui avait pas dit que cela commençait par cette sensation de froid. Fagon et tous les autres médecins ne savaient rien de rien. Et son père qui mourut quand il avait quatre ans ne lui avait pas non plus parlé de ce gel qui saisissait le corps. Mais se souvenait-il encore de cet instant-là ? Une refabrication de son esprit aujourd'hui tant vieilli. Il était en cet instant bien plus vieux que son père, au moins trente ans de plus.

Mon père pourrait être mon fils défunt.

Une larme roula dont il ne prit pas conscience, seules la nuit et la bobèche en veilleuse dans son mortier en furent des témoins indifférents. Il avait enterré tous ses enfants, toute sa famille, il lui restait seulement un petit garçon de cinq ans, nommé comme lui. Son petit-fils ? Arrière-petit-fils ?

Pourquoi l'esprit ne sait-il plus compter ? Pourquoi l'esprit refuse-t-il une aussi simple vérité ? Alors que durant toute une longue vie, ma mémoire fut célèbre, à juste raison. Ma mémoire ne pardonnait rien, mais n'oubliait jamais.

Est-il bon, est-il sain pour l'esprit de se tant questionner ?

Arrière-petit-fils ! Dernier surgeon d'une descendance morte. Futur Roi Louis. Louis le Quinzième. On lui ferait peur à se ruer en nombre chez lui, pour le saluer. Il n'y verrait qu'une intrusion, une charge ennemie ; je le sais, je l'ai vécu quand j'avais quatre ans. Ce fut un moment de terreur et j'ai réussi à le masquer. Déjà, ce goût du secret.

Le malade sourit. Et puis cela avait créé un événement plaisant pour la Cour. Une rupture dans l'ennui. Les vieux rois ne sont plus rois, ils ennuient. Je le sais, à mon âge on ne ment plus. Mon père est mort jeune, mais je me souviens de son murmure : « Mon fils, j'ennuie tout le monde... » Et sur son visage de cire, ou de vieil ivoire, ce même sourire, triste mais comme apaisé. Il ne voulait trop me garder près de lui, « à cause de l'odeur », disait-il, mais aussi des vers qui rongeaient son corps meurtri. J'ai entendu Fagon chuchoter hier : « Selles ardentes mêlées de sérosités huileuses, et de vers longs de plus d'un quartier. » On ne chuchote pas devant le Roi, monsieur Fagon !

De nouveau il sourit. Le sourire de mon père mourant. Dernière image. Ai-je eu le temps de l'aimer ? non, oui ? Sans doute, puisque ce souvenir est resté. Ai-je construit Versailles où je me meurs sur le souvenir de ce sourire-là ? Il y aimait son château de cartes, simple relais de chasse, j'en ai fait l'image de la royauté. Non, messieurs qui protestiez dans mon dos, je n'ai pas édifié un palais qui a changé un bourg en ville royale, sur des marais, des étangs, battus par les pires vents d'Ile-de-France, je l'ai construit sur ce sourire d'ivoire d'un noble roi chevalier déjà statufié de son vivant. Est-on encore vivant quand on se meurt ? Mon esprit pense, mon corps souffre, la vie est donc là occupée à batailler une dernière fois, mais un roi à l'agonie n'est plus le roi. Déjà l'ancien roi.

Soyons toujours le Roi.

Il s'était imaginé une noble allure, des vêtements d'apparat, des paroles bien senties, un bel après-midi ou une matinée de soleil. Non, il faisait nuit, il était seul en une chambre où un feu jetait ses derniers éclats dans un âtre au seul profit d'un valet couché en chien de fusil sur un tapis. Et le vieil amour s'était enfin assoupi sur une duchesse brisée. Le nom du meuble le fit sourire alors que la larme atteignait son menton. Faiseur de duchesses, briseur de duchesses... Du moins le deuil avait-il reculé le temps d'un mot d'esprit. Et, reculant, s'était atténué.

Combien de morts dans ta vie ? Parents, épouse, enfants, maîtresses. Mais aussi soldats, maréchaux, condamnés, miséreux crevant la famine ou sous le coup du gel. Protestants livrés aux dragons, ou bien fuyant par deux cent mille chez les princes allemands ou chez le pire ennemi, Guillaume d'Orange, ce Batave devenu roi d'Angleterre. Amis aussi.

Eut-il jamais des amis ? A-t-on des amis quand on ne peut avouer son amitié ? Quand on ne peut montrer que de la faveur ?

Lui restent aussi quelques bâtards ou leurs descendants, la duchesse d'Orléans, le duc du Maine, le comte de Toulouse. Enfants de l'amour ? De l'adultère et de l'amour, oui.

Ces pensées sont les bienvenues, fussent-elles déplaisantes, d'ordinaire dans ces nuits d'insomnie, il s'ennuie tant qu'il passe des heures à prier, répétant son *Confiteor* jusqu'à ce que ce soit machinal, un rabâchage de fou, sans plus de sens que le mauvais latin des médecins. Mais cela tue le temps et peut-être plaît-elle aussi à Dieu, cette mélopée sans fin comme la roue de feu d'Ezéchiel.

Surtout, elle éloigne les cauchemars. Depuis dix ans, ils mènent l'assaut chaque nuit. « Simple augmentation de la sérosité mélancolique par beaucoup d'occasions de chagrin », merci, monsieur Fagon, d'une telle science ! Je connais mieux que vous mes chagrins. Et d'eux, rien que d'eux, je demeure le Roi.

Mais pourquoi, cher monsieur Fagon, ce froid alors qu'on est à la fin d'août ? La vérité le fait sursauter en son lit. Pourquoi ce feu dans l'âtre, ces fourrures sur le lit et sur la femme qui dort en sa bergère ? Ah oui, elle est frileuse. Et puis on veut me mentir : si je ressens le froid c'est qu'il fait froid. Un reste du grand hiver qui gela mon royaume et tua des milliers de gens. Le froid vient de l'air, du climat, de la nuit et non de l'intérieur de moi. Comme si j'avais jamais commandé au ciel, au vent, à la pluie. Au Soleil ! Comme si me mentir était me complaire et me rassurer... Pauvres benêts. M'ont-ils jamais dit la vérité ? Même une erreur qu'ils auraient crue être une vérité ? Le leur reprocher serait indigne, je les ai voulus et faits ainsi. Même elle qui dort sans rêve, je l'espère, car ses rêves sont tristes comme sa vie.

Plus de trente ans de tristesse à mes côtés. Et de prières à Dieu qu'Il me maintienne en vie. Jusqu'à mon agacement de tant de piété et de bondieuseries !

Qu'on m'envoie plutôt mes fantômes !

Il semblerait que je ne commandasse pas plus au royaume des Morts qu'à la douceur des nuits d'août.

Mais une sensation de froid par nuit douce est pourtant annonciatrice de leur venue. On me l'a lu dans mon enfance, dans ces contes espagnols, les fantômes y hantaient surtout la Sierra Morena. Mes armées s'y battirent. Mon petit-fils y règne.

Quand le jour va-t-il se lever ? Quand l'homme soleil qui s'éteint va-t-il voir le soleil du matin ? Va-t-il le voir ?

Je le verrai.

Il est bon parfois de ne se sentir qu'homme.

Encore quelques heures de nuit, par pitié. Je veux voir devant moi les ombres chères ou haïes, celles et ceux que j'ai croisés, combattus, embrassés, distingués, oubliés, trahis. Qui firent mon règne.

Un gloussement de vieille femme lui échappa.

Les fantômes arrivaient-ils enfin ?

Souvenir de Boileau devant lui, malade, aspirant au repos, et qui en mourra. Tiens, Boileau était un ami et ignorait cette amitié. Il croyait à ma faiblesse lui distribuant des bienfaits.

— Boileau, que restera-t-il de mon règne ?

Je l'ai vu hésiter, avoir peur sans doute, alors qu'il pouvait parler en toute liberté. Puis oser :

— Molière, sire...

Il m'a surpris, ce vieux courtisan si plein de talents que je l'avais nommé mon historiographe. M'attendais-je à quelque haut fait militaire, à quelque somptueux bâtiment ? Non, un histrion. Je n'ai trouvé à lui répondre que :

— Tiens, Molière... Ce gentil baladin.

Il bougea dans le lit et du pied à la cuisse ce ne fut que douleur. Il cessa de respirer. Le froid revint qui endormit l'horreur de cette jambe pourrissante.

Il en respira l'odeur infâme.

La vérité.

Boileau m'avait dit la vérité. Il restera des bâtiments fameux, il restera des guerres, des victoires et des traités, un royaume, mais il restera surtout l'âme humaine de mon siècle, peinte par un valet de chambre tapissier, et qui a débordé sur le suivant ; il restera une longue et étrange comédie que j'ai voulue ainsi et dont je fus l'auteur et l'acteur principal.

A vrai dire, y ai-je au moins égalé Molière ?

Louis sourit pour la troisième fois, comme le Christ tombe pendant le chemin de croix lors de sa Passion. Il verrait le soleil du matin. Encore cette fois-ci. Peut-être la dernière.

Alors son âme s'ouvrit aussi grande que sa mémoire si célèbre et étonnante. Et tous ses fantômes vinrent à sa rencontre.

Ce fut une assez plaisante fin de nuit de la Saint-Louis.

ACTE PREMIER

DE LA COMÉDIE

« La Cour de France en vérité est la plus belle comédie du monde. »

PRIMI VISCONTI

MOLIÈRE, QUI N'EST PAS RIEUR...

Il est, au coin de la rue Planchette et de la grande rue d'Auteuil, une petite maison, modeste d'apparence mais dont la façade sans trop de grâce, si ce n'est quatre belles fenêtres, dissimule à l'arrière un vaste jardin que les amis du locataire nomment un parc. Elle appartient à Jacques de Grou, écuyer, sieur de Beaufort. Il ne lui déplaît pas qu'on voie parfois en lui quelque cousin éloigné du duc de Beaufort, roi des Halles, et fils bâtard du Roi Henri IV. De Grou a donné sa maison en location à un histrion, ce qui montre chez cet écuyer un esprit assez indépendant et sans doute du goût pour l'art. Cela fait trois ans qu'un homme de théâtre lui paie loyer et y loge sa famille, son épouse Armande et ses enfants dont une adorable petite fille, Esprit-Madeleine.

De Grou sait pertinemment, tout Paris le sait, et Auteuil aussi, que le fils aîné de l'histrion, Louis, a pour parrain le Roi Louis XIV et que la petite fille avait pour marraine Madame qui s'en vient de mourir. L'audace n'est donc pas si grande de louer à un comédien, puisque ce chef de troupe, cet écrivain, même s'il eut maille à partir avec les religieux et les aristocrates, remplit aussi l'office de valet de chambre tapissier du Roi : Jean-Baptiste Poquelin, dit Molière. Une charge héréditaire comme tout en ce royaume depuis celle de roi jusqu'à celle de savetier : ainsi naît-on, ainsi meurt-on. Rien ne doit changer, le temps est à l'immuable. Mais le valet de chambre tapissier qui eut souvent l'honneur de lisser au matin le drap du Roi et, ainsi, d'échanger quelques mots avec un monarque souriant, car

Louis appréciait l'esprit de Jean-Baptiste, qu'il appelait par son nom de théâtre et tutoyait, était l'image même du changement décidé patiemment, c'est-à-dire en dissimulant ou, mieux, en bridant ses impatiences, par le monarque. Il avait bridé les grands, les princes du sang, les ducs et pairs, et avait attiré au plus près de lui les bourgeois qu'il avait anoblis ou laissés prendre le nom de quelque terre. Colbert, bien sûr, Louvois déjà.

Bon an, mal an, avec ses pensions royales et les recettes de ses pièces au théâtre du Petit-Bourbon, puis du Palais-Royal, les revenus du locataire sont convenables et jamais ce saltimbanque ne fut en retard sur un terme. Ses vêtements dénoncent l'homme de qualité, de bon tissu feuille morte, couleur modeste et sa préférée depuis qu'il a passé ses quarante ans, ornés de passementeries vertes. Ce depuis *Le Misanthrope* et son « homme aux rubans verts », que M. de Grou était allé voir ayant obtenu de son locataire des places gracieuses, et qui lui avait fort plu. Voilà une comédie de bel esprit ! Et Célimène était parfaite coquette et lui rappela l'épouse du locataire. *L'Avare* avait moins enchanté le sieur de Grou ainsi d'ailleurs que Paris en son entier. Molière y toussait trop, y était trop maigre, trop noir. Serait-il malade ? Ce mal sera-t-il néfaste au loyer ? Qu'il ne compte pas sur les médecins pour le soigner.

Molière ne comptait plus sur personne. Dans son logement, une vaste cuisine, un grand salon, deux chambres à l'étage, tout le monde dormait.

Il avait examiné les recettes, lu le registre de La Grange, revu le programme des représentations de l'année. Il avait marché dans son jardin qu'il se refusait à nommer, lui, le parc. Ce mot faisait jaillir une douleur : la trahison de la Du Parc, étoile de sa compagnie, que Racine lui avait volée pour l'hôtel de Bourgogne et ses tragédies. Elle était morte empoisonnée. Madame, la Du Parc... Cela devenait une mode.

Il parcourait le jardin comme chaque fois qu'une pensée confuse méritait d'être clarifiée, qu'une tirade lui échappait, qu'un canevas de pièce lui donnait du fil à retordre. C'est son ami Boileau qui lui avait enseigné cette panacée des esprits tourmentés. Boileau non plus ne resplendissait pas de santé.

La nuit était calme, assez fraîche, un léger vent vivifiant lui rosait les joues. La seule roseur de ma vie actuelle. Molière, à cinquante ans, se sentait seul, abandonné, et seul il préférait marcher en ce jardin si accueillant. Il y avait donné des collations, des fêtes, entre famille et amis. Qu'étaient ses amis devenus ?

Madame était morte. Madame qui l'avait soutenu, toujours, lui et aussi Racine. Racine qui l'avait trahi et ne donnait plus ses pièces qu'à l'hôtel de Bourgogne, la compagnie rivale, après les lui avoir promises. Racine aimait donc trahir, lui qui dînait et soupait chez la Montespan. Boileau aussi partageait la table de la favorite, mais Boileau était fidèle. Il restait encore Condé à le protéger, à avoir imposé son *Tartuffe* du temps qu'il était interdit, le faisant jouer en son château de Chantilly ou au Raincy. Monsieur le Prince était grand seigneur et pas méchant homme. Il avait lui-même soutenu *Dom Juan*. Enfin le Roi avait levé l'interdiction du *Tartuffe* l'an passé. Molière avait joué la troisième version d'une pièce. Une pièce commandée il y a six ans par Sa Majesté elle-même et que Sa Majesté avait interdite après la fête des Plaisirs de l'Ile-Enchantée, donnée pour La Vallière. Le Roi avait plié devant sa mère et la Confrérie du Saint-Sacrement, qu'il détestait pourtant et que Mazarin avait interdite en son temps, mais qui était renée de ses cendres, avec à sa tête le prince de Conti, frère de Condé et, lui, devenu dévot et bigot. Dangereux.

Mais le Roi...

Le Roi ne s'intéressait plus à Molière... Comme La Vallière au profit de la Montespan, Molière perdait la faveur au profit de Racine et surtout du traître sodomite, Lully. La pire trahison venait de l'Italien. Le Roi qui méprisait tant le vice italien était entiché de ce violon, il faut avouer qu'il avait du génie, et l'avait obligé, il y a huit ans déjà de cela, de se marier. Molière se souvenait de cette cérémonie bénie en l'église Saint-Germain-l'Auxerrois, de l'autre côté du fossé du Louvre et qui ne signifiait rien. Lully avait épousé sous le carillon si mélodieux qui chantait les plus belles heures de Paris, Madeleine, la fille de Michel Lambert, maître de musique du Roi. Curieuse union... Un masque de plus dans cette Cour qui en comptait tant. Un masque pour plaire au Roi. Molière aussi avait plu.

Il fallait reconquérir son esprit.

Molière avait une idée. Il ferait rire le Roi, il le savait, et leurs rires seraient complices, mais l'occasion de ce rire serait triste.

L'était déjà.

Car il ferait rire le Roi sur la musique de Lully.

Le canevas était tracé, la pièce bien installée, dans sa légèreté, ses ridicules, sa folie, et le ballet final ferait hurler la Cour de joie. Une turquerie endiablée. Venue tout droit de la dernière ambassade envoyée par la Sublime Porte, en la personne de Soliman Aga, et qui avait ravi la Cour.

Ce jour-là, Molière était présent aux Entrées, à titre de valet bien sûr et non de saltimbanque, et pour une fois et depuis si longtemps, le regard du Roi avait croisé le sien, comme au temps des *Fâcheux*, comme au temps du premier *Tartuffe*. Le regard pétillait, complice oserait-on dire, et ce regard lui disait : « Molière, à toi de me bâtir une farce de tout cela ! » Molière avait oublié son hoquet de toute la journée.

Le caractère principal de cette commande tacite serait un de ces bourgeois en quête de blason, de titre et autres affiquets nobiliaires... comme Louvois, comme Colbert. Comme d'autres. De quoi encore se faire des ennemis. Sous la protection du Roi ? Mais il arrivait que le Roi soit plus timide en actes qu'en désirs.

Il entendit le pas des chevaux, les roues d'un carrosse sur les pavés. Le sourire fugace en cette douce nuit s'évanouit.

Une voiture à cette heure, cela peut être bienfait ou danger.

Qui donc pourrait ainsi le visiter ? Visite-t-on encore Molière ? Ou bien venait-on une fois de plus le tourmenter... Non, il ne s'était rien produit de fâcheux en son théâtre qui eût pu alerter les argousins et sbires de M. le Lieutenant général de police Nicolas de La Reynie qui espionnaient les troupes, jusque sur les éphémères tréteaux du Pont-Neuf, et fermaient les librairies pour un vers malencontreux. Quand ils ne les brûlaient pas. Sait-on désormais ce qui peut plaire ou déplaire ?

Molière saisit un flambeau qu'il alluma à l'âtre et retraversa le jardin pour se rendre à la porte d'entrée, et l'ouvrir avant qu'on en active la clochette et réveille la petite Esprit-Madeleine, le grand amour de sa vieillesse où il s'engonçait déjà. Il entrouvrit.

Une femme, un pied fin, une main fine sous la lumière du flambeau qui moirait peau et soie.

— Ninon...

Il prononça le nom dans un souffle.

— Jean-Baptiste, je me languissais de toi, et me languissant je rêvais de toi, et ne pouvais dormir. Alors je suis venue te surprendre en ton gîte.

— Délicieuse surprise, Ninon. Viens, il fait froid déjà.

Le feu ronflait dans la cheminée de la grande salle.

Un mauvais feu, non fait pour chauffer cette nuit étoilée et donc fraîche, mais un feu de destruction. Ninon le reconnut au ronflement hargneux des flammes. Un de ces feux qu'on allume pour brûler les papiers compromettants, les secrets destinés à devenir cendres avant que leur découverte n'allume votre propre bûcher. Pendant la Fronde, Ninon avait surpris bien des seigneurs à en brûler.

Les cahiers cousus de fils noirs, des feuilles éparses gisaient en désordre devant l'âtre.

— Que brûles-tu, Molière ?

Elle reconnut un titre.

— Ah non ! pas *Le Misanthrope* !

— Si, Ninon. Tout. Lettres, pièces, placets, suppliques, sauf les livres de comptes que tient si bien La Grange.

— Pas *L'Avare* non plus ! ni *Dom Juan* !

— *L'Avare* et *Dom Juan* surtout.

— Jean-Baptiste, es-tu fou ?

— Sans doute. Je hais le passé. Je hais mes échecs. *L'Avare* m'a moins rapporté que *Le Misanthrope*, qui me rapporta moins que *Dom Juan*. On ne rit plus quand mon rire est grave. Il déplaît, on l'accuse de penser, de méchanceté. Alors je brûle ce rire qui ne plaît pas. Ninon, suis-je devenu sinistre ? Ennuyeux ? Est-ce que je hais mon prochain et mon temps ?

— Tu hais surtout l'avenir. Que tu injuries en livrant à l'enfer, auquel je ne crois pas, ce qu'il y a de meilleur en toi et assurera ta pérennité.

— Je ne suis qu'un histrion, un baladin, un saltimbanque. Je ne vaux pas Scaramouche. Je suis courbé, contrefait désormais, presque bossu comme feu Scarron. Je tousse à ne plus pouvoir lancer mes répliques sans hoquets. Je tue les mots, Ninon, qui m'arrachent la gorge. Ils mourront ainsi avant moi, j'aurais le bonheur de leur survivre quelques mois.

— Dans un mois, dans un an...

— Ne cite pas Racine ! Il a humilié mon vieux Corneille avec sa *Bérénice*.

— C'était un duel, et tu le sais. La mise à mort de Corneille, l'auteur chéri de la mère du Roi, par Racine, le flatteur du nouveau Roi. Mais accorde au moins à Racine du génie.

— Corneille en eut aussi. Et il est mon ami.

— Jean-Baptiste, arrête tes sottises.

Ninon agenouillée ramassa deux cahiers, et des feuillets que la chaleur de l'âtre déjà boursouflait.

— Ceux-ci, je les garde pour moi. Si tu veux te débarrasser d'Alceste, d'Harpagon, de dom Juan, donne-les-moi. Mais ne brûle plus rien.

— Comme tu voudras. Tu seras bien la seule, Ninon, à te souvenir de moi.

— Parfois, Jean-Baptiste, tu es une bête. Ecrire et jouer aussi bien, et penser aussi mal !

— Es-tu venue pour la dispute ?

— Je suis venue, Molière, pour t'embrasser.

Et la gracieuse cinquantenaire posa un baiser pudique sur le front de son vieil ami qui, de deux ans son cadet, paraissait un vieillard.

— Nous ne nous voyons plus. Tu ne vois plus personne. Ce soir ainsi, Racine et Boileau ont soupé chez moi. Il y avait le jeune Charles de Sévigné qui inquiète fort sa marquise de mère à me fréquenter et la Champmeslé, une nouvelle Du Parc mais avec moins de grâce et plus d'ambition. Et le duc de La Rochefoucauld. Toi, tu m'as manqué. Aussi suis-je venue te visiter.

— Tu es comme mon dom Juan, l'amie du genre humain.

— Oui. Et toi, Alceste. Reparais à la Cour, Molière, tu y as tes entrées et j'y suis interdite.

— La Cour vient chez toi. Mais je vais reparaître, tu as raison.

Il se leva, marcha lentement vers une belle table marquetée d'argent à l'italienne (cadeau de feu Madame), fouilla dans l'écritoire.

— Seulement pour tes yeux...

Ninon prit la liasse de feuillets, lut, sourit :

— *Le Bourgeois gentilhomme...* Voilà qui est bien dans l'air du temps.

— Et la musique sera de Lully.

— C'est bien, Molière, tu renoues avec la diplomatie.

— Ninon, je renoue par force avec le divertissement. Je dois faire rire. Je dois être farce. Je m'y force.

Le sourire était triste après ce triste jeu de mots.

— Mais puisque la Cour te visite, Ninon, quels sont actuellement les dispositions du Roi ? Je sais que tu sais tout.

— Je ne sais que ce qu'on ragote. Ou ce que l'on me conte pour m'amuser, dit-on, et qui souvent m'ennuie !

— Ninon de Lenclos s'ennuyer ! Ce siècle va mal finir.

Ninon le regardait, dans son habit feuille morte aux passementeries vertes comme l'aigreur... « Molière qui n'est pas rieur », écrivait jadis Scarron. Tiens, parlons-lui de sa veuve.

— La veuve Scarron s'occupe comme gouvernante des bâtards du Roi et de la Montespan. Tu sais qu'elle fut de mes amies les plus chères. Presque une amante, on l'a dit, si j'avais eu du goût pour mon sexe. Elle tourne un peu à la bigoterie, ce que je lui pardonne, n'a plus d'amant alors que je lui avais prêté ce généreux et aimable Villarceaux, et s'est entichée du petit garçon de la favorite que l'on appelle M. du Maine, et qu'elle nomme, elle, « mon mignon ». Le Roi ne l'aime pas ! Pense donc, une tête nouvelle, tout ce qu'il déteste, mais on l'aurait surpris à lui sourire, car il l'a vue avec son fils illégitime et le tableau de leur tendresse l'aurait ému. Il l'a aidée à acquérir la terre de Maintenon, une quasi-ruine. La Montespan a fait son siège pour l'engager comme gouvernante, et Louis n'a que peu résisté. Il n'a lancé qu'un : « Mais entendrai-je donc toujours parler de la veuve Scarron ? » La Rochefoucauld dit qu'il faudra compter bientôt avec cette souillon née dans une prison. C'est sur elle qu'il parie et non sur la Fontanges qui est aussi sotte que ravissante. Elle a toutefois lancé une coiffure inventée par Quentin de la Vienne, qui est au service du Roi. La Reine l'a adoptée pour froisser Montespan ; et la Reine reçoit La Vallière en son privé ; on dit qu'elles parlent religion, en présence de Bossuet. Voilà un évêque selon mon cœur. Sais-tu que je l'ai rencontré chez les Condé ? Il est tout sourire, le Dauphin est entre de bonnes mains.

— Il avait déjà séduit Madame, intellectuellement et religieusement s'entend ! Vas-tu devenir croyante, Ninon ? Au bénéfice de l'évêque de Condom ?

— Si je ne crois en rien, je respecte la foi sincère. Et puis il parle et écrit bien. Quoiqu'il tonne contre l'adultère !

— Devant cette Cour, c'est presque une rébellion.

Ninon regardait son ami en silence. La toux l'avait repris.

— Je t'enverrai des gommes à l'angélique et du chocolat, cela adoucit la gorge.

— Ninon, cette toux me tuera.

Elle sut que c'était vrai. Et se sentit désemparée, les mots ne venaient plus pour consoler cet homme qu'elle chérissait honnêtement.

— Molière...

— Adieu, Ninon, il faut que je dorme deux heures.

— Ne brûle plus rien.

Déjà, elle le savait, on murmurait que Corneille était l'auteur de ce que Molière écrivait et qu'elle l'avait vu, elle, écrire. Les dévots, les médecins, les marquis, les princes sauf Condé, n'avaient pas terminé leur travail de cabale. Et Madame était morte. Et voilà que Molière s'attaquait aux bourgeois blasonnés. Autant dire aux nouvelles puissances, presque aux décisions du Roi...

— Prends soin de toi, Jean-Baptiste.

Il se voûta d'un coup, comme Sganarelle devant dom Juan. La lumière de ce temps s'éteindrait bientôt. Qui donc alors dirait aux hommes et aux femmes ce qu'ils étaient vraiment ?

— Ninon, je vais regagner Paris. Je suis trop loin en ce charmant village où vit aussi mon ami Boileau. Je déménage, c'est pourquoi je brûle et jette l'inutile. Nous nous installerons près du Palais-Royal. Je n'aurai qu'une rue à traverser pour aller jouer mes sottises. Je vais, mademoiselle de Lenclos, vivre rue de Richelieu. L'adresse vous convient-elle ?

La toux, après une si longue tirade, le scia en deux. Ninon lui offrit son sourire de bouche, mais ses yeux restaient inquiets et Jean-Baptiste ne vit que ses yeux.

Comment alerter le Roi ? Si elle lui écrivait, on ne lui donnerait même pas sa lettre... Boileau peut-être. Oui, Boileau. Il fallait aider Molière malgré lui. Ne pas le laisser mourir ainsi.

Dans la voiture qui regagnait Paris, elle songea qu'elle avait oublié de le prier à dîner ou souper chez elle. Me voilà redevenue infidèle, et en amitié, ce qui est crime de la pensée.

Molière était songeur. Il avait menti à sa plus fidèle amie. Mensonge par omission, que condamnait le canon mais que permettaient les Jésuites sous condition. Ces nuits où il ne brûlait pas ses cahiers brochés de soie, comme on se suicide à petit feu, il écrivait des comédies. De vraies comédies. Il en avait des ébauches, des scènes entières, parfois des actes, en prose ou en vers, en vers surtout, quand il avait le temps. Toujours pressé par le temps. Je vis sur une corde. Serais-je architecte ou peintre, je serais aussi livré à la commande, à l'impatience. Je ne pense plus, je ponds. Il faut faire vite, regagner le temps que j'ai perdu à geindre dans le silence et à jouer les pièces des autres. Je fais tout en même temps, je me perds en mes écrits. Je ne sais plus terminer, puis commencer autre chose, raisonnablement. Mais quand j'empile ainsi des débuts, des scènes éparses, je pense que je ne mourrai pas avant que d'avoir fini à brosser les ridicules ou les destins de mes personnages. Il y a Scapin, M. de Pourceaugnac, il y a surtout *Les Femmes savantes*, comme Ninon.

Molière voulait plaire à nouveau et Molière plairait. Son âme était sombre, son corps torturé, mais quelque chose entre son esprit et sa main riait. Le métier. Et la nécessité. Il retira prestement Alceste de la cheminée, tapa sur les feuillets pour étouffer les flammèches qui s'y attachaient comme chiens aux basques. Ne brûlons pas Célimène. Elle est à la fois Ninon et mon épouse Armande. Amour de tête, amour de cœur, mais plus d'amour de corps. Alceste est ignorant de la chair qui donne à Célimène tout son esprit.

Il se sentait contraint Il me faut penser librement, dans cet air frais qui allège mes poumons même si j'y grelotte. Que ma raison l'emporte sur les craintes et sur le monde cadenassé où je vis. Il faut que je dorme, mais le sommeil de la raison engendre des monstres qui me terrifient.

Il est bon que je regagne Paris.

Les feuillets racornis, réduits en cendres, ou simplement noircis craquaient dans l'âtre, les flammes dévorantes s'apaisaient, sans doute rassasiées d'un tel festin de théâtre.

— J'ai commis une bêtise, dit-il à voix basse. Une voix rauque, qui lui écorchait encore la gorge. A cause de cette voix on n'avait pas ri à *L'Avare*. Pourtant, comment jouer Harpagon autrement ? Pourrait-il, avec cette voix tragique, jouer M. Jourdain, son bourgeois ?

Molière se sentit perdu. Un peu d'eau de mélisse. Un grand verre, cela lui remplaçait le vin.

Un homme seul et qui songe, un verre à la main, dans la pénombre ondoyante rougeoyante d'un brasier apaisé. Dans la nuit surtout à la bienfaisante insomnie qui lui avait amené une amie. Un homme qui a honte de son corps, sec, voûté, creux de poitrine, noiraud de teint, trop décharné. Un corps qui doit paraître sur scène. Du tisonnier il écrasa les cendres, les regardant se défaire, s'émietter. Tuer ses mots, c'est tuer son âme sans doute. Ces Messieurs du Saint-Sacrement seraient ravis de cet autodafé : Molière repentant ! Un triomphe pour les dévots, ces faux monnayeurs de la foi véritable. Bossuet, lui, avait ri au *Tartuffe* !

Je n'aime plus mon temps, je ne m'aime plus, je n'aime plus mes écrits, je n'aime que ma fille. Une larme au coin d'un œil rougi de fatigue et qui ne dormira pas.

Le suicide est le pire péché. Mais sa pensée est... douce ? Non, tentante ? Pas encore. Sa pensée fait peur mais console. Auteuil dort, Paris sommeille ou s'amuse. Où est le Roi ? A Saint-Germain ou à Chambord ? Dans le lit de la Montespan, de la Fontanges, de la Soubise, de Mme de Ludres ou de la Reine ?

J'étouffe.

Je n'appellerai pas, il n'est personne à appeler. Même pas le Roi. Ma vie me vient en une image. Une image de forteresse, de cage de fer, de coffre d'or. Quelque chose de clos, qui ne s'ouvre plus et ne s'ouvrira jamais plus.

Le théâtre seul. Il y manque toujours un mur, du côté du public. C'est là qu'on respire, même en hoquetant. La respiration de la salle annonce le succès par ses gloussements, le désastre par ses bâillements.

Pourquoi avoir brûlé cela ? Les cendres sont sales, les mots salissent-ils le papier ? On dirait une boue sèche qui s'émiette entre les doigts, une poussière grasse. Je dis n'importe quoi.

Molière !

C'est la voix de Ninon qui me rappelle à l'ordre alors qu'elle roule vers Paris.

La rejoindre.

Traverser Auteuil et Chaillot dans la nuit. A pied, au risque d'être assommé. Et regarder les nouvelles lumières de la grand-ville. Les lumières de la police. M. de La Reynie a imposé l'éclairage public. Une longue promenade, une odyssée pour solitaire. Pour histrion désespéré.

Je n'irai que dans mon jardin.

Il prit un châle d'Armande, il en aimait le parfum, le jeta sur ses épaules, ouvrit la porte sans la faire grincer, ne pas réveiller l'enfant chérie, et Molière s'en alla s'asseoir sur un banc sous un noyer, là où, dit-on, l'ombre est la plus froide. Mais quelle ombre chaude porterait la lune ?

Mon Dieu, pardonnez-moi.

Pardonner quoi, Molière ?

Si j'entends Dieu me parler, c'est que je suis fou.

Tant mieux.

Je ne sais pas, mon Dieu. De vivre en ce siècle ? De vivre en mon corps ? De vivre sous ce Roi ?

Il n'était pas loin du blasphème. Alceste n'eût jamais blasphémé. Et dom Juan y mettait de la noblesse et du courage. Je ne suis qu'un Harpagon des sentiments et de la pensée. Une peur de manquer vêtue d'ocre et de vert, un taillis de crainte à l'automne, dans l'attente du linceul de l'hiver. On m'a volé ma cassette, mais j'ignore ce qu'elle contenait.

Voilà la main qui me démange, la droite, celle qui écrit.

Je voudrais une scène jolie, une scène de tendresse mutine, une vraie scène d'une vraie comédie. Celle qui oublie le monde et qui pourtant le peint.

Molière contemplait sa main. La peau avait vieilli, devenait transparente, on voyait les veines, et ici au-dessus du poignet, sous la dentelle, une tache marron foncé, comme sur les vieux papiers. L'âge ? Il l'ôta vite de ses yeux pour l'enfoncer en une poche.

Le visage d'Esprit-Madeleine dans son sommeil paisible. Petite fille miraculeuse d'un homme trop vieux pour être père et qui s'éteint.

Elle aime à jouer en ce jardin.

Elle est bavarde, sourit pour un rien, devient grave comme ses yeux, timide ou audacieuse, et me nomme « mon papa ». Elle me renverse l'âme quand je la veux gronder.

Pourquoi la gronder ? Molière ne sera jamais un tyran. L'emploi, comme on dit au théâtre, est déjà pris en ce siècle qui se veut grand !

Rien n'est plus réjouissant qu'une mauvaise pensée. Molière attendri rit dans la nuit comme les chiens y hurlent à la lune.

La scène vint.

La seule scène avec une enfant de tout son théâtre. Une petite fille sur son théâtre. Comment n'y avait-il pas pensé avant ? Mais que sera cette pièce ? Il l'ignore encore. Rien qu'une ébauche de plus, un fragment qui ne sera sans doute jamais joué.

Un père stupide ou tyrannique mais très humain.

Il toussa.

Pourquoi ne serait-il pas malade, je ne le jouerais que mieux. On ne me reprocherait plus ni toux ni hoquet. Non, trop triste.

Il se croira malade. Et se livrera aux médecins. Voilà quelque chose ! Une sorte de malade imaginaire. Un vrai ridicule. Après l'Avare, Harpagon et l'Atrabilaire, Alceste, un hypocondriaque ! Mais que viendra faire cette enfant là-dedans ?

Je ne sais pas, mais je trouverai. Comme d'habitude. Il faut cette fleur-là dans le jardin dont je n'ai pas encore tracé les allées.

Je suis Molière, non ?

Je la nommerai Louison. Après tout, le désir revenu de plaire au Roi, n'en fait-il pas son parrain ?

UNE VISITE AU CHÂTEAU DES QUATRE-VENTS

Le Roi avait invité Monseigneur le Dauphin à visiter un endroit qu'il lui destinait dans un avenir lointain. Il l'avait fait accompagner de son précepteur, nommé ce matin même du 7 septembre, Monseigneur l'évêque de Condom, Jacques Bénigne Bossuet.

Le Roi n'y avait point prié le gouverneur du jeune Prince, le duc de Montausier. Et il avait laissé les deux autres enfants de France, Marie-Thérèse, trois ans, et Philippe duc d'Anjou, deux ans, aux soins de la gouvernante, Mme de Montausier, ancienne Julie d'Angennes, fille de Mme de Rambouillet, précieuse parmi les précieuses qui passaient de mode. Monseigneur le Dauphin, à neuf ans, savait déjà monter et galoper. Et Sa Majesté son père désirait qu'il fût le seul à se rendre compte de ce qui s'édifiait, ici. Il était le futur Roi, l'autre Louis. Louis le Jeune, aux côtés de Louis le Grand.

Tous vêtus de nuances de violet, l'évêque par fonction, le Roi et son jeune Prince par deuil, celui de Madame, épouse de Monsieur frère du Roi — l'oncle Philippe —, morte en juin après avoir bu son rituel verre de chicorée, peut-être trop glacé ou... on le chuchotait... empoisonné. Et c'était Bossuet, ou, comme la Cour l'appelait M. de Condom, que le Roi avait chargé de son éloge funèbre. Même les ennemis de Madame avaient par deux fois au moins écrasé une larme. Madame eut des ennemis, Madame civilisa cette cour de ruffians, Madame servit d'ambassadrice au Roi auprès de son frère d'Angleterre, et ourdit le traité secret de

Douvres qui assurait paix et alliance entre Gaule et Albion. Madame mourut donc et on vit le Roi pleurer sa belle-sœur. Le Roi ne détestait pas subir ses émotions, quitte à les cacher ou, parfois, les montrer comme un acteur montre ce qu'il ne ressent pas en sa chair mais en son âme sur une scène de théâtre. Tout acteur est sincère quand il joue. Louis le Grand l'était.

Malgré le goût du jeune Prince déjà affirmé pour la cavalcade, et malgré le goût du Roi pour les chevauchées, on roulait carrosse, le Roi tenant à être au plus près de l'évêque Jacques Benigne Bossuet, qu'il respectait et dont il se servait pour maintenir en sa Cour une apparence de morale.

Le jeune Prince renâclait à l'étude, disait son gouverneur, le vieux duc de Montausier aux soixante ans plus sévères qu'un jésuite espagnol, et, hors des manches lilas de sa veste brodée d'argent, les doigts du Dauphin portaient un autre deuil mauve venu des coups de férule.

Si Louis le futur devait être élevé comme un futur roi et tout connaître du métier, Sa Majesté Louis XIV se posait maintes questions : était-il utile de l'ainsi traiter pour une bévue de grammaire ou une erreur de calcul ? Jamais ni sa mère, Anne d'Autriche, ni Mazarin n'auraient toléré telle violence ; et pourtant on ne lui passait rien en son enfance, mais l'éducation n'y fut point un dressage. Le Roi avait donc décidé de confier l'enseignement à Bossuet dont la sévérité tenait à la morale, aux bonnes mœurs, au respect humain des commandements divins, à un grand savoir et à une vaste culture des lettres, des sciences, de l'histoire et avant tout de la nature humaine. Et puis l'homme mitré plaisait. Le consul de Condom avait écrit en bon rapporteur, tout homme de loi de province se devant d'être aussi espion : « Il est l'homme du monde le plus gracieux et le plus obligeant. » Mme de La Fayette vantait l'agrément de son caractère, Mme de La Vallière, maîtresse détrônée du Roi mais encore présente, de force, à la Cour, car le Roi gardait « ses gens » par simple détestation des têtes nouvelles, se repentait sincèrement de ses péchés et entreprenait pénitence, toute duchesse de Vaujours qu'elle était, en servant Mme de Montespan. Laquelle avec sa sœur Mme de Thianges recevait Bossuet quasiment en ami, et mieux que cela, avec grand plaisir. Et le Roi tolérait qu'à ses prêches de carême, cet homme droit et altier mais bonhomme tonnât contre l'adultère en le regardant dans les yeux.

Les dames et princesses du sang engageaient toutes un directeur de conscience, dernière mode du temps, Boileau d'ailleurs s'en moquait, Boileau que le Roi aimait aussi, pour son esprit et son sens des satires, lui qui pensait en manquer, et le Roi voyait en Bossuet la forme humaine de la conscience de sa Cour. La conscience étant là, bien visible sous la pourpre, on pouvait tout se permettre, si le Roi le permettait.

Louis, qui aimait les femmes, découvrait aussi qu'il aimait les enfants. Légitimes ou bâtards. D'un amour inconnu qui l'avait saisi il y a neuf ans, un jour d'hiver ou presque, quand le ciel est glacé et couleur d'acier sous un soleil d'argent, un jour à chasser. Mais Nemrod ne chassa pas, il pleura quand ce Dauphin lui naquit. Le Roi, au masque de cire devant les courtisans, s'éclairait en la présence de ce jeune Monseigneur, de ses frère et sœur. Comme il s'éclairait au contact de Mlle de Blois, née La Vallière, ou surtout de M. du Maine. Il le fera bientôt duc, son préféré né de Mme de Montespan, et à la santé fragile. Si fragile même que la nouvelle gouvernante, imposée par sa maîtresse, se préoccupait essentiellement de lui. Une tête nouvelle, cette Françoise d'Aubigné, veuve d'un poète libertin mort contrefait. Belle sous la grisette de ses vêtements... Peut-être, oui, mais sans doute bigote comme ces protestants revenant au sein de la véritable Eglise : ils en faisaient trop. Louis détestait que l'on en fît trop.

Il ignorait la veuve Scarron et se laissait tancer de cette ignorance par la belle Athénaïs, et dans le même temps se le reprochait : il se devait d'être l'homme le plus courtois de son royaume. Il se consolait de son remords dans les bras de la jeune Fontanges, très belle et très sotte. La sottise peut être reposante. Le Roi avait parfois besoin de repos, de ces rêveries qui aèrent la pensée puis la clarifient, comme une chevauchée sous un ciel sec et froid d'hiver revigore le corps. Comme une étreinte furtive libère l'esprit et redonne goût au présent en bravant son ennui.

Au temps de sa jeunesse, le soir au coucher, le vieux La Porte, son valet, lui contait comment son grand-père Henri IV jouait avec son père Louis XIII, encore bambin. Lui aussi, ce roi gascon, navarrais, protestant puis converti, ce roi assassiné aimait les femmes, ses fils, ses peuples. Le sang bourbon du grand Henri coulait tout chaud dans les veines du Roi et, il l'espérait, en celles plus menues du Dauphin de France.

Aussi dans ce carrosse qui grimpait une butte à six lieues de Paris, le Roi, le gouverneur et l'enfant héritier baignaient-ils dans un calme que la vie de cour ne permettait jamais.

Leur silence était plein de chaleur.

Le jeune Dauphin regardait l'évêque à la dérobée. Il était moins vieux que le duc de Montausier, son visage grave offrait une sérénité, un fantôme de sourire, comme si cet homme de Dieu aimait sourire et que le dessin en restât à sa bouche, aux coins de ses yeux, le reste de la journée. Moins de férule, plus de bonnes paroles que ce duc trop sévère et qui prenait un malin plaisir à le punir, à l'humilier pour lui enseigner la grandeur d'être un jour roi. Et ainsi se vengeait déjà de ce futur encore minuscule mais qui régnerait sur lui.

Le Roi son père était-il lui aussi passé par ces écueils dans sa jeunesse ? Comment le lui demander ? Il vit le regard de son père se poser sur lui et il rougit. Pourtant ce regard était tendre, du moins le paraissait-il, car un roi paraît, mais sait-on, même si l'on est son fils héritier, ce que protège cette apparence ?

D'un Roi, d'un père qui approche, il entendait à l'ordinaire d'abord le martèlement des bottes des Gardes ou des Mousquetaires, la porte qu'ils ouvrent à deux battants, l'aboiement chapeau bas : « Le Roi ! » et enfin, après de longues secondes, l'arrivée à pas ni trop lents ni trop rapides de la haute stature, les cheveux châtain clair bouclés, les rubans, la canne de jonc qui appuie à peine sur les parquets et tapis, simple ornement de majesté bien inutile pour la marche ; M. de Montausier lui demandait de se lever de son siège de bois devant la table de travail, où Louis le fils tremble de commettre le moindre solécisme dans sa version ou son thème, et sous les cheveux qui tombent en boucles, le regard de jais des yeux qui s'éclaire à la vue de l'enfant. Dans le silence. Il était toujours d'abord un silence entre le Roi et son fils. Une sorte de contemplation étonnée de considérer devant lui son héritier, l'héritier du plus grand royaume après celui des cieux, puis ce vague étonnement laissait place à une sincère satisfaction. L'amour d'un père, le Dauphin ne doutait pas de cet amour, lui qui craignait tout et doutait de lui-même, l'amour d'un père pouvait tenir du secret, comme les trésors des contes qu'on trouvait au pied d'un arc-en-ciel. Et le Dauphin, lui aussi, devenait secret.

Comme en cet instant.

— Mon fils, un roi doit bâtir. Car un roi passe dans l'histoire comme ces comètes qui surgissent dans le ciel, notre traînée de lumière éclaire la terre, sous forme de pierres l'une sur l'autre entassées. Et qui traverseront les siècles bien après nous. Il faut que ces pierres restent le sceau de la grandeur qui ne va jamais sans la beauté. On connaît encore tout des grandeurs des empereurs de Rome par des ruines à nous laissées. Il ne s'agit pas de bâtir des ruines pour le futur, mais d'ériger des monuments d'airain pérenne, comme disait un poète latin, en incipit à une vaste épopée du savoir, que M. de Condom, le sage Monseigneur Bossuet, ne manquera pas de vous faire étudier.

Le Roi ouvrit une glace du carrosse.

— Etudiez mieux que moi le latin. Il est la forme antique et encore vivante de la loi, du droit, mais aussi de la grandeur d'une langue.

Et l'enfant tenta de cacher ses doigts bleuis de coups de règle sous les dentelles de ses manches. Le latin lui apportait des punitions, mais nulle grandeur. Le Dauphin était continuellement habité par la peur.

— Regardez, mon fils.

La route devenait une vaste avenue pavée. Le Dauphin se penchait à la portière, son visage offert au vent frais.

— On élève des monuments aux rois comme on les habille, poursuivit son père, soudain devenu disert, sans qu'ils y prennent garde. Il faut, Monsieur le Dauphin, prendre garde à tout. Ce sera la leçon d'aujourd'hui, si Monsieur votre précepteur accepte que je le remplace.

— Comment mieux apprendre qu'auprès d'un père ? dit Bossuet, curieux de cet intérêt paternel pour un si jeune fils. La vie est une autre école que les rudiments de latin. Et plus rugueuse aussi que les règles de la concordance des temps sur lesquelles Monseigneur bute, dit-on. Il y faut une main ferme, certes, mais douce et qui soutient et guide plus qu'elle ne punit.

Le Dauphin regarda l'évêque. Voilà quelqu'un qui ne ressemble vraiment en rien à ce Montausier qui me terrifie. Les craintes de l'enfant s'évanouirent, le Roi se montrait père plus que roi, l'évêque bon maître plus que fustigeur de doigts.

Pour la première journée depuis des mois, l'enfant se sentit empli de confiance.

Il regarda, et regardant il vit.

Versailles...

Ce nom qu'il entendait souvent dans les bouches de la Cour, dans tout l'entourage du Roi, de la Reine sa mère, de ses gouvernants, de ses enfants d'honneur qui semblaient tous plus au fait que lui des événements. A peine était-il venu une fois, il y a trois ans, quand son père dansa son dernier ballet. Il avait cru voir Apollon, et se demandait encore pourquoi cette Majesté si bon danseur avait renoncé dès février, le 14 exactement. Comment l'enfant aurait-il pensé que Louis le Grand avait jugé que désormais, au ballet, il ne serait plus le premier ? Ce qu'il devait être en tout. Il se trouvait trop vieux, à trente ans.

Versailles, donc. Un nom qui rimait avec semailles. Avait-il osé un jour s'en ouvrir à M. de Montausier, saisi d'il ne savait quel courage qui lui parut timidité, que le vieux duc avait souri — une fois en trois ans ! — et approuvé :

— Monseigneur le Dauphin ne saurait mieux dire, car, *fabula dixit*, le nom de ce village, de cette colline viendrait du latin *versare* qui signifie retourner la terre, labourer.

Un compliment était ainsi tombé. Le seul que Louis de France eût jamais entendu de la part de son gouverneur, qui lui donnait du Monseigneur et le traitait plus durement que le Roi son père ne se serait permis de traiter un laquais.

Versailles à la terre retournée s'offrait donc à la vue de l'enfant.

Il y vit, après le latin, une leçon de géométrie, seul enseignement qui lui plaisait et ne lui valait pas de bleus sur les doigts.

Par réflexe, il cacha une nouvelle fois ses mains meurtries.

Monseigneur le Dauphin vivait dans la peur. De mal faire, de mal dire, de se mal conduire, et qui vit dans la peur de faire mal renonce à agir, voire à parler, et passera bientôt pour un sot.

Le Roi ouvrit lui-même la portière, descendit de carrosse avant qu'ait pu agir un mousquetaire et il prit l'enfant par la main.

— Au cœur est le château de feu mon père qui fut un roi victorieux. Les ailes furent bâties par M. Le Vau, qui s'en vient de mourir. Les nouvelles allées, ces avenues qui mènent en sa cour de marbre, sont les rayons d'un soleil. Et plus loin le ciel se reflète en un canal enfin creusé, enfin abreuvé par les pompes de Clagny. Je vous y montrerai, mon fils, défiler nos galères.

L'enfant frissonna.

— Je sais, Louis, il fait froid, le vent règne en maître ici, ne me l'a-t-on assez dit ! Mais c'est le lieu que j'ai choisi. Un roi ne craint pas le grand air ; il a les moyens d'élever des paravents de marbre. Le marbre et le bronze sont les matières du corps et de l'âme des rois. Et le vent balaie aussi les nuages porteurs d'orages.

— C'est beau, mon père.

Le Roi sourit. Le Dauphin respira mieux dans la bourrasque. Il aimait le sourire de son père. Il aimait le vent faisant voler les pans des casaques des mousquetaires. La bise pinçait déjà en cet automne pas encore né au calendrier mais qui s'imposait sur Versailles avec deux semaines d'avance. Le palais qui s'offrait à ses yeux, encore dans la gangue d'un chantier, lui sembla défier le temps et les saisons.

Ils marchaient ainsi sur le pavé du Roi, côte à côte, vers le « petit château de cartes » édifié par le grand-père Louis XIII. Les deux ailes les enveloppèrent bientôt comme si le rêve de pierre de son père les embrassait. Le pavé se fit de marbre, et trois grandes portes vitrées les fixaient, semblant éclairées de l'intérieur. Le jeune enfant comprit que cette lumière impossible venait de l'autre côté, des trois portes faisant face à celles-ci et qui donnaient sur les jardins. Le rêve de pierre jouait avec la lumière comme un rêve de cristal. Il s'était corrigé au dernier moment, son esprit avait formulé « piège de cristal ». Le château et ses deux longs bras voulaient-ils l'embrasser ou l'étouffer ?

Ayant traversé ce vestibule de soleil pour atteindre l'esplanade, le regard de l'enfant se tournait vers les bosquets, les bois, la forêt profonde de l'horizon. Dans les palais de pierre et de marbre régnaient l'étiquette, les leçons, la férule cruelle. Dans les bois et forêts seul le vent gifle aimablement au galop qui bat la chamade comme un cœur, au tambour des sabots des chevaux.

— Des loups ?

Cet enfant ne sait-il donc parler que par phrases de deux à cinq mots ? songèrent dans une même communion d'idées et l'évêque et son Roi.

— Les loups ne manquent pas, mon fils, là où est le Roi. Et ils ne hantent pas que les bois.

Les yeux du jeune Louis de France brillaient.

— Les voudriez-vous chasser ?

L'enfant s'illumina.

Le Roi se tourna vers l'enseigne qui commandait le peloton des Mousquetaires de l'escorte.

— Monsieur de Montesquiou, auriez-vous deux bons chevaux à nous prêter ?

— Le mien, Sire, et celui de M. de Porthau, sont à votre service.

— Gardez les vôtres, vous venez avec nous traquer et courre le loup.

L'évêque sursauta. N'est-il pas trop tôt d'aguerrir un enfant à ces jeux dangereux de roi ? Et comment un loup pourrait-il rôder dans le parc de Versailles où la nature même obéissait à l'ordre voulu par le Roi et dessiné si miraculeusement par M. Le Nôtre ?

— Monsieur de Condom, restez au chaud du carrosse. Nous allons traquer le loup. Et s'il n'en est pas, nous en ferons venir de la forêt de La Laye, pour le divertissement de mon fils, M. Le Nôtre dût-il protester !

L'évêque rougit, le Roi avait lu ses pensées.

L'enseigne amena deux beaux lipizzans gris issus d'un couple offert naguère par la Cour de nos cousins d'Autriche.

— La jument est plus douce, Sire, pour Monseigneur le Dauphin. Mais elle galope comme Pégase.

Sur la jument aux grands yeux, le Dauphin de neuf ans s'efforça d'avoir un air noble et guerrier, que dénonçaient ses rondeurs encore enfantines.

Je devais lui ressembler à cet âge, pensa le Roi, quand ma mère et le cardinal de Mazarin m'aguerrissaient à poursuivre les loups de la Fronde... Turenne, puis Condé... et bien d'autres aujourd'hui encagés. Louis XIV avait été un enfant grassouillet.

— Nous allons, messieurs.

— M. du Vallon sera sur votre flanc gauche.

Le Roi salua de la tête un mousquetaire plus âgé, et à la stature d'adjudant des Colosses.

— Soyez le bienvenu, baron.

Le Dauphin enregistra la leçon de politesse royale. Montesquiou était comte depuis Moïse, le Roi lui donnait du Monsieur, du Vallon récemment anobli par Sa Majesté était par sa bouche titré, le tortil trop neuf ayant besoin de confirmation.

— Monseigneur, daignez prendre mes gants.

Montesquiou regardait les doigts bleuis du Dauphin et attribuait, naïf, cette couleur au froid dont le piquant était affûté par le vent.

Une bouffée de honte et de colère ravagea le visage du fils de France.

— Louis, remerciez M. de Montesquiou de sa prévenance.

Le Roi ne grondait pas, alors qu'il se sentait obligé de rappeler l'héritier à la courtoisie royale, mais il consolait.

— Remerciez plutôt Dieu, Monseigneur, de ne m'avoir pas bâti sur le modèle titanesque de M. du Vallon.

— Chacun trouve son utilité en ce monde. J'enfonce les portes, vous glissez par les trous de souris, dit l'imposant baron. Ainsi prend-on les villes, nous a enseigné notre capitaine. Ainsi prîmes-nous Tournai.

Tournai, qui valut à M. de Porthau le tortil de baron du Vallon et la terre de Bracieux, à deux lieues de Chambord où le Roi installait sa Cour de septembre à l'hiver pour y chasser. Il fit même étape sur les terres de son mousquetaire. S'en était-il assez vanté dans la compagnie, que d'Artagnan son capitaine avait dû lui payer dîner sur dîner car M. de Porthau ne parlait pas en mangeant, il mangeait.

— Prenez ces gants offerts par un brave, Louis. Et voyons s'il est un loup en maraude, pour vous plaire, en nos forêts.

Ah ! Ainsi chevaucher !

Ni le Roi ni le Dauphin n'étaient vêtus pour la chasse, mais, Dieu merci, ils n'étaient point non plus vêtus pour la Cour. On ne visite pas un chantier en talons rouges et bas de soie, on y chausse des bottes. Et Versailles est encore un parc plus qu'un château. Tumulus de terre remuée, odeur de ventre de l'humus, vent, allées droites, bosquets taillés pour le théâtre. Et tout autour, un étang ici, et là un autre devenu bassin, et des allées à horizon perdu.

Le Roi doute qu'il y eût un loup. Un sanglier peut-être. Mais donner plaisir à un enfant...

L'enfant chevauche, revit, semble plus grand, il sourit même, ses yeux brillent, il monte à cheval comme il ne sait se montrer dans la vie, il est Prince !

Pourquoi craindre un tel père qui se conduit en ami ?

La carrosse de l'évêque suivait dans les allées, assez loin de la chevauchée. Il vit le Roi toucher son chapeau plusieurs fois devant les ouvriers et soldats qui remuaient et charriaient la terre et lançaient çà et là quelques « vive le Roi », « vive Monseigneur le Dauphin », après les avoir reconnus, tout surpris d'une telle visite de si bon matin.

Quand le Roi parlait si gravement de « ses peuples » n'est-ce pas à ces gens-là, qui travaillaient pour lui ici, qu'il pensait ? N'était-ce pas la seule infime fraction de « ses peuples » qu'il arrivait à côtoyer ? Monseigneur Bossuet se demanda si cette pensée était purement chrétienne ou bien mêlait sa chrétienté charitable d'un brin d'esprit rebelle. M. de Condom était un pilier de la monarchie, le savait et se voulait tel. Mais il n'en gardait pas moins l'esprit critique que lui avaient enseigné les auteurs grecs et latins. Je suis ami de Platon, mais plus ami encore de la vérité. Un évêque, un précepteur, doit dire la vérité. Et surtout la penser. Puis la faire éclater du haut de la chaire devant l'autel de Dieu. L'endroit en France où la parole était intouchable, hors de portée de M. de La Reynie, de Louvois, de Colbert.

L'étrange homme que ce Roi. Dont la majesté est évidente, dépassant sa fonction pour jaillir de son être même, mais dont l'être se dissimule aussi derrière cette majesté, allant jusqu'à en altérer la pensée.

N'a-t-il pas dit au Dauphin, en leçon de règne : « Il y a des nations où la majesté des rois consiste à ne point se laisser voir, et cela peut avoir ses raisons parmi les esprits accoutumés à la servitude, et que l'on gouverne par la terreur ; mais ce n'est point le génie de nos Français et, d'aussi loin que nos histoires nous le peuvent instruire, s'il y a quelque chose de singulier dans cette monarchie, c'est l'accès libre et facile au Prince. » La sincérité du propos est patente, sa réalisation est fausse, chaque jour un peu plus. Le Roi est visible certes, mais pour qui et en quelle condition ? Il peut s'enfermer une heure à deviser avec Boileau, « faire manger Molière » pendant un souper, et le clamer haut et fort devant les détracteurs du comédien, m'écouter une heure durant sans m'interrompre, laisser aller le rude langage de soldat de son capitaine des Mousquetaires, admettre qu'un ministre expose une opinion qu'il ne partagera pas, mais chacun de nous voit en ses yeux qui se posent sur nous que cet homme est enfermé en lui-même et que nul n'a d'« accès facile et libre » à sa personne de Prince. Se trompe-t-il lui-même ? Joue-t-il un autre rôle où il serait le Prince parfait, le Prince des rêves, pour éloigner les réalités, celles qui lui jappent aux mollets sans qu'il daigne baisser le regard vers elles ?

Il peut bien saluer les ouvriers qui lui construisent Versailles, mais y voit-il son peuple ?

Bossuet regarda les cavaliers s'arrêter devant le bassin de Latone. Le Roi dira-t-il à son fils que cette pièce d'eau est un hommage à sa mère Anne d'Autriche, Latone étant la mère d'Apollon ? Sait-il seulement expliquer et montrer un sentiment aussi privé que l'amour d'un fils pour sa mère ? Oui, par l'art d'un autre qui exprime en splendeur de sculpture et d'eau jaillissante ce qu'il ne saura dire, lui, avec des mots. Par l'art d'un autre qu'il a exigé et guidé. Mais pas avec ses mots. Il lui faut un truchement pour se laisser aller au plus simple des sentiments.

Il me faudra instruire ce Dauphin à exprimer ses pensées, ses admirations, ses ressentiments sans doute, avec des mots, apprendre à cet enfant qui parle si peu et avec tant de crainte que Dieu a donné la parole aux hommes non pour débiter la sainte messe, non pour parader sur la scène du théâtre, lançant peut-être les plus beaux alexandrins du monde, mais pour libérer leur être profond par l'expression de leurs joies et leurs peines. Quel labeur face à un enfant qui vit dans la peur. Oserai-je penser que le Roi lui-même vit dans une autre peur ? Laquelle ?

Le cavaliers reprirent un trot élégant. Puis le galop.

Je sais où il le mène, pensa tout à coup l'évêque précepteur. A sa folie chinoise !

En effet les cavaliers partirent vers le nord et firent halte bientôt devant le Trianon de porcelaine.

Monseigneur le Dauphin était content de ses gants. Ceux de M. de Montesquiou, enseigne des Mousquetaires gris, et qui n'était pas de haute taille, lui seyaient particulièrement. Juste trop grands pour que ses doigts et ses phalanges y soient à l'aise, mais pas trop pour qu'il puisse encore mener les rênes avec précision. Le jeune Louis n'avait pas pris les siens ce matin, taillés à la mesure de ses mains, car bien ajustés en temps normal ils comprimaient ses doigts enflés par l'excès de férule. Aussi avait-il choisi de paraître mains nues devant son père pour cette promenade en voiture, ce qui n'était pas si grand péché de la part d'un enfant, plutôt que de grimacer de gêne douloureuse et devoir cacher cette grimace, maladroitement qui plus est car le Roi voyait tout, décelait toute cachotterie et alors s'embrunissait. Monseigneur le Dauphin préférait un père à un roi ce matin. Et il l'avait.

Le Roi étendit le bras comme quand il posait pour diriger un siège, son plus grand plaisir, dont certaines cours étrangères se gaussaient, le Dauphin le savait, car s'il parlait fort peu, il écoutait beaucoup et eût pu servir avec talent dans le corps des nombreux espions de son père. Le bras du Roi montrait la délicatesse chinoise, toute brillante de blanc et de bleu dans le soleil encore matinal, dressée ou plutôt allongée, alanguie eût dit un poète flatteur comme M. de Bensérade, sur un épais sofa de gazon. Le parfum surprit l'enfant. Il suffisait d'une brise — et ici le vent ne souffle jamais en brise mais plutôt en bourrasque — pour qu'on soit entouré de senteurs inconnues. Dans les châteaux du Roi, Saint-Germain, Chambord, Rambouillet, régnait l'odeur des chiens, de l'urine, des suints de la peur de déplaire, des parfums dont les courtisans s'imbibaient le corps pour en cacher les senteurs. Ici, le vent apportait de l'inconnu, de l'exotique. On pouvait en être ivre.

— Voici, mon fils, la dernière œuvre de M. Le Vau qui fut grand architecte et plus grand serviteur encore car il n'attendait pas mes ordres, il les précédait dans ses constructions. Et imaginait même ce que je n'aurais su penser et l'ayant imaginé, réussissait à le réaliser, en pierre, en bois, en marbre, en verre, et ici en faïence.

L'enfant regardait cette débauche de blanc et de bleu. Débauche était le mot, car ce qu'il avait entendu chez sa mère la Reine était resté en sa jeune mémoire. Certes, devant lui on parlait parfois à mots détournés, mais on montrait aussi trop de confiance en son jeune âge pour qu'il comprît goutte aux propos échangés. Or Louis le Jeune comprenait. S'il ne parlait guère, il savait écouter et écoutant il entendait. De plus ses garçons d'honneur, fils de ducs ou de princes, de maréchaux ou de hauts dignitaires du Parlement — car le Roi soignait aussi la noblesse de robe —, étaient là pour lui expliquer certains termes qu'il ne comprenait pas ou du moins aurait pu ne pas comprendre. Louis Dauphin de France avait peu besoin d'explication, bien moins que pour la grammaire latine, celle des sens lui était venue de manière sans doute innée, bon sang de Roi Louis XIV et de Roi Henri IV ne sachant mentir. Louis XIII lui avait légué son goût du secret en ces affaires ainsi qu'une certaine mesquinerie.

Et la pensée qui venait à l'esprit du Prince alors que le Roi pérorait était mesquine. Il ne l'aurait su résumer mais elle l'envahissait tout entier : cette chinoiserie avait été bâtie pour Mme de Montespan, que sa maman appelait la Poutana. Et ce dans son privé avec Mme de La Vallière qui, s'il avait bien compris quelques chuchotis entre ses menins, comme sa mère appelait ses garçons d'honneur en souvenir des menines de sa jeunesse espagnole, avait été la Poutana prima de papa.

L'affaire l'intéressa aussitôt et tant qu'il en oublia qu'il devait chasser le loup. D'ailleurs, où un loup eût-il pu bien rôder en cette nature trop bouleversée dans le seul dessein d'être policée au gré du Roi et au bénéfice de sa favorite ?

Il pensa qu'il lui faudrait une favorite. Et envisagea Mlle de Blois, fille de La Vallière. Avec un gouverneur aussi dur que ce fou de Montausier, il avait appris à cacher ses pensées.

— Est-ce chinois, mon père ?

Il pouvait en cet instant se passer de Sire. Les deux mousquetaires avaient mis pied à terre, tenaient leurs chevaux par la bride, et M. de Porthau maintenait celui du jeune Dauphin, dans ce vent qui parfois rend les bêtes folles. Le Prince l'en remercia, le mousquetaire salua. Il vit que le carrosse de l'évêque qui les rattrapait depuis leur arrêt n'avançait plus. Monseigneur Bossuet avait donc décidé de se tenir à plus de cent pas de cet édifice exotique érigé à la gloire de l'adultère.

— Chinois en effet, Monsieur mon fils. Car sur l'autre versant de la planète Terre, se tient le Royaume égal au nôtre en Occident, l'Empire de Chine, que les benêts nomment aussi le Grand Royaume tartare. Et quand à votre tour vous serez roi, vous comprendrez la nécessité que notre Royaume de France se doit d'être l'abrégé du monde. Et qu'il se doit de posséder le raccourci ou l'exemple de ce que les plus célèbres nations de l'univers ont de beau, de singulier et de rare en leurs Etats.

Ainsi apprend-on à neuf ans qu'un cadeau à une maîtresse dépasse la folie amoureuse pour côtoyer la haute politique. Pour la première fois de sa vie, le Dauphin eut envie de rire du Roi. Il n'osa pas. Il n'y crut pas trop non plus.

— De plus, mon fils, dans ma jeunesse, j'eus le cardinal de Mazarin pour parrain et pour ministre. Comme Monseigneur Bossuet le fera pour vous, Son Eminence m'apprit beaucoup. Je me souviens encore que dans mon âge tendre, le Cardinal me lisait des relations de voyage des Pères jésuites en Chine. Si différentes des nôtres que soient leurs croyances, leurs civilisations et méthodes de gouvernement, mon feu parrain, qui était homme d'esprit ouvert, m'enseigna que notre Royaume devrait bien un jour entretenir les meilleurs relations avec leur Empire, et que Chine et France tiendraient ainsi le monde civilisé, celui de Perse, de Siam, de Russie compris, comme en une tenaille. C'est donc un peu en l'honneur de mon parrain, de mon ministre, de mon ancien mentor, que ce palais a été édifié. Sentez-vous ? Il en vient des parfums qu'on ne trouve nulle part ailleurs. Nous inviterons un jour l'Empereur de Chine à nous visiter. Cela vous plaira.

— Viendra-t-il avec des dragons ? J'aimerais chasser le dragon.

Le Roi se laissa aller à un geste, il caressa la joue de son fils.

— Je le prierai de nous en envoyer. Voilà qui vous changera des loups !

— Il n'est pas de dragons figurés sur les murs.

On ne voyait en effet que vases, oiseaux, fleurs et amours... Mme de Montespan se fût-elle offusquée de dragons ? Les filles ont peur même de leurs rêves.

— Mais les amours, poursuivit le Prince, sont armés de flèches et de dards.

— Sans doute, dit le Roi, ont-ils eux-mêmes tué les dragons.

— Ainsi, mon père, ces amours-là me privent-ils d'une chasse prodigieuse.

Et l'on murmurera que mon fils est sot ! pensa le Roi. Il regarda l'enfant comme jamais il ne l'avait regardé : amusé, attendri, étonné. Ne vient-il pas de m'envoyer une pique sur mes amours ? Le Roi se tourna vers ses mousquetaires. M. de Porthau tenait toujours la bride du Dauphin, mais le jeune Montesquiou souriait sous sa moustache. Il était bien le digne petit-cousin de d'Artagnan. Gascon, courageux, insolent en esprit et vif comme son épée. Et si je le donnais au Dauphin pour commander ses Gardes ? Entre un Bossuet et un jeune d'Artagnan, il est sûr que son esprit se délierait, se libérerait.

Je verrai.

Ce qui était tout vu, c'est que, en confiance avec son père, Monseigneur le Dauphin quittait toute balourdise.

Mais l'esprit du Roi, dans les senteurs fortes des tubéreuses, des quatre-vingt-seize mille fleurs et des deux millions de pots qui entouraient ce Trianon de porcelaine, pensait plus à une peau douce et à un corps potelé d'une marquise à qui il passait tout, plutôt qu'à son fils ici présent.

— Rentrons, Messieurs.

OÙ MADEMOISELLE EST D'AMOUR ÉPRISE

La Cour fut surprise par l'amour. Et par un mariage. L'amour fut un divertissement, le mariage un étonnement qui dura longtemps. Des deux l'on rit beaucoup en s'en cachant. La Cour devenait prudente, parfois craintive, toujours sur le qui-vive devant la stature du Roi. Un sourire à peine esquissé, un froncement de sourcils pouvaient apporter des mois de faveur ou des années d'exil, sinon pis.

La Cour vivait dans l'indécision, ne sachant traduire ni les silences ni les propos du monarque. Sa plus courante réponse, ce célèbre « Je verrai », laissait ducs et duchesses, princes, maréchaux dans l'expectative, les condamnait à la patience qui n'était pas toujours récompensée. Si le Roi n'oubliait jamais une promesse faite, il savait en différer la réalisation ou y renoncer pour le bienfait des affaires. Les affaires du Royaume étaient les siennes en propre. Il incarnait tout mais cette incarnation était-elle vraiment de chair et de sentiments, ou bien du marbre ou du bronze des statues qui se multipliaient en ses jardins, ses places, ses villes, dans l'or des médailles que l'on frappait au moindre événement tranchant sur l'ordinaire ou qui eût pu passer pour bien ordinaire si le Roi ne l'avait jugé à célébrer d'urgence ? Sa Majesté Louis XIV jouait avec le temps comme Lully avec son violon : divinement. Maître du temps de ses décisions, il était maître de la vie, du présent, de l'avenir de ses courtisans et de ses proches. Impatient, il imposait la patience, et avec justice se l'infligeait aussi à lui-même. Alors la Cour jouait et perdait gros, allait aux ballets où le Roi ne dansait plus mais continuait d'en aimer le spectacle, comme s'il avait besoin de contempler la grâce pour agrémenter sa vie intérieure comme il l'ornait, et merveilleusement, de ses jardins et de ses galeries dans ses parcs et palais.

Que savait-on de la vie intérieure de ce Roi ? Rien sinon ce qu'il en affichait. Des maîtresses, des faveurs, du goût pour les revues militaires, et un sens spectaculaire du secret, quand il s'enfermait en son Conseil. Il profitait lui-même du spectacle qu'il offrait en contemplant ses spectateurs comme il contemplait ses meutes pour la chasse, ou les animaux de sa nouvelle ménagerie. Il contemplait surtout chacun et chacune retenant son souffle dès qu'il apparaissait. Des lectures de son vieux valet La Porte, qu'il avait chéri dans son enfance, il se souvenait du livre de rouge et d'or de la vie des Rois de France, tous portraiturés depuis Chilpéric ou Mérovée. Louis XI n'avait-il pas dit : « Qu'ils ne m'aiment pas, mais qu'ils me craignent » ? Louis XI était laid, Louis XIV était beau. Et donc on l'aimait, avec ferveur, avec terreur désirée.

Sa Cour vivait en une machine aussi bien huilée qu'une horloge, mais rêvait d'extravagances. Mais les grands extravagants étaient exilés, embastillés, éloignés, méprisés. Ou envoyés aux frontières se morfondre dans l'attente d'une guerre.

C'est alors que, comme la foudre qui vient de loin en un ciel pur qui peu à peu se couvre de nuées, une grande extravagance tomba sur cette Cour à la vie tracée comme un jardin de M. Le Nôtre. Elle ne pouvait surgir que de la famille de Sa Majesté. La foudre, une foudre de théâtre comme Louis les aime depuis l'enfance dans les machineries, prit la forme d'une grande dame, cousine germaine du Roi, qui ayant dépassé les quarante-deux ans s'enticha violemment d'un autre extravagant de six ans son cadet.

Anne Marie Louise d'Orléans, duchesse de Montpensier, dite la Grande Mademoiselle, non seulement parce qu'elle était fille du feu « Grand Monsieur », Gaston frère du roi Louis XIII, mais aussi pour l'aspect de sa morphologie de grande jument bréhaigne, fondit de toute son âme altière et de son corps en hauteur pour Antonin Nompar de Caumont, marquis de Puyguilhem, qu'on prononçait Puiguilin, comte de Lauzun. Frétillant garçon, tout petit et pétillant d'esprit, surtout du mauvais. Il se dit ami du Roi, ce qui lui évite de compter ses ennemis. Il plaît aux femmes et, en bon cadet de Gascogne, ne se lave jamais. Il est également blondasse, méchant, brave jusqu'à la hardiesse.

Bref, Mademoiselle était amoureuse. Elle qui avait espéré un temps épouser le jeune Roi, avait repoussé ceux d'Espagne, de Portugal, d'Angleterre, l'empereur d'Allemagne et le duc de Savoie, n'en pouvait mais de son « cadet » fanfaron.

Or cette Fille de France ne sait comment déclarer sa flamme à l'objet de ses soupirs, ni son désir de mariage au Roi. Elle qui fut colonelle, même maréchale autoproclamée pendant la Fronde, qui fit tirer le canon de la Bastille sur la cavalerie royale, et donc sur son cousin, la voici timide comme une violette. Mais l'appel des sens étant le plus fort et se souvenant qu'elle est Altesse royale, Mademoiselle s'enhardit. Et minaude, attitude qui sied fort peu à son visage orné d'un nez bourbonien à rendre le Grand Condé jaloux.

Lauzun fit mine de ne rien remarquer.

Il fut bien le seul dans la Cour surpeuplée de Saint-Germain. Même la reine Marie-Thérèse, fort éloignée des soucis coquins, depuis qu'elle s'occupe de réconforter La Vallière qu'elle ramène avec une affection quasi maternelle dans le sein de la religion, s'en amusait. Elle s'en ouvrit au Roi qui eut l'air étonné, ce qui inquiéta Marie-Thérèse, car le Roi négligeant une affaire familiale — et Mademoiselle, outre sa cousine germaine, était la plus riche personne privée de France — signifiait que Louis avait de vrais objets d'inquiétude. Ou bien, et voilà pis, qu'il songeait à quelque guerre. La Reine vit donc dans la volonté de mariage de Mademoiselle un dérivatif pour un si funeste projet. Si elle ne savait pas garder son mari dans les limites de la fidélité — mais qui l'aurait su, puisque ni La Vallière et sa douceur, ni la Montespan avec sa morgue n'y étaient parvenues ? —, elle savait lui parler. Son français avait enfin fait des progrès, car elle désirait comprendre les subtilités et les beautés des sermons de Monseigneur Bossuet. Celui qu'il avait lancé vers les cieux pour les funérailles de

Madame et dont elle n'avait pourtant compris que la moitié lui avait tiré de sincères larmes. Pourtant, la Habsbourg n'aimait pas la Stuart ! Que le Roi ait nommé l'évêque de Condom précepteur de leur fils lui avait plu. Sa Majesté avait fait là un choix de roi et non de convenance.

Voilà qui lui donnait une idée pour engager la conversation...

C'est donc de Louis Dauphin de France que la Reine entretint le Roi. Elle savait son attention pour les enfants. Elle se montra rieuse, gaie, enchantée aussi du choix de Monseigneur Bossuet. Elle voyait le visage du Roi abandonner son masque de cire et revenir celui d'un mari. Elle l'avait toujours jugé fort beau mais rêvait d'un mariage avec un hidalgo campagnard, soignant ses chevaux, écoutant ses régisseurs, surveillant ses récoltes, allant à la messe et portant quelque statue sainte en procession, et pourquoi pas affrontant quelque fougueux taureau de son propre élevage les jours de feria. Elle le souhaitait Grand d'Espagne, il était Roi de France. Elle soupira. Elle était donc Reine. Sinon de la Cour comme cette « Poutana », ou de Paris comme une certaine Ninon, disait-on, mais de France. Il suffisait de le montrer deux fois l'an pour que personne de l'oublie. Elle l'allait faire.

Le Roi était tout ouïe.

— Notre fils est potelé comme vous l'étiez quand je vous ai vu la première fois au bord de la Bidassoa. Et timide comme vous le dissimuliez derrière de grands airs que je trouvais ridicules venant d'un Bourbon quand moi j'étais une Habsbourg !

Le Roi sourit.

— Mais notre fils, Sire, est encore plus timide et ne dit pas trois mots d'affilée.

Le Roi se rembrunit.

— J'espère beaucoup donc de Monseigneur Bossuet. C'est un choix dont en tant que mère je vous remercie. Vous savez, Sire, le souci qu'une mère peut avoir de son fils, surtout quand il est destiné à être roi. La vôtre fut admirable. Comme vous l'avez dit avec justesse, Anne fut un grand Roi.

Le Roi acquiesça, ému.

— Toute la Cour l'admet et pas sur ordre pour une fois, même notre cousine, Mademoiselle, qui chantait encore hier après-midi ses louanges alors que...

— Elles se firent la guerre, en effet ! Mademoiselle ma cousine est un personnage, comme dirait Molière.

— Je trouve grand de votre part, Sire, de lui avoir pardonné.

Le Roi se sentit flatté.

— Savez-vous qu'elle est amoureuse ?

— Ma cousine ? Mon Dieu ! Elle a refusé toutes les têtes couronnées d'Europe !

— Qu'étaient-elles alors qu'elle avait rêvé de la vôtre ?

— Elles appartenaient à des Rois, à des Empereurs ! Dont l'alliance m'eût été utile...

— Les alliances se défont. L'amour, lui...

— Bah, qu'elle aime, qu'elle épouse ! Elle a ma bénédiction.

Il prit une orange dans la coupe sur la table. La respira... Son regard s'attendrit.

Il pense à sa mère, continuons. Cette Mlle de Montpensier ne saura jamais ce que je fais pour elle.

— Dois-je vous avouer, Sire, que j'ai de l'affection pour Mademoiselle ?

— Tant mieux, Madame, et je vous en remercie, elle en fut longtemps sevrée. Je dois reconnaître moi-même une faiblesse à son égard. Une tête brûlée, mais un esprit fin, et une joie de vivre qui peut être comparée à un courage. Fût-on princesse de sang royal, il ne doit pas être facile d'être laide !

La Reine, ancienne Infante d'Espagne, ne broncha pas. Le Roi son mari savait-il qu'il venait de la gifler ?

Il rougit. C'était un second soufflet.

— Je ne sais. Mais ce que je n'ignore pas, c'est que notre cousine n'ose vous parler de cet amour qui la dévore. Elle joue Phèdre hantant votre palais.

— Phèdre a vingt ans, ma grande cousine largement le double !

Maintenant il s'amuse, c'est gagné ! Il suffit, en effet, de l'amuser pour le retenir. Disons, un quart d'heure...

— Cela empêche-t-il les sentiments ?

— Certes non, Madame, et, voyez-vous, je vous donne mon

sentiment, « cet amour qui la dévore » (l'ironie était patente mais affectueuse), me rend heureux pour elle. Elle est de bonne compagnie quand elle ne se mêle pas de politique, et aucun prince, aucune princesse du sang ne s'en mêlera plus jamais.

Eloignons ce sujet dangereux.

— Autant vous dire, Sire, que Mlle de Montpensier, princesse d'Orléans, me montre chaque jour le visage aimable de l'amitié la plus fidèle.

La fidélité (en amitié) était une des vertus cardinales de ce Roi.

— Et elle, Sire, si vous en croyez mon jugement, elle ne se force pas.

— J'ai toute confiance, Madame, en votre jugement sur les personnes. Vous en avez montré parfois bien plus que moi. Dieu veuille que je sois toujours assez sage pour vous écouter.

Voilà pour faire oublier la gifle métaphorique.

— Mais vous avez raison mille fois, Mademoiselle ne se force pas, sa sincérité lui est naturelle jusque dans ses extravagances.

Là, le Roi riait. La Reine en eut une douce chaleur, elle adorait voir rire son mari. Cela n'arrivait que dans leur plus privé des privés, et encore bien rarement.

— Bref, Mademoiselle aime, n'ose s'en ouvrir à moi, et vous souhaitez, je sais qu'elle ne vous a rien demandé, que je... comment dire ?..., que je l'encourage à se confier à son cousin aimant ? Ce sera fait. Organisez un jeu ce soir. J'y paraîtrai.

— Nous jouerons au hoca.

— Je l'ai interdit... Mais bon. La loi fera une dérogation, mais ne priez pas à vos tables M. de La Reynie.

— Cela, jamais !

Là, le Roi riait vraiment. Il se leva, baisa la main de sa femme et se retira.

Qu'il aille, qu'il aille retrouver qui je sais ! J'ai déjà gagné la partie. Chez nous, en Espagne, cet insolent Lauzun pourrirait dans un cachot ou serait exilé dans quelque monastère de la Sierra Nevada, mais nous sommes en France et ma grande haquenée de cousine (par alliance, une Orléans, pfft !) en est entichée. Il est charmant et amusant.

La Reine rêva et songea un instant. Le Roi avait un sourire et un rire irrésistibles.

Comme Lauzun.

La Reine sursauta. Le Roi n'avait pas demandé qui était l'heureux élu des amours de Mademoiselle. Cet oubli était inconcevable de sa part. Etait-il déjà au courant et l'avait-il laissée parler pour surprendre dans le tissu des mots employés ce qu'elle en pensait ? S'en fichait-il comme d'une guigne ?

La haute et récente opinion sur ses vertus diplomatiques que la Reine venait de se décerner fut entachée d'un doute. Une curieuse tristesse l'envahit. Comme des tristesses que lui causa et lui causait encore son mari elle ne s'ouvrirait à personne si ce n'est à la duchesse de Vaujours, née La Vallière, et qui fut naguère une des causes de ces mêmes tristesses, et traitée elle aussi et pour cela de Poutana. Depuis, Louise de La Vallière était une Madeleine repentante et la pieuse Reine l'en aimait.

La Reine songea à tout cela. Les nains et filles d'honneur furent tenus à l'écart. Lui fallait-il ourdir ? Le sang en elle commanda. Une Infante d'Espagne au sang royal ne pouvait déchoir en aidant une Fille de France au sang royal. Il était entre elles un cousinage qui ne tenait pas seulement à une alliance, mais à un état voulu par Dieu dont dépendait la race des rois. Mais pas un Lauzun qui deviendrait cousin du Roi et de la Reine ! Se serait-elle fourvoyée par amitié de race ? Son cœur a-t-il pris le pas sur son esprit et surtout sur son rang ? Lauzun était ami du Roi, du moins Sa Majesté lui montrait-elle une amitié et lui dispensait des grâces, le Roi ne lui avait-il pas donné son premier régiment de Dragons ? Oh, et puis qu'ai-je fait ? Obtenu un entretien, ouvert une table de jeu ; désormais il appartenait à Mademoiselle de gagner la partie.

Va-t-elle trahir après avoir aidé ? La pensée de rejouer au hoca — la Reine était furieuse de l'interdiction de ce jeu par le Roi pour ménager les finances du royal ménage, où elle maniait les cartes comme une damnée et perdait comme une sainte — balaya tout remords et toute inquiétude.

Elle appela, donna ses ordres, commanda les cartons, que la Cour sache qu'on jouait chez la Reine ce soir. De sa main elle pria Mademoiselle sa cousine d'y assister, elle y verrait un Roi fort bien disposé. Et que tous s'en remettent à Dieu ! Elle en avait assez fait.

La Grande Mademoiselle s'arma de courage. A quarante-trois ans, elle rougissait comme une grisette. Hier, il était là devant elle, blond, arrogant comme un Frondeur, capricieux comme un prince, mais fait comme un page. Du Roi elle craignait la réaction, de Lauzun elle craignait l'esprit.

— Savez-vous, Monsieur, que j'ai résolu d'épouser un seigneur français ? Qu'en pensez-vous ?

— Votre Altesse royale voudrait-elle s'abaisser jusque-là ? Le Roi n'y verra-t-il pas une nouvelle Fronde ?

Les mots étaient bien choisis, Mademoiselle se remémora certaine canonnade du faubourg Saint-Antoine.

— En même temps, Mademoiselle, quel onguent sur les blessures de toute la noblesse de France : une Altesse royale, plus proche cousine du Roi, épousant un de ses membres ! Ce serait l'honneur rendu en une nouvelle alliance entre la famille royale et toute l'aristocratie de souche et de sang qui souffre mais se tait, tout en continuant de servir et de mourir pour la Couronne.

— Donc vous ne me désapprouvez point. Votre avis m'importe, vous êtes aussi ami du Roi.

— Sa Majesté, pour l'instant, me fait cet honneur. Mademoiselle, puis-je connaître le nom de l'heureux élu ? Pardonnez mon indiscrétion, mais ce nom restera celé en mon esprit, ou bien, si vous l'ordonnez, je l'oublierai séance tenante.

Mademoiselle se pétrifia. Assise, sa stature égalait celle de son Lauzun debout. Ou presque. Avouer ? Elle se sent une ingénue, remarque-t-il au moins la douceur de mes regards ? Se joue-t-il de moi ? On lui sait l'esprit acéré. Veut-il un aveu ici même par gloriole ? Il n'est que plus désirable de se faire ainsi désirer et me voir me jeter à ses pieds. Je ne m'y jetterai pas, mon cœur dût-il exploser.

— Portez-moi cette tablette et mon écritoire.

Le comte obtempéra, vérifia la plume, la retailla en souriant, servile à souhait.

— Je m'en vais vous écrire son nom ici.

Il la vit griffonner à peine deux mots. Elle le regardait de ses immenses yeux, qu'il s'étonna de trouver fort beaux. Un regard de jeune fille mêlé à celui d'une Altesse. Lauzun pouvait être ému par un simple instant fugace de sincérité chez les autres. Surtout chez plus puissant que lui.

— Mais je suis trop honteuse. Son nom est ici, mais aurai-je la force de vous le donner ?

Elle fit couler la cire qui bava sur le papier et l'écrasa de son sceau comme une fraise trop mûre. Lauzun choisit la stratégie du silence et prit le pli qu'on lui tendait. Son corps était tout près d'exploser de rire, mais son visage avait la gravité de qui reçoit un commandement important avant de se mettre en campagne. Au dernier moment, Mademoiselle le retira et le garda contre son sein.

— Quel jour sommes-nous aujourd'hui ?

— Vendredi.

— Vendredi est un jour malheureux depuis la mort du Christ. Je ne vous le donnerai que samedi.

Lauzun mit un genou en terre.

— Madame, vous m'honorez de votre confiance. Laissez-moi ce pli, je le mettrai sous mon oreiller et ne l'ouvrirai pas avant que minuit soit sonné. Foi de gentilhomme.

Mademoiselle, les yeux étoilés, tendit une main languissante dont les longs doigts lâchèrent le billet, comme une femme s'abandonne, abandon que Lauzun connaissait bien et appréciait. Sa bouche effleura les ongles de la Princesse de France.

— Allez, Monsieur, allez.

Lauzun salua, sortit, le visage toujours grave. Dans l'antichambre, il ne dit rien à quiconque, sinon deux banalités, dans l'escalier il étouffa un ricanement, dans son carrosse il brisa le sceau.

« C'est vous. »

Il serait bientôt l'homme le plus riche de France et le cousin du Roi. Mais Dieu, qu'elle était laide, sa « fiancée » ! Elle avait toutefois de beaux yeux. Ils seraient magnifiques au lit quand elle se rendrait. Il serait de courtoisie et surtout de prudence alors de ne regarder qu'eux.

Attendons minuit, j'ai donné ma parole.

Mademoiselle n'avait pas dormi en cette nuit du vendredi. Quand la minuit sonna, elle trembla. Se fit dévêtir et mener à son coucher.

Il savait. Une petite voix venue de la Fronde lui susurra qu'il savait depuis longtemps et qu'il avait attendu son aveu. Elle la fit taire.

Un galop dans la cour du palais, quelques mots échangés, des mots vifs. On ne voulait pas ouvrir, Son Altesse royale reposait. La peste soit de ce maître d'hôtel. Dieu merci, on insistait.

Elle arrangea ses oreillers, se construisit en un clin d'œil la noble attitude qu'elle promenait chez son cousin le Roi. On allait gratter à cette porte de chambre, qui restait, la sotte, silencieuse encore.

Alors, va-t-on gratter, oui ou non ! Dieu du ciel !

On gratta.

Enfin !

Mlle de Ludre entra, fit mille simagrées d'excuses qui retardèrent d'autant le message.

— Eh bien, donnez ! Qu'est-ce là ?

— Que Son Altesse me pardonne — la sotte, il y a longtemps que c'est fait ! —, le messager attend la réponse.

Enfin le pli. Elle le toucha, le retourna, n'osant en briser le cachet.

— C'est bon, allez. J'appellerai.

Devait-elle déjà baiser ce billet ou devrait-elle, l'ayant lu, en pleurer ?

Elle baisa. Décacheta.

« Je ne suis pas assez sot pour vous croire. Vous vous moquez de moi. »

Lauzun est-il idiot ? On le saurait. Elle songea. Il veut une reddition, c'est cela ? Tactique de colonel général des Dragons. Elle sourit. Le fripon.

Un nouveau galop dans cette cour nuiteuse. Nouvelle voix. Nouveau déni de déranger Son Altesse qui repose.

Je vais étriper ma maisonnée !

— Qu'est-ce encore ?

La porte s'entrebâille. Un visage passe.

— Eh bien, allez voir !

Elle entend les pas pressés dans l'escalier, quelque discussion presque véhémente entre sa dame d'atours et le maître d'hôtel. A fouetter ! A bâtonner.

Le pas féminin remonte en prenant son temps. Ne peut-elle faire diligence ?

— Son Altesse...

— Oui, un nouveau message. Donnez, au nom de Dieu !

La dame d'atours rougit, tendit le pli sur un plateau d'argent que Mademoiselle fit voler dans la chambre.

— C'est bon. Sortez.

— On demande...

— Je répondrai.

« Il est un moment où je crois que ce n'est pas une illusion et me laisse aller à la joie. Puis je rentre en moi-même et je juge que cela n'est point. »

L'infernal garnement !

— De quoi écrire !

On s'activa en silence et comme en pénitence.

Mademoiselle écrivit sous les lignes mêmes de Lauzun : « Venez et jugez. »

— Faites vite porter.

Elle risquait de se reprendre et de renoncer à cette invitation qui était une invite.

Alors il y eut une attente.

L'attente se fit longue.

L'attente s'éternisa.

Nul galop, nul bruit de carrosse. Nul heurtoir frappant la porte du palais. Tout sommeillait, semblait-il, sauf elle.

Elle pleura. Puis but un verre d'eau d'oranger, haussa les épaules et somnola.

S'endormit. Souhaitant ne pas rêver. Ses rêves eussent été des douleurs.

Un vent frais flattait son visage. Souffle doux du vent. Mêlé d'un autre souffle. Le rêve n'était pas une punition.

Il la contemplait, assis à son chevet. Il jouait avec ses gants qu'il avait ôtés. Et le vent jouait dans les rideaux de la fenêtre ouverte.

— Vous !

— Moi.

Sa voix était douce et amusée.

— J'ai obéi à une Fille de France.

— Antonin...

Sa main se tendait vers lui.

Elle a des mains longues et fines, trop longues, mais plaisantes. Il baisa.

— Comment êtes-vous entré ?

— Le mur, à escalader. J'ai défoncé d'autres murailles, savez-vous, et plus farouchement gardées. L'autre mur, sous votre fenêtre. Une simple escalade d'assiégeant. Il n'y avait pas de mitraille. Votre fenêtre. Un coup de coude a suffi. Il faudra revoir son huisserie.

— Mais, comte...

— Mes messagers ne furent pas gracieusement accueillis par votre valetaille. Et, Madame, je tenais à vous prouver ma discrétion. Avant de me jeter à vos pieds. N'avez-vous pas demandé le secret ?

— Si.

Son Altesse royale, Mademoiselle Anne Marie Louise d'Orléans, duchesse de Montpensier, Princesse de France, plus brillante langue du royaume, ne trouvait plus ses mots.

Il s'assit familièrement sur le lit, l'homme qui annonçait qu'il ne songeait qu'à s'agenouiller.

Sous la courtepointe, la cuisse paraissait ferme, la jambe était longue et fine. On s'en féliciterait si elle était jument.

Il fallait oublier le nez.

Il fallait regarder les yeux. Les yeux surtout. D'ailleurs, déjà leur regard se rendait.

Penser aux jambes, aux cuisses.

Il les découvrit.

L'Altesse a de la race. La jambe est parfaite, en effet, et le pied est d'une princesse du sang, quoique un peu long lui aussi, mais cela en exalte la finesse.

Allons, ce ne serait pas si terrible.

— Nous sommes samedi, ce soir vous m'accompagnerez au jeu de la Reine. Je parlerai au Roi. Je lui parlerai de nous.

Quelles sottises dis-je là en un tel moment !

— Un samedi qui s'annonce comme la plus belle journée de ma vie. Un jour discret comme il vous sied, car ce samedi porte encore son pourpoint de nuit.

Va-t-il l'enlever, son pourpoint à lui ?

Sa main est sur ma cuisse.

Lauzun se fit un masque de gravité.

Il se concentrait.

N'oublie pas, Lauzun : fixe ses yeux. Rien que ses yeux.

Il n'oublia pas. Et il y surprit de belles choses.

Au jeu de la Reine, Mademoiselle perdait. Elle perdait pour faire gagner la Reine que le Roi grondait quand elle laissait filer l'argent. Et puis Mademoiselle se fichait bien de gagner ce soir. A peine avait-elle touché aux vingt-six services du souper et son cousin le Roi l'avait gentiment plaisantée à ce sujet, lui qui bâfrait. Elle voulait lui parler, elle devait lui parler. Elle n'osait pas.

— Me voici ruinée par vous, ma cousine.

Mademoiselle arborait un air penaud que l'on voyait faux et la Reine battait avec joie de ses petites mains.

— Permettez-moi d'abandonner votre table.

— Si le Roi mon mari le permet, lui.

— Bien sûr, ma cousine. D'ailleurs, je ne suis pas en chance non plus et Madame ma femme gagne seule ce soir l'argent du ménage.

On sourit. Il arrivait au Roi de jouer les bourgeois, mais attention à qui aurait bêtement continué ce jeu-là.

Il aida sa cousine à quitter son siège, en homme le plus galant du royaume, comme il savait qu'elle l'en avait complimenté dans son dos. Il lui offrit son bras et la mena dans une embrasure de fenêtre, son endroit préféré pour les confidences.

— La Reine m'a dit que vous désiriez m'entretenir, mais que je ne sais quelle crainte vous retient. Nous sommes cousins, ma cousine. Et la Reine ne jure que par votre amitié.

— Je l'en remercierai.

— Parlez sans crainte. De plus vous avez fait gagner quarante mille livres à Sa Majesté. En trichant contre vous !

Mon Dieu, comment un homme peut-il afficher un tel sourire ! Qu'il est beau ! Sans ce coup de canon du faubourg, je serais Reine de France.

Mais trompée.

Passons.

— Sire, je vous demande, et s'il le faut je le ferais à genoux, la permission de me marier.

— Quel prince avez-vous décidé de nous allier ? Vous aurez ma bénédiction à n'en pas douter.

— Pas un prince, Sire, un seigneur français.

— Ah bon ! Pourtant une couronne vous irait si bien. Mais il est dans notre Royaume des seigneurs acceptables.

— Je sais, Sire, que vous lui montrez de l'amitié.

— Cela m'arrive.

Il est taquin, tout va bien.

— Le comte de Lauzun.

— Lauzun ? Quelle étrange idée ! Il a réussi à faire de la moitié de ma Cour ses ennemis.

— Mais de Votre Majesté, son ami.

Le Roi se redressa, prit appui sur sa canne à tête de vermeil et qui ne lui servait à rien sinon à poser, regarda Mademoiselle, ajusta son masque de sévérité :

— Ma cousine, je ne saurais approuver un tel mariage ; mais vous avez passé les quarante ans, je ne m'oppose à rien.

— Donc, vous êtes favorable à cette union.

— J'ai dit ne pas m'y opposer. Je ne saurais paraître favoriser M. de Lauzun qui a de bien puissants ennemis, dont certains me sont utiles.

— Donc, vous ne vous y opposez pas.

— Donc, cela vous est permis. A une condition : que personne ne le sache avant la cérémonie.

— Comme vous le voulez, Sire.

Et Mlle de Montpensier réussit la plus adorable (la seule sans doute) révérence de sa vie.

Le Roi avait tourné les talons.

L'acceptation n'était guère enthousiaste, mais il fallait faire avec.

Elle fit, et avec grand bruit. Dans les douze heures toute la Cour était dans le secret si bien gardé. Treize heures après, Condé l'apprenait dans son château de Chantilly. Il en oublia sa goutte qui le torturait encore plus que l'intervention de ses médecins.

— Le Roi est-il fou de permettre cela ?

Dans les quatorze heures, c'est Monsieur qui en arracha la mouche au-dessus de sa lèvre et pesta.

— Mon frère est non seulement un satrape, mais un nigaud. Le satrape nigaud. Il faut réparer cela. Nous allons à Saint-Germain.

Ses mignons battirent des mains. Ils s'ennuyaient en ce moment au Palais-Royal, Monsieur faisant mine de dédaigner la Cour depuis l'exil du mignon préféré, le chevalier de Lorraine, le garçon le plus dangereux de France. Mais Dieu, qu'il était beau.

Et puis dans son cœur, et sous les mouches, les fards, les rubans, les diamants et autres affiquets, Monsieur pleurait toujours Madame. Philippe de France, duc d'Orléans, frère du Roi, avait des mœurs détestées par son frère, mais il avait un cœur.

Et se devait d'obtenir revanche de Mademoiselle. A la mort de Madame, le Roi avait suggéré à sa cousine d'occuper la « place vacante ». Mon frère se rendait-il compte comment il traitait ainsi le cadavre de sa belle-sœur qu'il aima tant et qui était comme nous de sang royal ? Monsieur était à cheval sur toutes les étiquettes et méprisait la mésalliance, le plus mortel des péchés selon sa théologie. Or Mademoiselle avait refusé cette place vacante et qui était pourtant celle de la Deuxième Dame du Royaume ! Monsieur en fut ulcéré, car il y perdait une fortune, deux principautés, des duchés, des comtés, des terres immenses, sans compter trois cent trente mille livres l'an. Monsieur en fut aussi soulagé : Mademoiselle et lui, cela eût donné une guerre domestique sans trêve. Et l'impossibilité de lui faire un enfant : quarante ans passés, comment enfanter à cet âge ? Mademoiselle n'avait-elle pas argué qu'elle ne voulait désormais ressembler qu'à la « chaste Pallas » ? Grand bien lui fasse, seul un aveugle eût pu lui trouver du charme, ou bien un fou. Lauzun était fou. Le souci extrême des convenances de la Cour et des arbres généalogiques poussait Monsieur à ne pas oublier qu'il avait été dédaigné par une vieille frondeuse qui devrait encore purger sa rébellion en exil ou au couvent, et non lancer ses traits amers — mais piquants il est vrai — à la table du Roi.

Et puis tous ces millions...

Mademoiselle qui s'était dépouillée, en la sainte nuit de vendredi au samedi, de toute sa pudeur — elle en soupira d'aise —, se dépouillait désormais au profit de son fiancé agréé.

« Donc, Antonin Nompar de Caumont, marquis de Puyguilhem, comte de Lauzun, reçoit dès aujourd'hui et avant mariage célébré et enregistré, ce à son bénéfice et avec survivance à ses hoirs, le comté d'Eu, il verra en outre accroître son gouvernement du Berry des terres et seigneuries de... »

— Laissons cela, Monsieur, nous connaissons tout par cœur.

— Son Altesse n'ignore pas que tout doit être écrit, puis lu afin que...

— Où dois-je signer ?

— Ici, Votre Altesse royale.

Mademoiselle signa.

— Cela vaut aussi, Mademoiselle, contrat de mariage.

— En effet.

Elle se leva, Lauzun suivit, désormais riche comme Crésus, envié par la Cour entière et quasiment cousin du Roi.

— Je vous ai fait installer la nuit passée et toute cette matinée vos appartements en mon palais du Luxembourg. J'espère que vous trouverez que c'est un assez bel établissement pour un cadet de Gascogne.

Lauzun baisa sa main, puis ses lèvres en fixant ses yeux.

— J'adore, Antonin, quand vous plantez vos yeux dans les miens.

— Ils font, Madame, oublier le reste... du monde. Mais non vos largesses...

— Vous épousez, Monsieur, une Fille de France, pas une Fanchon de province. Et le Roi mon cousin, bientôt le vôtre, pense à vous nommer, c'est un secret, Lieutenant général en ses armées.

— Ce sera ardu, Louvois me hait.

— Mais qui, mon ami, ne hait pas Louvois ?

— Le Roi, Madame, le Roi.

Le Roi, et sans son ministre de la Guerre, subissait un assaut. Dans l'antichambre, la Cour ne pipait mot. On entendait les éclats de la voix criarde de Monsieur. On entendait les longs silences du Roi. On rapportait que Condé, ne pouvant se déplacer, avait envoyé une longue missive à Sa Majesté. La famille royale était en flammes ! Mademoiselle bradait les héritages ! Sans héritier, elle aurait abandonné ses biens aux Princes de France, aux enfants de son Roi. Maintenant Lauzun raflerait tout. Le Roi avait toute autorité sur le Royaume, certes, sur les commandements et gouvernements, sur les mariages diplomatiques, mais cette affaire privée ruinait la famille royale au profit d'un Gascon. Il fallait dénoncer cet accord.

— Je n'ai pas donné mon accord, mais ma simple non-opposition.

Ah, se dit Monsieur, voici un premier pas en arrière. Soyons doux maintenant.

— Vous savez, Sire, combien j'ai toujours aimé notre cousine. Pour son bien qui nous est cher, empêchez cette sottise, évitez-lui des déboires futurs et conjugaux. Lauzun est un brave, mais est-il un époux convenable ? Ses liaisons sont célèbres, ainsi la Princesse de Monaco...

Monsieur s'offrit un silence. Mlle de Guiche, Princesse de Monaco, avait été fort courtisée et emportée haut la main par le Roi. Mais elle fut aussi maîtresse de Lauzun. Quand Monsieur frappait, il piquait juste.

— Et d'autres. Notre Grande Mademoiselle a l'esprit le plus fin, le courage le plus tenace, et nous en savons vous et moi quelque chose, mais elle est bien novice en affaires amoureuses. Avoir dû renoncer à vous, il y a vingt ans, lui en a ôté le goût. Ce n'est pas la punir de vous rétracter, c'est la protéger. Je suis sûr que, d'ailleurs, Lauzun soi-même comprendra. C'est un fou téméraire, mais il a l'esprit bien tourné si sa langue y glisse du venin. Ce mariage, mon frère, ne se doit pas faire. Il va encore nous fâcher avec Condé et son armée de Bourbons. Dont nous sommes.

S'il me répond « Je verrai », je me passe l'épée dans le corps ! ou dans le sien.

— Je..., dit le Roi.

Et s'arrêta.

— Mon frère, je vais parler à Mademoiselle. Puis à Lauzun. J'ai quelque amitié pour lui.

— Ils écouteront leur Roi et obéiront.

— Etes-vous satisfait, Monsieur mon frère ?

— Oui, Louis.

Il savait qu'après une épreuve, le nommer par son nom l'attendrissait.

— Eh bien, Philippe, je vais le faire ce jour. Mais puisque nous parlons mariage avec tant de chaleur, je tiens à vous en annoncer, à vous le tout premier, un autre. Bien plus important.

Philippe frétilla sous ses rubans. Enfin quelque chose à ragoter et qui prouvera à cette Cour jalouse qu'il est toujours le prince le mieux informé du royaume.

— Dites, mon frère. Je suis friand de mariages. Ce sont toujours de belles fêtes.

— Je suis heureux que vous aimiez tant. Car il s'agit du vôtre

— De mon...

— De votre mariage.

— Mais, Madame n'est morte que...

— Madame est morte, il faut une autre Madame. Nous ne pouvons vivre dans le deuil éternel, quelle que fût l'affection tendre que nous lui portâmes.

— Je l'aimais, Louis, même si elle n'aima jamais que vous.

— Philippe, vous êtes Prince de France, inscrit sur l'ordre de succession. Taisez-vous, ne calculez pas l'ordre. Vous allez vous marier.

— Avec qui ?

— Une Bavaroise.

— N'est-ce pas un gâteau ?

— C'est une principauté. Allez, je m'occupe de tout.

Monsieur tourna les talons. Il atteignait la porte quand la voix du Roi l'arrêta net :

— Mais, mon frère, écrivez au Chevalier de Lorraine qu'il me plairait de le revoir à la Cour. Il est de vos amis, je crois.

Monsieur se retourna, resta coi et réussit à murmurer :

— On le dit.

Monsieur sortit, salua, sourit, lança trois traits d'esprit, mais oublia de dévoiler ses ragots. Le plus goûteux était pourtant le retour d'exil de son plus bel amant.

Le Roi songea que la paix d'une famille n'a pas de prix quand cette famille est régnante. Ce n'était pas un grand prix à payer. Il lui suffirait d'ignorer le Chevalier de Lorraine, un guisard, race qu'il détestait. Il suffirait aussi, deux fois le mois, de lui adresser deux mots et Monsieur se tiendrait coi.

En revanche, pour Mademoiselle cela serait une autre affaire. La journée était trop belle pour la gâcher par un affrontement. Mais, puisque la matinée avait ainsi commencé avec son frère, autant faire place nette de toutes les oppositions, affronter pleurs et hurlements, l'avenir en serait purifié. Quant à Lauzun, il le dédommagerait par quelque commandement. Ce trublion est un brave et nous aurons bientôt besoin de bravoure comme j'ai besoin que mon frère épouse et m'allie le Palatinat, dont la Princesse, dit-on, ressemble à une tour.

Le Roi montrait le plus grand goût pour les fortifications.

Au palais du Luxembourg, Mademoiselle virevoltait et chantonnait. Fiancée, nouvelle promise à quarante ans passés, tout à l'intérieur d'elle n'était que jeune pucelle sortant du couvent pour épouser un prince charmant. A cette différence notable qu'elle avait elle-même choisi et séduit — comment aurait-elle pu en douter après une telle nuit du samedi ? — son prétendant.

Elle se mêlait du moindre détail des futurs appartements de Monsieur son mari, comte de Lauzun. Et bientôt duc !

Le rouge et le vert des rideaux en faisaient jaillir l'or des damas. Elle avait bien choisi, comme c'était avec goût qu'elle avait renoncé aux quatre plumets au baldaquin du lit. Simplement deux A d'or entrelacés, Anne et Antonin. La calligraphie en était jolie.

Il faut que je me calme, sinon je mourrai de fièvre avant mes noces. Ou bien mon cœur explosera. Elle s'assit sur la plus moelleuse des chaises à bras. De deux coups de pied, Mademoiselle se débarrassa de ses mules à plumes de cygne. Etre dans mon privé avec l'homme de ma vie me baisant les pieds...

Elle fermait les yeux et rêvait du futur. Comme le passé et ses avanies, mais aussi ses folies et sottises, étaient loin, balayés par un grand vent frais, comme une brise délicieuse qui s'accompagne de violons quand on prend collation en une clairière, à l'ombre, en été, dans la forêt de Fontainebleau. Ne gardons que les bonheurs, dont le souvenir ne ternit jamais, et les anciens contretemps, fusillons-les de traits d'esprit et d'ironie. Mademoiselle avait la qualité, bien étrangère à son royal cousin et à l'ensemble de la Cour, qu'elle excellait à se moquer d'elle-même.

Mais ne tolérait point qu'on la moquât. Nul ne s'y risquait, même pas le Roi.

Mme de Nogent, sœur de Lauzun, est annoncée. Mademoiselle quitte son fauteuil et lui saute au cou.

— Ma chère sœur !

— Chère Altesse, ma future sœur, on me dit que le Roi s'installe au Louvre pour deux journées.

— Qu'il soit béni, il a choisi ma ville pour annoncer la nouvelle de mon mariage. C'est une grande courtoisie.

— En effet, Madame, car il déteste ce palais. Ou bien vient-il surveiller sa galerie d'Apollon et les travaux entrepris ?

— Cet homme est un dieu, beau et bienfaisant. Mais quand va-t-il l'annoncer ?

— Je ne sais. Certainement ce soir au souper, quand la Cour aura fini de s'installer.

— Il ne m'y a pas priée.

— La journée est encore bien jeune. Il a tout son temps et vous avez vos libres entrées.

Mademoiselle ne cessa alors de prévoir les détails du mariage, de la cérémonie, de commander des robes, de changer d'avis. D'exiger des conseils, de les rejeter, tant et si bien que Mme de Nogent en eut les oreilles cassées, mais s'amusa beaucoup.

A peine si à midi Mademoiselle dîna, elle qui avait bel appétit. Elle changea cinq fois de robe. Trois fois de coiffure. Fit déplacer les meubles pendant trois heures dans les appartements du promis. Y ajouta un tableau bientôt remplacé par une tapisserie, qui redevint tableau d'une autre facture. Imposa ses plus fragiles et précieuses porcelaines, sur tables de marqueterie et bahuts à l'italienne. Fit déménager de l'autre aile un cabinet des médailles entièrement vitré.

Elle contemplait le résultat, parcourant l'appartement du promis à grands pas.

— Cela ne ressemble-t-il pas trop à l'étal d'un marchand d'art ?

— Un peu, Votre Altesse.

— Pas d'Altesse, ma sœur !

— Alors, un peu trop, ma chère sœur !

— Qu'on remporte tout cela !

Aux six heures de l'après-midi, Mademoiselle s'endormit sur une méridienne où elle venait de s'écrouler. Mme de Nogent respira. Et sourit : la duchesse de Montpensier ronflotait comme seuls font les bébés.

A huit heures, un messager apporta un billet. Mme de Nogent le lut :

— Le Roi vous mande de le retrouver au Louvre.

— Eh bien, mon cousin a pris tout son temps.

Et demandant qu'on l'habille, encore une fois, fit un geste pour tout arrêter. Elle ne dit mot, resta ainsi figée, contemplant le crépuscule qui s'abattait doucement sur ses jardins. Le ciel était de sang au-dessus de la fontaine de la Médicis. Du sang.

Elle haussa les épaules.

— Allons.

Mme de Nogent s'inquiéta en silence de cette nouvelle attitude. On eût dit que Mademoiselle se transformait en Bellone comme au temps de la Fronde et s'en allait en guerre. Non, ce devait être l'émotion avant l'annonce royale. On la marierait demain à la messe du Roi. Et le Roi avait choisi le plus ancien palais des rois de France pour une telle cérémonie.

Dans son carrosse, Mademoiselle ne dit qu'un mot :

— Le glas...

En effet les cloches sonnaient quelque décès du côté de Saint-Germain-l'Auxerrois.

— Quand certains sont à la joie, d'autres meurent, Madame.

— Je n'aime pas ce glas aujourd'hui. Et qui enterre-t-on ainsi la nuit ?

Elle prit la main de Mme de Nogent. L'étreinte des doigts était glacée.

Au Louvre, la garde lui présenta les armes, M. de Nyert, Premier Valet de chambre de Sa Majesté, lui annonça que le Roi l'attendait en privé dans sa chambre.

Mademoiselle pâlit alors que Nyert la guidait.

On ouvrit la porte à deux battants pour l'Altesse royale. Elle vit le Roi dans l'embrasure d'une fenêtre et qui contemplait Paris, la ville qu'il détestait.

Elle sut.

Mais dans le même mouvement de son esprit aiguisé décida qu'elle se trompait.

Le Roi se tourna lentement vers elle. Jamais il ne lui avait fait accueil plus embarrassé. Jamais il ne lui avait proposé un visage si triste. Son vrai visage, pensa-t-elle en un éclair qui ne diffusa aucune chaleur mais lui glaça le cœur.

— Ma cousine, je suis au désespoir de ce que j'ai à vous dire.

Elle pensa défaillir. Sa bouche fut muette, sa langue sèche comme un baudrier de buffle de mousquetaire.

— On m'a dit que l'on disait...

Mais qui est ce on qui dit qu'on dit ?

— On m'a dit que l'on disait dans le monde que je vous sacrifiais au bénéfice de la fortune de M. de Lauzun. Cela me nuirait dans les pays étrangers et on m'a dit que je ne devais pas souffrir que cette affaire s'achevât.

Une affaire, il n'ose même pas employer le mot mariage.

— C'est en cet instant, Sire, que vous me sacrifiez. Et ce n'est pas « on », mais moi qui vous le dis.

Et la Grande Mademoiselle parut plus grande, plus mince, plus froide encore. La Grande Mademoiselle pleura en silence. Puis elle tomba à genoux.

— Sire, il vaut mieux me tuer que de me mettre en l'état où vous me mettez.

Le Roi s'avança vers elle.

— Ma cousine, vous avez raison de vous plaindre de moi.

Il posa sa canne de jonc à pomme de vermeil près de l'Altesse écroulée.

— Battez-moi si vous voulez.

Qu'elle me batte, en effet ! Je ne puis supporter son malheur et sa détresse. Qu'elle me frappe, cette guerrière !

Il tombe à genoux et la prend dans ses bras. Et là le Roi éclate en sanglots. Les sanglots d'un homme sont plus bruyants et inconvenants que ceux d'une femme terrassée de malheur. Le Roi renifle et sanglote à nouveau. Elle lève les yeux, juge son visage répugnant, ses yeux chassieux. Un homme a le droit de pleurer, mais il ne sait pas pleurer avec élégance. Elle se relève. Il tend la main pour l'aider. Elle se relève seule, se mouche dans ses doigts comme eût fait un soldat. Elle le surplombe, lui encore à genoux Elle méprise son Roi.

Elle sort, raide comme une Princesse du sang, M. de Nyert la reconduit. En chemin, la Reine quitte son appartement comme si elle n'avait attendu que cet instant.

Mademoiselle la toise.

— Madame, je sais que vous avez plaidé ma cause. Elle était juste et noble, comme vous. Devant cette coalition de je ne sais quels esprits malfaisants, vous fûtes vous, une héroïne.

— Mademoiselle de Montpensier, je suis votre cousine.

Et lui tendit sa main.

Mais je vous ai trahie.

Dans son carrosse, Mademoiselle s'assied loin de Mme de Nogent, et regarde par la glace de la portière la nuit qui s'installe sur Paris.

La voiture s'ébranle et, passé les guichets du Louvre, Mlle de Montpensier arrache sont lourd collier et l'utilise tel un marteau pour briser toutes les glaces. Sans un mot. Mme de Nogent fut blessée à la main par un éclat de verre. Mademoiselle contempla ce sang qui coulait avec un air méchant.

— Le glas... Je l'avais dit.

Le Roi se releva.

Ouf ! L'affaire était finie.

On annonça la Reine.

— Mon Dieu, qu'ai-je fait ?

— Votre devoir de Roi, comme toujours, Sire.

— Je l'ai trahie.

Moi aussi, pensa la Reine que cet état enchantait chez son mari. Et maintenant, nous allons la dépouiller. Au lieu de tenir ce discours, elle toucha la main du Roi.

— Vous êtes, Madame, mon seul réconfort.

Il m'en dira tant ! Avec ses yeux encore chassieux de larmes. Il est capable de croire ce qu'il dit.

— Au tour de Lauzun, maintenant, Sire. Vous verrez, ce sera plus distrayant.

La Reine se retira. Il contemplait son dos. En tant d'années de mariage, elle n'avait jamais montré tant de dureté.

Quelle vieillesse s'annonçait donc entre eux ? Le jeune Roi de trente-trois ans se sentait vieux.

Lauzun. Que lui promettre ? Il est vrai qu'il n'a guère besoin de dédommagement après ce que Mademoiselle lui a donné. Mais j'ai toujours affiché de l'amitié pour lui.

L'appartement destiné à Lauzun était dévasté. Rideaux déchirés, porcelaine brisée, un tableau à la toile crevée.

On n'ose trop approcher. Un serviteur souffre d'une entaille à la tête.

Elle brisa tout en silence, simplement émettant souffle et grondement.

Maintenant, au milieu du champ de bataille, Mademoiselle

hurle, jette les bras au ciel, déchire son corsage, maudit le Roi et les Princes, les ministres et les prêtres. Elle se jette sur le lit à baldaquin aux A entrelacés. Elle frappe du poing les oreillers.

— Il serait là, il serait là !

Et frappée par la violence émanée d'elle et par le sort, elle sombre dans un sommeil qui tient du coma. Elle n'en sortira qu'une journée et une nuit après. Elle demandera un miroir que lui tendra Mme de Nogent.

— Mon amie, je crois qu'il vaut mieux que vous me quittiez. Votre présence me rappelle trop votre frère.

— Oui, Madame.

— Nous resterons amies.

Elle contempla dans le miroir le visage, le cou, la bouche qui s'affaissait, et ce nez.

— Non, même pas. Vous êtes jeune, et moi en quelques heures j'ai trop vieilli. Je vous déconseille donc de rester mon amie. Sortez, s'il vous plaît.

Mon Dieu, que je suis laide.

Mais Monsieur, frère du Roi, va épouser plus laide que moi.

Et la maisonnée du Luxembourg entendit Mlle de Montpensier rire aux éclats.

La chaste Pallas était-elle devenue folle ?

LES CANONS DE LAUZUN
ET LE BRAS ARMÉ DU ROI

Monsieur se cacha de son entourage immédiat pour prier.

Il parlait à feu Madame, morte trop tôt et trop jeune. Une larme coula sur le fard de sa joue droite et il se refusa à l'écraser. Monsieur aimait se savoir sensible et fidèle à un souvenir. Par fidélité, il avait envoyé ce matin même un courrier à son frère le Roi. Il lui disait qu'il obéirait en épousant la Bavière, le Palatinat, la Souabe s'il le fallait, et pour faire bonne mesure et bonne politique jusqu'au Bade-Wurtemberg. Il se sentait un cœur et une dévotion au bien du Royaume à épouser un Empire entier, du Rhin jusqu'en Chine. Il savait que son frère sourirait. Et dans l'esprit de Monsieur, ce sourire suscité par telle facétie cacherait une ombre de honte, une ombre bien ténue, un fantôme de honte, mais qui le tenaillait depuis la veille. Il avait nui à Lauzun et se le reprochait. Nuire à la Grande Mademoiselle était autre chose. Il ne lui avait pas nui, il avait, en accord avec Condé, la Reine et jusqu'à la Montespan, protégé la famille. Mais oui, la Montespan aussi. Elle qui montrait le goût le plus amusé pour ce diable de Lauzun était intervenue pour pousser son amant à refuser ce mariage auquel il avait consenti, par fatigue, par lassitude, du bout des lèvres. Par faiblesse aussi. Monsieur n'aimait pas que son frère se montrât faible ; même quand il lui accordait des subsides pour parfaire son domaine de Saint-Cloud, Monsieur le reprochait au Roi. En toute ingratitude mais avec justice. Merci, mon frère, mais vous n'auriez pas dû.

Or l'affaire avortée du mariage de Lauzun le mettait mal à l'aise. Il l'avait emporté, en criaillant, en vitupérant et tapant du pied et aujourd'hui, priant pour l'âme de sa femme défunte, il eût souhaité avoir échoué.

Madame était une Stuart, or Lauzun avait aidé les Stuarts, si fragiles sur leur trône. Pour Madame, Lauzun, encore marquis de Puyguilhem, avait été un héros. Monsieur s'élevant contre ce mariage n'avait-il pas trahi la mémoire de sa femme, au simple motif de combattre une mésalliance alors que les grandes familles nobles épousaient déjà la bourgeoisie pour ses cassettes ?

Aussi envoyant une missive à son frère pour lui confirmer son acceptation obéissante à tout mariage politique désiré, il avait désiré d'abord faire rire (il l'espérait) le Roi avant de lui adresser un conseil : ménager Lauzun qui était esprit fol mais cœur brave. Ainsi se sentait-il moins coupable.

Il adressa en pensée un baiser à la morte, qu'il avait si mal su aimer, lui annonça l'ordre du Roi de se remarier, lui murmura une facétie sur Lauzun, et redressant perruque, vérifiant ses mouches, ses rubans et sa rhingrave, il retourna vers ses amis. Mission accomplie. Il trouverait bien quelqu'un dans cette cohorte de mauvaises langues pour lui faire le portrait de cette Bavaroise à lui inconnue.

C'est le mignon M. de Beuvron, troisième en titre des favoris de Son Altesse et qui avait voyagé dans les Allemagnes, qui lui susurra : « On n'a jamais été laide avec autant de verve. » Derrière le mot, le portrait fut calamiteux. Elisabeth Charlotte de Bavière était hérétique et n'avait point de dot.

Monsieur pensa aux deux principautés, aux trois duchés, aux infinités de terres de Mademoiselle et à son superbe palais du Luxembourg ; voilà ce que cet entichement pour Lauzun lui avait fait rater.

— Son corps est courtaud, épais, une tour ! poursuivit Beuvron. Un gros visage aux joues lourdes qui sue la bière et la choucroute. Mais les yeux bleus sont espiègles.

— On dit toujours cela des femmes laides.

— Certes, Monseigneur. De plus, elle se livre à des exercices violents de chasse, de chevauchée, de lutte dit-on, d'escrime aussi. Elle ne cache pas à qui que ce soit son regret de ne pas être un garçon.

— Tiens donc ! dit Monsieur.

Cette inconnue, qui n'était pas de famille royale, sauf une goutte de sang Stuart, le sang de feu Madame, piqua sa curiosité.

— Mais évidemment, Altesse, le Palatinat est un bastion entre France et Empire.

— Je vois, mon mignon. Donc je ne vais pas faire un mariage de raison, mais un mariage de stratégie et de fortification.

— Vous l'allez épouser ?

— Le Roi le veut, Beuvron, le Roi le veut. Il aura la paix aux frontières, et nous aurons la paix entre nous ! Cette Bavaroise ne va en rien nous gêner.

Une épouse qui voudrait être un garçon... Il y avait là de quoi songer.

Le Roi se loua de Monsieur et loua Lauzun devant tous. Mais d'abord en tête à tête. Le comte de Lauzun avait toujours eu ses entrées des Premiers Gentilshommes de la Chambre et le Roi ne dédaignait pas le recevoir en privé. Parfois pour le mettre en garde de quelque folie par une amicale gronderie. Aujourd'hui, il s'agissait donc de mariage avorté. Le Roi avait lu la lettre de Monsieur et trouvait assez plaisant que ce frère qui avait canonné le mariage projeté se préoccupât autant du bonheur de l'ex-fiancé. Le Roi avait en effet souri au poulet de son frère, mais pas aux endroits escomptés.

Lauzun était calme, affichait l'air d'un soumis, presque d'un repentant, alors que c'était Mademoiselle qui avait failli commettre une folie. Il écouta les arguments du Roi et y applaudit avec gravité. Une princesse royale, Fille de France, ne pouvait en effet épouser un cadet de Gascogne.

— Mon ami, dit le Roi, je vais vous dire un secret. Mais vous vous tairez. Nous allons avoir la guerre. Vous y serez colonel général de vos Dragons et maréchal de camp. Sans doute lieutenant général aussi. Je verrai.

Lauzun salua de la tête.

— Sire, puis-je oser ?

— Parle, comte.

— Sire, sans vous demander le secret sur l'identité de cet ennemi, s'agira-t-il d'une guerre de siège ainsi que vous savez les emporter ?

Un peu de flatterie ne messied point.

— En effet. Du moins je le crois.

— Quand un roi croit, il sait.

Le visage grave de Lauzun esquissa un de ses fameux sourires en coin que la Cour haïssait mais qui plaisaient au Roi. Il poursuivit.

— L'artillerie y sera donc à la fête.

— Je le crois aussi.

— Sire, vous n'ignorez pas que le duc de Mazarin veut se défaire de sa charge de Grand Maître de l'artillerie.

— En effet, il se fait vieux, a passé ses quatre-vingts ans et vit retiré loin de nous depuis deux ans.

— Vous savez aussi que ce vieux fils du maréchal de La Meilleraye, cet époux veuf de la belle Hortense Mancini, nièce du feu cardinal, fut toute sa vie durant encore plus extravagant que moi.

— Ah oui ! Je croyais cela impossible, pourtant cela est.

— Mais il est plus riche, Sire, immensément.

— Oui, plus que moi. Je crois que sa fortune s'élève d'après Colbert à vingt-huit millions. Vous n'êtes pas pauvre non plus depuis deux jours, Lauzun, mon ami.

— Si vous l'ordonnez, Sire, je rends les bienfaits de Mademoiselle sur-le-champ.

— Reprendre, c'est voler et dans ma famille on ne vole point.

Sous-entendu : au contraire de celle des Mazarin.

— Merci, mon Roi. Je vous demande donc la charge de Grand Maître de l'artillerie. Je la paierai comme il le faut.

— Au duc de Mazarin ? Non pas. Il la remettra au bon vouloir de la Couronne.

Le Roi hésite, tente de parler d'autre chose, lanterne avant d'accepter. Je sais qu'il va me la donner. Il veut se faire pardonner d'avoir mené sa cousine au bord de la folie.

— Si j'étais sûr, Lauzun...

— Sûr, Sire ?

— De ton silence jusqu'au jour où je le déclarerai publiquement.

— Sire, nous parlons d'armée, pas de vie de cour. A l'armée ai-je failli ?

— Jamais, Lauzun, tu es un grand soldat. Donc, tu me promets le secret et tu seras déclaré dans un prochain Conseil Grand Maître de l'artillerie. Sais-tu que ton amie Mme de Montespan m'en a déjà soufflé l'idée ?

Quel amour, cette Athénaïs, et elle ne m'en a rien dit. J'irai dans l'heure me jeter à ses pieds, qu'elle a d'ailleurs fort jolis. Et puis elle fit partie de la cabale qui ruina mon mariage. Elle est donc en dette envers moi.

— Donc, tu te tais.

— Sire, si l'étiquette ne m'interdisait pas de tirer mon épée devant mon Roi, je m'en couperais la langue sur-le-champ.

Comment Louvois va-t-il prendre cela ? se demanda le roi. Mal, bien entendu. Et Colbert bien, par voie de conséquence.

— Ta dernière parole à ce sujet sera donc ta parole de gentilhomme.

— Sire, vous l'avez.

— Bien. Je rendrai hommage à ta noble attitude dans cette affaire de mésalliance.

Et vlan, me voici une mésalliance. Un peu de miel, un peu de fiel, c'est tout le Roi. Oui et puis, ainsi, la Cour et l'armée au courant de ma « noble attitude », la pilule passera mieux dans le gosier infâme du Louvois. Tâtons pour voir...

— M. de Louvois risque...

— Louvois obéira. Le Roi est le chef suprême des armées. C'est en mon nom qu'on se fait tuer. Pas en celui d'un secrétaire à la Guerre qui ne quitte pas son bureau.

Oui, comme tu dirais, Louis, nous verrons. Car tu le laisses diriger toutes les troupes, les réformer, les acheter, leur commander le pillage, les pendaisons, les incendies, les viols et tueries. Même Condé en est outré, et Turenne, pourtant grand dégâtier, parfois gêné.

— J'ai à faire, Lauzun.

Le chapeau à plumet du comte balaya trois fois le parquet.

Dans l'antichambre il parut triomphant. La Cour fut déçue, elle l'espérait abattu.

Allait-il de ce pas consoler Mademoiselle ? Ce serait d'un gentilhomme. Mais le gentilhomme avait déjà donné sa parole, alors que lui restait-il à offrir ? Il préféra aller se jeter aux pieds de son amie Montespan. Elle avait également une femme de chambre qui ne demandait qu'à se rendre à lui sans qu'il eût besoin de l'artillerie.

Françoise Athénaïs, marquise de Montespan, épanouissait ses rondeurs et l'âge semblait reculer et ne point oser monter à l'assaut de ce corps digne d'un roi et d'une beauté « à montrer aux ambassadeurs », comme l'avait dit un flatteur. Louise de La Vallière la coiffait, comme une servante. Elle était pourtant duchesse de Vaujours. Montespan vanta la finesse et l'agilité des mains de l'ancienne favorite, qui faisait pénitence à la servir. « Que ne peut-on réussir avec ces mains-là... » Visage triste de La Vallière, rayonnant de Montespan où subsistait toutefois un reste de colère, comme un mot mal effacé sur une page blanche.

Elle s'est encore chamaillée avec la veuve Scarron, pensa Lauzun. Du moins l'a-t-elle encore humiliée, car la toute nouvelle Mme de Maintenon évitait la chamaille, savait garder son quant-à-soi, traversait les orages. Patientait. Lauzun l'admirait en cachette car cette femme de rien était étonnante de calme. Le capitaine d'un vaisseau ne craignant ni grains ni tempêtes et sachant garder le cap quand tout marin se fût désespéré. Mais quel était le cap de la gouvernante des bâtards ? Il devrait consulter quelque devin. On vantait les mérites d'une quasi-sorcière sur les hauteurs de Belleville. Une certaine Voisin ou Monvoisin.

Le corps d'Athénaïs resplendissait. Voilà qui changeait de la sécheresse de la Grande Mademoiselle, moderne Pallas condamnée à retourner à la chasteté. Un peu de rouge marqua les joues de Lauzun alors que son amie lui abandonnait ses mains. Ce corps qui enchantait le Roi, et que la Cour admirait, influençait tout, même les architectures dont Louis XIV devenait féru, plus que féru, entiché. Depuis la mort de Le Vau, génie des lignes droites et des plans parfaits, d'Orbay ornait les bâtiments de courbes, leur donnait, comme avait dit Lauzun — et, hélas, on l'avait répété —, « de la gorge et du cul dignes d'une maîtresse ». Le Soleil régnant ne s'en était pas offusqué, au grand déplaisir du délateur — Lauzun soupçonnait fort Louvois d'avoir occupé cet emploi —, mais l'avait félicité sur son goût pour l'art nouveau qui régnait sur son siècle. Enfin quelqu'un qui comprend la beauté que je veux appliquer à tout le royaume.

Françoise Athénaïs, aujourd'hui, en était le plus insolent modèle. De cette beauté, il fallait se servir comme d'une batterie de canons. Lauzun se sentait grand artilleur, entêtante idée.

La Vallière s'esquiva comme l'eût fait une souris, après une révérence dont elle n'eût pas réservé la profondeur à la Reine.

— Tu as besoin de moi, Antonin ? Sers-toi de moi, tu es mon ami comme tu es l'ami du Roi. Amitié que je peux encore plus réchauffer.

Lauzun expliqua le projet, l'artillerie, la dignité de Grand Maître.

— Je sais cela. Si le Roi a promis, le Roi tiendra.

— Il n'a pas tenu au sujet de certain mariage...

— Son cousin Condé, son frère Monsieur et la Reine sans doute n'y étaient guère favorables... Moi-même, qui t'ai soutenu, j'avoue ne pas avoir été totalement convaincue.

Il est un mensonge ici que nous n'allons pas relever. Elle n'a pas dû tant me soutenir et était tout sauf totalement convaincue, mais parfaitement défavorable. Tu lorgnes, ma chérie, les héritages de Mademoiselle pour la progéniture du Roi et donc la tienne. Il en tombera bien quelques terres et apanages dans ton giron si accueillant. Laissons. Tant pis pour l'hymen de Pallas, je veux les canons de Bellone.

— Mon ami, fais-moi confiance. Fais déjà graver tes armoiries de Grand Maître.

Confiance, a-t-elle dit. Alors il me faut me méfier.

Il baisa dûment les mains de son amie et alliée, et dans l'antichambre croisa la femme de chambre qui attendait pour habiller Madame. Il lui chuchota trois mots, apercevant à six pas de là la veuve Scarron occupée à bichonner le jeune duc du Maine, joli garçon, tous les bâtards le sont, quoique boiteux d'une faiblesse à la hanche. Elle l'avait vu, l'avait regardé et son visage était de marbre. Celle-ci sait tout ! Voit tout ! Ne dit rien, mais se souviendra au moment où il faudrait qu'elle ait tout oublié. Il parla encore plus bas à la femme de chambre qui lui fit révérence, le visage tout rosi et les yeux éblouis. Il n'est pas désagréable d'être grand seigneur et de s'offrir bientôt une « mésalliance » d'une heure. Mésalliance ! Le mot lui restait au travers du gosier, il faudrait tout le vin alloué à l'artillerie pour le faire passer.

Il salua de son visage débonnaire, il avait un nombre incalculable de masques, un pour chaque occasion, le duc du Maine et la pseudo-Mme de Maintenon. Visage de marbre qui s'inclina à peine mais courtoisement. Calculait-elle au plus près les angles de ses salutations selon le statut de celui qu'elle rencontrait ? Voilà un esprit de géométrie qui aurait plu à feu Blaise Pascal. Lauzun, brave à quatre poils, trublion, séducteur, un peu espion, un peu voleur, avait aussi un goût certain pour les lectures. Principalement pour celles qu'on interdisait.

Le Roi marchait, calme et silencieux, augmentant la noblesse du port par le mouvement élégant de sa canne, souriant à l'un, touchant son chapeau devant telle autre, donnant une bonne parole, laissant filtrer une ombre de promesse, en comédien accompli et qui savait qu'il jouait.

L'artillerie à Lauzun ? Son attitude après ce mariage interdit la méritait. Mais...

Il se dirigeait vers le cabinet minuscule où il enfermait Louvois pour y travailler. Le château de Saint-Germain tenait tout le monde à l'étroit. Louvois travaillait beaucoup, presque autant que Colbert.

Entretenir leur rivalité. Deux bons commis devenant émules avant de devenir ennemis ? Deux animaux impossibles à tenir ensemble. Il y avait du loup en Louvois et de la couleuvre en

Colbert. De la bourrasque et de la tempête dans le secrétaire à la Guerre, et du glacier dans le financier que Mme de Sévigné — tiens, je ne l'ai pas vue de trois jours à la Cour — surnommait le Nord.

Qu'en eût tiré Molière ?

Prendre des nouvelles de Molière. Où en est son *Bourgeois* ? Et sa comédie-ballet sur Psyché, que j'ai exigée pour ce soir ? On murmurait que le vieux Corneille l'aidait, le délai étant trop prompt.

Si Colbert était tenant de la vérité des comptes, Louvois savait flatter son Roi.

Louvois flattait le Roi via la colère. Non celle qui explose et n'est que feu de paille, mais celle qui cuit et recuit lentement, mijote et finit par embaumer une maison bourgeoise. Son meilleur ingrédient était la gloire ou plutôt la menace d'atteinte à la gloire. Louvois évitait le mot de colère, évitait son explosion en bon artificier, mais laissait une traînée de poudre qui menait au baril, une mèche longue qui finirait par s'enflammer. Louvois voulait une guerre que Louis voulait aussi sans encore l'avoir ordonnée ; et l'objet de cette guerre serait les Provinces-Unies. Une guerre sans trop de risques pour nos armées, mais une guerre qui permettrait de beaux dégâts. Louvois aimait les villes incendiées, les populations tuées, la peur qui en sourdrait chez les autres ennemis du Royaume. Louvois aimait la terreur. C'était là son pouvoir.

Louis écoutait Louvois quand Colbert tordait du nez, ce qui était déjà une victoire pour Louvois. Encore un bourgeois grimpé sur une branche de généalogie. Une créature anoblie, une richesse qui se constituait comme un rat accumule dans les égouts ou les sombres ruelles de Paris de quoi passer l'hiver et mordre qui s'approche.

La Hollande et ses ports, ses places fortes, ses villes libres et marchandes. Cette platitude du pays, danger pour notre Royaume, une absence de frontière naturelle, ni montagne, ni fleuve, rien. Et qui élisait son chef ayant aboli l'hérédité du titre de stathouder, quelque chose comme gouverneur, en fait un faux roi. Bref, une

« république » de marchands drapiers et d'armateurs. De luthériens de noir vêtus, dont les ambassadeurs avaient la plus triste figure d'Europe. Leur sévérité de mise et de mine était presque une insulte à la Cour de France. Louvois faisait en sorte qu'on les traite comme valetaille, qu'ils lanternent des heures avant d'obtenir audience. Qu'on les humilie et qu'humiliés, ils agacent par leur aspect renfrogné.

Une proie qu'il fallait habiller de la cotte de mailles du danger.

Le Roi avait besoin d'une guerre. Louvois la fournirait, la fourbirait, la déclencherait, la remporterait. Sans y aller.

François Michel de Louvois, sieur de Chaville fait marquis par le Roi qui faisait tout, tenait sa guerre entre ses mains. Il allait suffire de montrer cette médaille au Roi, placée là, sous ses yeux, à côté d'un médaillon, un portrait en miniature d'un nabot chétif et malade de vingt-deux ans, toussant à rendre l'âme mal enfermée dans son corps frêle. Il est ce que Louvois déteste par-dessus tout, un prince. Guillaume III chef de la Maison d'Orange, à qui justement on a volé la principauté d'Orange et sa belle ville au bord du Rhône dont on a écroulé les murailles. Louvois en frissonne. Le bruit en est aussi charmant que les tambours d'un régiment battant « Aux champs ».

Le freluquet est encore plus minuscule dans ce médaillon, et Louvois se souvient que dans la précédente campagne, quand le principicule, « le petit seigneur de Breda » comme disait le Roi, était venu quémander la paix, lui, le bourgeois, le commis, le secrétaire avait refusé de le recevoir. Une injure de plus à un prince de plus. Ils voyaient tous maintenant qui était le « Monseigneur ». Les ducs et duchesses, les princes du sang étaient tenus de lui faire bonne figure et lui, le sieur de Chaville, pouvait les toiser. Second frisson. Délicieuse fièvre.

La fièvre hollandaise. Ravager un pays minuscule, une froide étendue de polders mais dont Colbert et tout son travail pour la marine de Sa Majesté n'avait pu écorner la maîtrise de la mer. Un mauvais point pour Colbert, grand constructeur de marine, donc un bon pour Louvois. Tant et si bien qu'il avait fallu traiter avec l'Angleterre, y envoyer feu Madame et son traité d'avec son frère et le codicille secret, qui... Non il était interdit même de l'évoquer en pensée.

A côté du portrait du nabot, la médaille, elle, est assez belle. Un beau visage d'homme mûr, en pleine force, au regard droit, gravé sur un soleil. Autour, une devise en latin : *In conspectu meo stetit Sol.* A mon aspect le Soleil s'est arrêté. Le message est biblique, c'est celui de Josué. Le portrait est profane, il s'agit de Conrad Van Beunigen, édile d'Amsterdam, un marchand, un luthérien, à moins qu'il ne fût calviniste, Louvois n'est pas théologien. Quand le Roi verra cela... Car ce Soleil arrêté, offusqué, c'est bien sûr Louis XIV Roi de France.

Tout cela envoyé par les espions que Louvois entretient entre canaux et polders, marchands de draps et de fromages. Avec dans une petite boîte oblongue doublée de velours, une trouvaille, un délicieux cadeau : l'auriculaire (droit ou gauche, Louvois n'est pas anatomiste) de Jan De Witt, l'homme qui fonda la République et que le peuple a écharpé à proprement parler. « Je l'ai acheté pour deux sous et un pot de bière », avait griffonné son espion sur le billet qui entourait cette minuscule saucisse grise, verdâtre, cartilagineuse, qui puait encore l'alcool où on l'avait mise à macérer pour la conserver et représentait tout ce qui restait d'un homme. Cela, il ne le montrerait pas au Roi. Guillaume et Conrad suffiraient.

Louvois contempla ce doigt arraché à un cadavre. Il augmenterait les gages de son espion à Amsterdam. Voilà ce qu'était le peuple protestant. Répudier le stathoudérat héréditaire (quel nom, stathouder ! pourquoi pas roi comme partout ailleurs ?), établir une république. Vite une première guerre, et le fondateur De Witt et son frère furent hachés menu, à proprement parler, Louvois adorait cette expression qui lui permettait de penser comme un boucher dans une prison. Avant que l'on confie à nouveau le stathoudérat et le commandement de l'armée à l'autre gringalet, le « petit seigneur de Breda ». On pourra bientôt le nommer le Roi des Débâcles, car son pays est en débâcle.

Louvois a une idée pour le plus humilier encore : lui rendre les vingt-cinq mille Hollandais faits prisonniers pendant la guerre de

Dévolution qui se morfondent entre la lecture de la Bible et leurs racontars dans le charabia aboyant qui leur sert de langue, quelque part dans ce qui est de plus sinistre des provinces du nord du Royaume. L'idée plaira au Roi. Le principal métier de Louvois était de plaire en rêvant de carnage et réaliser ces rêves. Une guerre pour satisfaire le Roi, une guerre vite gagnée pour la gloire de Louvois.

La médaille frappée à Amsterdam était la clef de cette gloire-là. On y enverrait Turenne et non Condé. Turenne pouvait se montrer sans pitié, Condé jouait trop les princes débonnaires, les grands seigneurs férus des « règles de la guerre », à l'ancienne. Comme si la guerre était un art d'agrément ! C'est massacre et dégât. Et puis Condé était goutteux.

Sortir les cartes et regarder les places fortes, et les pays voisins... Louvois se sentait connétable, titre depuis longtemps abandonné.

« Le Roi ! »

Louvois sursauta comme un voleur à lampe sourde surpris par un marchand alors qu'il lui dérobe son argenterie. Le Roi est un homme avec lequel on ne rêve pas et avec lequel il est dangereux de tricher. Il se leva du petit bureau de son petit local d'où pouvaient jaillir d'immenses tueries.

Pendant que le Roi musait à se préoccuper des mariages de Mademoiselle et de Monsieur, hésitant ici et décidant là, Louvois avait « pacifié » le Vivarais. Une rumeur idiote avait échauffé la province, fait se rebeller un ancien officier, Antoine de Roure. Le rapport final était là depuis avant-hier. Six mille soldats avaient écrasé les paysans à qui on n'avait pas pris la peine d'expliquer la fausseté des bruits de taxes sur les nouveaux enfants ou les habits neufs ! Louvois ne l'avait pas voulu, ces gueux croyaient que Colbert en avait eu l'idée. L'intendant des Finances est imaginatif mais sensé. Louvois avait laissé aller. Et avait ordonné que fussent pendus ou roués vifs une centaine de rebelles. Six cents autres envoyés aux galères. Les femmes torturées, le village de Roure brûlé. Louvois a envoyé des mercenaires hessins, qui ne comprennent goutte au français du Vivarais. Louis avait hoché la tête, seulement informé du résultat obtenu : l'ordre régnait.

Le Roi contemplait sur la carte étalée le Palatinat. Louvois avait raison : une place forte entre la France et l'Empire. Si les princes protestants voulaient se ruer au secours de la Hollande, ils auraient au sud cette menace. Monsieur épouserait cela séance tenante.

— Nous aurons le Palatinat, monsieur de Louvois.

Louvois roula la carte. Dessous, il avait disposé à dessein l'écrin de la médaille. Il prit l'air confus d'un secrétaire au bureau en désordre.

— Pardonnez, Sire, mais la place nous manque à Saint-Germain.

— Je sais.

Le Roi saisit l'écrin, pressa le poussoir.

— Voilà une assez jolie médaille dans son austérité.

Louvois se força à rougir et y réussit parfaitement.

— Sire...

— Vous me la cachiez ? Louvois, je déteste cela. Qu'y a-t-il là que je ne dois pas voir ?

Louvois se tut. Le silence était la meilleure réponse : le Roi allait le tancer, mais sa vraie colère irait ailleurs. Louvois paraîtrait l'homme qui désirait éviter un désagrément à son Roi.

Le Roi contempla, lut, lança la médaille sur le bureau encombré.

Louvois en tremblait de plaisir comme une amante : ainsi, le Roi n'avait pu maîtriser un mouvement d'humeur ! Cette médaille sur laquelle un bourgeois arrêtait le Soleil était l'éperon qui ferait hennir l'étalon et le lancerait dans la bataille.

— Préparez-moi cette campagne, Louvois. Désignez les premières villes à assiéger. Nous allons entrer en guerre. Nous aurons la marine de l'Angleterre pour bloquer leurs ports. J'espère pour nos Bataves qu'ils ont assez produit de fromage cette année. Ils se condamnent à n'en manger bientôt que les croûtes.

Louvois femme se fût pâmée d'extase.

— Bien, Sire.

Sa voix même dénonçait son état. Rauque, de peur d'exploser de joie.

— En attendant, je m'occupe du Palatinat. Je vous prie ce soir au ballet de *Psyché*.

Il était rare qu'un ministre, sauf ce damné Colbert, fût invité à un des spectacles de la Cour.

— Texte de Molière (le roi biffa Corneille, cet anti-Racine, d'un trait) et musique de Lully. On m'a dit quelque bien des répétitions. Cela vous préparera l'oreille aux tambours et trompettes, qui bientôt remplaceront nos violons.

Le Roi décida de rendre visite à Mme de Montespan. Il avait le furieux besoin que sa fureur se mue en ardeur. Jamais il ne présenterait un visage courroucé à sa Cour. Elle n'avait pas à savoir l'état d'esprit de son Roi. Qu'elle gigote, ragote, s'entiche d'une couleur ou d'une broderie, applaudisse un ballet ou une comédie, mais que je lui reste un secret.

Avec Louvois, nous avons parlé siège et alliance, mais pas d'artillerie. Lauzun ? J'aurais pu troquer sa nomination contre cette déclaration de guerre... mais Grand Maître, n'est-ce pas un peu trop pour lui ?

Un Roi ne troque pas, il décide. Lauzun attendra. J'ai autre chose en tête.

Dont un mariage à presser.

On désire beaucoup se marier, ces temps-ci. Il faudra que je fasse mille grâces à Mademoiselle ; dès ce soir au ballet. J'ordonnerai qu'elle vienne. Et je forcerai mon frère à diligenter cette affaire de Bavière. J'ai besoin de cette base arrière.

Lauzun avait obtenu ce qu'il désirait. Non seulement la vertu de la femme de chambre, et elle était ordinairement vertueuse, mais aussi l'impossible : savoir que le Roi viendrait rejoindre Montespan, cet après-midi, qu'ils se délasseraient ensemble au lit et qu'il pourrait, lui, tout entendre.

Allongé sur le parquet, le nez plein d'une odeur de cire, les oreilles rougissant des bruits qui lui venaient du lit sous lequel il s'était glissé, Lauzun fit grâce aux amants de ne point trop ricaner de ce qu'il entendait. Il avait ses pudeurs. Et pour ne pas froisser celles d'une femme de qualité, il se boucha les oreilles quand il comprit qu'elle n'allait plus contenir son plaisir sous les assauts de son amant. Sans vouloir juger les qualités de Sa Majesté, Lauzun trouva que le Roi était fort pressé. Il est vrai que la liaison durait depuis si longtemps. Il ôta les mains de ses oreilles. Etaient-ils assez repus ? C'est alors qu'on bavarde et livre quelque secret...

Ce parquet lui faisait mal aux côtes, mais impossible de sortir. L'idée était vraiment folle. Magnifique folie. Ils en étaient encore aux mignardises. A ce sacré *Psyché* où il faudrait aller s'ennuyer avec toute la Cour. Lully m'ennuie et Molière n'est plus ce qu'il était. Et quel argument que *Psyché* !

— Quant à Lauzun...

Nous y voilà. Mais le Roi avait été interrompu par ce qui devait être un baiser.

Reprenait-il son nom que Montespan provoquait une nouvelle interruption.

Je vais la tuer !

Elle chuchotait, mais il comprit qu'elle mettait en garde le Roi contre les folies de Lauzun, ses caprices, la garce !

Le Roi se leva, il avait Conseil des finances à tenir. Une guerre ne se fait pas qu'avec des canons.

Un conseil ! N'avait-il pas dit : je vous déclarerai après le Conseil.

Le Roi quitta la chambre. Françoise Athénaïs y paressa un peu, puis appela pour sa toilette et se glissa dans le cabinet attenant. Lauzun sortit de sa cachette et alla vers l'aile ou le Roi tenait conseil. Il salua le capitaine des Mousquetaires qui était de quartier. Ils avaient pris Tournai ensemble. Cela crée sinon une amitié, du moins un respect et une camaraderie.

— Le Roi est en Conseil, Monsieur, on ne va pas plus loin.

— Bien, bien, capitaine. Son Premier Valet de chambre est-il visible ?

— M. de Nyert, certainement. Voulez-vous que je le fasse chercher ?

— Non. Qu'on l'avertisse que j'ai un simple mot à lui dire.

D'Artagnan fit signe à un mousquetaire.

M. de Nyert arriva.

— Monsieur de Lauzun, sans vouloir vous paraître impoli, vous ne devez point rester dans cette antichambre.

— Mon cher Nyert, c'est qu'en sortant, le Roi me doit dire un mot.

— Sa Majesté ne m'en a pas prévenu, or d'habitude le Roi me donne les noms de qui il doit entretenir avant de paraître à la Cour.

— Fâcheux oubli. Mais je vais tout vous dire.

Un Premier Valet de chambre aime à connaître les secrets.

Et Lauzun conta l'histoire du Grand Maître de l'artillerie, s'échauffa, en rajouta. Ne s'apercevant pas qu'à chaque mot Nyert pâlissait un peu.

— Je vous comprends, comte.

Il tira sa montre, la contempla, réfléchit.

— Le Roi en a encore pour un grand quart d'heure. J'ai le temps de m'acquitter d'un devoir que Sa Majesté m'a ordonné. Monsieur d'Artagnan, veuillez garder M. de Lauzun sur cette banquette. Et qu'on ne dérange pas le Roi.

Lauzun alla s'asseoir à l'opposé de la porte de la chambre où le Roi tenait Conseil. Le cœur battant comme un collégien amoureux.

Nyert ne perdit pas son temps. En quatre minutes, il fut dans le bureau de Louvois, à qui il conta tout. Et redescendit dans l'antichambre, sourit à Lauzun, remercia d'Artagnan. Alors celui-ci rougit, car Louvois entra.

Nyert joua la surprise.

— Monsieur, le Conseil n'est pas encore terminé, vous ne pouvez entrer. C'est le jour de M. Colbert.

Lauzun sourit en coin. Prends cela, Louvois !

— C'est que, mon cher Nyert, il me faut voir immédiatement le Roi. Il s'agit de la guerre.

D'Artagnan dressa l'oreille, imité par Lauzun. Ils se regardèrent. Et virent Louvois passer devant Nyert et enfreindre les ordres les plus sévères édictés par Sa Majesté.

Il y eut un brouhaha. Un silence long.

Louvois sortit, salua Nyert, d'Artagnan et même Lauzun à qui il sourit.

— La guerre approche, Messieurs, et vous en serez.

Lauzun respira enfin comme s'il avait plongé quérir des perles, ainsi qu'il avait vu faire chez les Maures, et retenu sa respiration entre les deux ouvertures de cette porte.

Nyert regarda sa montre, se présenta à la porte, entendit la canne sur le plancher, la fit ouvrir à deux battants. D'Artagnan déjà était droit comme un chêne, prêt à faire le chemin du Roi.

Le Roi sortit. N'accorda pas un regard à Lauzun, ébahi, qui resta pétrifié.

— Le Roi ne vous avait pas oublié, comte, lui chuchota Nyert. Simplement a-t-il renoncé à vous parler.

Moi, je vais lui parler, et Lauzun se jeta dans la foule de la Cour qui patientait dans la galerie.

Il lui fallut trois heures pour se retrouver en face du Roi, près d'une embrasure de fenêtre, là où à son habitude, il recevait les requêtes personnelles.

— Sire, il était Conseil aujourd'hui.

— Certes, comte, des finances.

— Vous m'avez promis qu'après le Conseil vous me déclareriez...

— Cher Lauzun, vous avez failli à votre parole. Le codicille de votre nomination était le secret. Expliquez-moi donc comment M. de Louvois était au courant. Alors que je lui voulais cacher jusqu'au dernier moment.

— Mais, Sire, Louvois m'ignore.

— Un peu plus que cela, d'après les arguments qu'il a développés devant moi. Mais comme seuls vous et moi connaissions ce projet de l'artillerie...

Tu oublies Montespan, ô mon Roi. La garce ! Elle a parlé à Louvois !

— Eh bien, Lauzun, vous restez mon ami, mais vous n'aurez pas l'artillerie.

Lauzun salua.

Il traversait la foule, sachant où il allait. Il était l'heure, il savait qui se préparait pour le ballet. *Psyché ou l'amour puni*. Le titre allait être de saison.

Il admirait sa patience, saluant celui-ci, disant deux mots aimables à celle-là.

On se préparait à recevoir la Reine. Il jeta un œil au théâtre installé depuis le matin. Tout semblait parfait. Un lieu champêtre, un rocher percé, la mer au loin, morceau de soie tendu que les aides remuent.

Lauzun, mes enfants, vous préparent un impromptu.

La voici, la voilà. Montespan adorait paraître avant la Reine.

Elle irradie, robe d'or brodée d'or sur fond d'or. Elle le voit et lui sourit, lui tend les mains. Lauzun s'approche, visage en joie, tendre et respectueux.

— Avez-vous eu la bonté de parler au Roi en ma faveur ?

— Bien sûr, mon ami. Mes recommandations furent fort chaudes. Ainsi que je vous l'avais promis.

— N'y eut-il pas de résistance du côté de Sa Majesté ?

— Ses murailles tombent devant moi.

Elle rit.

On s'est un peu éloigné devant cet aparté, on n'intervient pas dans une conversation amicale de la favorite du Roi.

— Je lui ai demandé qui mieux que vous pourrait gouverner l'artillerie. Il fut bien de mon avis.

Sans hausser le ton, toujours le visage ouvert et gai, Lauzun se penche vers elle, vers sa délicate oreille de nacre endiamantée, susurre :

— Menteuse, salope, grosse tripière, putain à chien.

Françoise Athénaïs fait un pas, deux, pénètre en la galerie, pâlit et s'évanouit.

On accourt. Lauzun fend la foule en sens contraire.

C'est un jeu dangereux, mais cela fait du bien ! Comme une bonne guerre.

LES SAINTES MÉDAILLES DE MONSIEUR

Le Roi se maîtrisa. Il s'approcha de la fenêtre éternellement ouverte, même au plus fort des frimas, et d'un geste large, y jeta sa canne de jonc à pommeau d'argent.

— Je serais fâché, Monsieur, de frapper un homme de qualité.

Et le Roi sortit. Lauzun rougit, portant encore à la main le tronçon de l'épée qu'il avait tirée puis brisée devant Sa Majesté.

Du pourpre, le visage de Lauzun passa à la plus extrême pâleur. On s'écartait de lui, fuyant dans le sillage de Louis. Il était fini. Mais quelle belle fin !

Il entendit une voix chuchoter dans son cou :

— Si vous avez encore quelque ami et un peu de famille, allez, Monsieur, leur dire adieu. Demain matin, je vous mènerai à la Bastille.

— Vous me trouverez chez Mlle de Montpensier à qui je me dois de présenter mes devoirs.

— Vers les neuf heures ?

— Ce sera parfait.

— A demain, Monsieur.

— A demain, capitaine.

Mademoiselle fit tirer le canon sur le Roi pendant la Fronde, me voilà brisant mon épée sous ses yeux. J'ai tout perdu, mariage et artillerie. Il m'a demandé de renoncer au premier, il m'a manqué de parole pour la seconde, je renonce donc à servir. La vie est une partie de reversi. On y joue chaque soir chez la Reine.

Mademoiselle la laisse gagner, car elle est plus riche qu'elle. Aujourd'hui je fus plus riche que mon Roi, qui jouait à être mon ami.

A Mademoiselle, il a pardonné. Elle et moi, nous sommes du même bois dont on fait les plus belles flammes. Il me pardonnera aussi. Il suffira d'attendre. Cela peut prendre dix ans.

Lauzun traversa la meute qui s'écartait comme la mer Rouge devant Moïse, pour quitter Saint-Germain et regagner le palais du Luxembourg où vivait Son Altesse royale la Grande Mademoiselle. Il était sûr de s'y faire tancer d'importance. Elle rirait aussi. Mademoiselle prisait les insolences. Les rébellions. Briser son épée devant un Roi était une révolution dans cette Cour de pintades et de paons ! Et puis, à la Bastille, il ne dépenserait pas un liard alors que la vie de cour le ruinait. Il y mangerait bien, Mademoiselle lui enverrait son traiteur. J'y mangerai chaud quand le Roi mange tiédasse ! Et il y aura bien quelque bel esprit pour la conversation.

Mais une vague peur s'insinua, qu'il rejeta. Je suis l'homme le plus courageux de la Cour avec ce capitaine qui m'arrêtera. Ne pas oublier de le remercier pour sa galanterie. Il eût pu me mettre la main au collet dès aujourd'hui. Il se retourna : des courtisans, il ne vit que des dos, sauf là-bas, vers le fond, près du Roi, sous le chapeau aux trois plumets blancs de sa charge, le visage sec de d'Artagnan, au-dessus de ce moutonnement d'épaules avachies et dont les yeux noirs et gascons, un Gascon comme lui, le fixaient.

Lauzun mit la main au chapeau, le capitaine fit de même. La peur s'évanouit. Une simple affaire entre gentilshommes.

Il sourit. La pièce était belle ! Fut-elle une comédie ou une tragédie ? Il ne savait point encore, mais quel acteur que ce Roi ! Quelle trouvaille, quel jeu de scène que cette canne jetée par la fenêtre ! L'Europe jalouse le dit « roi de théâtre », mais c'est un compliment.

Le Roi est aussi fou que moi. Sur cette rassurante pensée, Lauzun repartit pour une dernière nuit de liberté, sifflant un air de Couperin qu'il préférait à Lully.

Il coupait aussi aux jérémiades de Psyché et à Jupiter tonnant.

Ah ! Songeant aux courtisans qui s'écartaient devant lui comme s'il eût la peste, il pensa : enfin la paix.

Monsieur s'ennuya à *Psyché*. Il avait hautement préféré l'esclandre initiale. Mais il avait un mignon qui y dansait. Il applaudit fort. Son frère était calme. Il doit bouillir pourtant. Pourvu qu'il ne se venge pas sur moi. Tiendra-t-il sa promesse au sujet du Chevalier de Lorraine ? Il a bien trahi Lauzun deux fois. Si Mademoiselle et ses trésors devaient lui échapper, l'artillerie eût dû lui revenir. Ainsi que la hache du bourreau, car on ne tire pas l'épée devant le Roi, c'est crime de lèse-majesté. Il est dur et laxiste à la fois, le satrape !

Monsieur était à cheval sur le protocole et les bonnes manières. Les mœurs, il s'en fichait. On avait Bossuet pour cela.

Tiens, où est donc La Vallière ? Elle ne paraît pas. Alors que la veuve Scarron est là. De gris et de blanc vêtue, à sa modestie coutumière, modestie arrogante, mais ce gris et ce blanc étaient de soie et non de bure. Belle gorge, beau cou, belles épaules. Il arrive aux anciennes hérétiques — elle était née protestante — d'être désirables sous les oripeaux de la rigueur calviniste.

Quand la scène vous ennuie, le spectacle est dans la salle. Que fait Louvois ici, quand on n'y voit pas Colbert ? Il y aura donc la guerre. J'y exigerai un commandement. Sinon je n'épouse pas la Bavière ! Nul ne tient plus sa parole en cette engeance, et mon frère en trois jours en a donné le mauvais exemple.

Finalement, on peut encore s'amuser.

Mais c'est Colbert qui vient. Il a l'air fort ennuyé. Ce n'est pas un soir à annoncer une mauvaise nouvelle, divine couleuvre des Finances. S'il va jusqu'au Roi, c'est qu'elle est d'importance, s'il se calfeutre au dernier rang, c'est qu'elle est exécrable. Les ministres sont des pleutres. Mais riches : son habit noir est constellé de diamants. Colbert a aussi un fort beau neveu, qui n'a pas été invité.

Soupir d'Altesse.

Montespan insultée, Lauzun embastillé. A quel nouveau divertissement s'attendre ? Jamais deux sans trois, dit-on.

Bossuet rayonne à côté du Dauphin. Cet homme de Dieu applaudit un spectacle à la gloire des faux dieux païens. Mon frère, il est vrai, se prend pour Apollon. Cet animal d'évêque avait ramené feu ma femme dans la religion. C'est le diable fait ange. Je l'ai exigé pour l'éloge funèbre, je ne sais encore pourquoi, son nom s'était imposé à moi. J'ai pu pleurer à mon aise.

Le Roi mon frère a la mine sévère. C'est qu'il assiste à un ballet et n'y participe pas. La Montespan non plus. Elle s'empâte. Mon Dieu, « grosse tripière » ! Quel animal, ce Lauzun ! Mais pute à chien était outré.

Monseigneur gloussa encore comme la mauvaise habitude lui en était venue.

Mon frère sait-il qu'il a vieilli ? Si cela ne se voit pas, cela se sent : il a vieilli en dedans.

Molière, Molière, toi que Madame aimait tant, écris-nous une farce ! J'espère que tu nous regardes, caché derrière un rideau. Il y a là pour toi tous les caractères possibles. Aujourd'hui, nous fûmes impayables. Demain, nous serons ridicules.

Triste époque où même Molière est ennuyeux. Le beau Lully non plus n'est guère inspiré. Avec ses fesses qui sont un violon, sa bouche faite pour le pipeau.

Nouveau gloussement.

La Reine s'est penchée pour regarder son beau-frère. Je glousse trop souvent, maman me le reprochait naguère.

La pâleur sied à la Reine. Souffre-t-elle de quelques maux ? Sait-elle que la maladie peut rendre belle ? Elle est ainsi depuis la mort de son fils Philippe d'Anjou à l'âge de deux ans. Ma sœur, vous avez le profil altier d'une héroïne de tragédie.

Les femmes sont tragiques, la mienne le fut, et jamais elles ne sont ridicules. J'aurais dû naître femme. Et je vais épouser une Teutonne de dix-huit ans qui voudrait être garçon. Le monde n'est pas si mal fait ou bien Dieu est taquin.

Mais quelle est cette grisette, que Colbert pousse devant lui ? C'est La Vallière vêtue pauvrement de lin gris, le cheveu tiré, le visage sans rouge. Nul ornement, bijou, affiquet. Colbert se penche vers le Roi qui se retourne. Se lève, prend dans ses bras la duchesse de Vaujours.

L'abbé de Choisy se penche au-dessus de l'épaule de Monsieur :

— Mme de La Vallière a encore fui au couvent !

— Mais qu'on l'y laisse enfin ! Un Roi peut-il toujours voler une âme à Dieu ? Pour un corps que désormais il néglige.

Monsieur professait une foi sincère. Les méchants le disaient bigot. Il regarda Bossuet. Le sourire charmant et débonnaire disparut puis revint. L'évêque l'adressait à sa Madeleine pénitente.

Ce prélat a de l'affection vraie pour ses ouailles, pensa Monsieur.

— Prends modèle sur lui, Choisy.

— Modèle sur qui ?

— Laisse, mon ami.

L'abbé Timoléon de Choisy était ami d'enfance de Son Altesse royale. Un de ses enfants d'honneur. Tous les deux, ils s'habillaient en filles, dans leurs jeunes années. Et nul, même pas Anne d'Autriche sa mère, ne songeait à les en blâmer.

Le Prince plein de rubans, couvert de diamants, de pierreries, de fils d'or et d'argent, de boucles de vermeil aux chaussures, le visage fardé en duègne de théâtre, admirait la simplicité, la sveltesse et la peau pâle et sans apprêts de l'ancienne maîtresse de son frère. Tout ce lin gris lui donnait à elle aussi l'air altier d'une reine qui aurait eu des malheurs. Andromaque, peut-être, Bérénice sûrement. Aurait-elle inspiré le beau Racine ? Non, ce bellâtre fornicateur flattait plutôt Madame et maintenant baisait la Champmeslé.

Louise de La Vallière en cet instant crevait le cœur de Monsieur comme elle attirait une pensée compatissante qui se lisait ouvertement sur le visage de Bossuet. L'évêque murmura trois mots pardessus l'épaule du Dauphin dont il était maintenant le précepteur. Le gamin un peu lourdaud — comme il ressemble à mon frère à son âge ! — se tourna timidement et reprit sa raideur qui ne l'abandonnait jamais en public.

Que m'arrive-t-il ? se demanda Monsieur. Je m'émeus de la pâleur de la Reine, de celle, alliée à une simplicité de nonnette, chez La Vallière. Le Roi qui prend cette image de la fragilité dans ses bras puis lui baise la main me fait venir les larmes aux yeux.

Me voici de nouveau doté d'un cœur. Il faut que je le cache. Quoi de mieux qu'un mariage pour cacher ses sentiments ? Qu'on m'amène la grosse Palatine. Je vais supplier mon frère de hâter l'affaire. Je sombre dans la tragédie, vite, que je redevienne farce ! J'irai moi-même la quérir aux frontières. J'ai besoin d'air.

Il contemplait toujours ce lin gris si souple qui faisait dans la Cour une tache de sainteté. Jouait au pendant de dessus de cheminée avec la soie grise d'ancienne huguenote de la Scarron. Il se leva et alla adresser un compliment à l'ancienne favorite, l'embrassa sur les deux joues comme on fait d'un enfant.

— Madame, ne nous quittez plus. C'est ici que Dieu a besoin de vous. Pour rafraîchir et apaiser nos âmes. Il faut des âmes pures dans les Enfers terrestres.

Les grands yeux de Louise s'agrandirent encore. Elle avait toujours cru que Monsieur la détestait. Et là, après un spectacle, autant dire une fête, le frère du Roi lui parlait comme l'eût fait Bossuet dans le plus privé d'une confession.

Elle fit une révérence que Monsieur interrompit, en lui saisissant affectueusement la main.

— Merci, Madame, de votre apparition.

Le Roi le contemplait. Etonné ? Emu ?

Monsieur reprit son emploi de pantin trop orné et s'esquiva en passant son bras sous celui de l'abbé de Choisy.

Les deux frères étaient penchés sur des cartes, des papiers, un petit portrait, non une miniature ni un médaillon, mais un de ces portraits au format restreint, qui servaient en voyage à conserver l'image d'un être aimé.

Le Roi avait hésité avant de le montrer à son frère, préférant lui parler contre toute habitude, contre toute règle de conduite, et même au risque de trahir le serment secret passé avec lui-même, « pas un seul Prince du sang ne se mêlera des affaires », le Roi donc parlait à son frère de politique : le Palatinat entre France et Empire. Le Palatinat entrant dans la famille de France se détacherait de l'Empire et par droit de succession reviendrait à notre Royaume, une fois mort le Prince Electeur. Monsieur laissa aller, il savait tout cela. Le Roi aborda alors la généalogie, sachant son frère féru de ces choses et chatouilleux sur les mésalliances.

— Philippe...

L'emploi du prénom annonçait une complicité qui dénonçait que le Roi avait besoin de son frère et, ayant besoin, décidait de flatter et d'attendrir plutôt que d'ordonner.

— Philippe, son père est donc Charles-Louis, Prince Electeur de Bavière. Vous voyez ici — il montra un papier — qu'il était cousin germain de Madame, feu votre épouse, par sa mère Elisabeth Stuart, sœur du Roi d'Angleterre, Charles Ier.

Monsieur ne pipa mot.

— Le contrat de mariage ne sera que de dix mille quatre cents livres, ce qui n'est rien. Et sa dot n'est pas précisée. Ce qui d'ailleurs est inutile, le Prince Electeur étant d'une avarice sordide, il ne la paiera pas. Ce qui nous donnera quelque avantage : résilier d'office et de droit la clause de renonciation à la succession. En revanche, nous offrirons le douaire de Montargis, que la Grande Mademoiselle a bien voulu me remettre à disposition, cinquante mille écus de pierreries, votre future épouse ne manquera pas de vous les prêter. Et soixante mille livres de pension. Votre Saint-Cloud sera donc un chef-d'œuvre.

Monsieur se contenta de hocher la tête, comme un bon élève agit sous la leçon de son précepteur.

— Philippe, tu m'entends ?

— Je t'entends, Louis.

Monsieur afficha son air le plus innocent, de sa main délicate, il posa le portrait devant lui, d'un index fin et soigné, il commença l'inventaire :

— Elle est blonde, certes, mais massive, ressemble à un donjon carré. Sa peau est d'un rouge tacheté de jaune, son nez semble bariolé, sa bouche est grande. Bref, elle offre le visage d'un rustre ou d'un Suisse.

Monsieur leva la tête, fixa le Roi dans les yeux :

— Comment, Louis, pourrai-je jamais coucher avec elle ?

Le Roi le regardait, pinça les lèvres, se les mordit. Monsieur le fixait toujours, l'œil pétillant d'insolence. Et le Roi explosa de rire. Rire bientôt partagé par Monsieur.

Dans l'antichambre M. de Nyert sursauta. Le Roi rire aux éclats, cela ne s'était jamais produit pendant qu'il était de quartier. Il le tairait, même à Louvois.

Philippe duc d'Orléans, Fils de France, se montra parfait. Le Roi lui montrait plus d'amitié et d'affection que pendant leur enfance chahutée et chahuteuse. Le Roi était même reconnaissant. Quand Philippe partit pour Metz et les frontières, le Roi lui susurra :

— Je n'oublierai jamais ce que tu fais là, mon frère.

Sa Majesté était sincère, mais prudente. Le voyage de Monsieur jusqu'aux frontières pouvait apporter quelques désagréments. Monsieur était facétieux. Ayant consulté Louvois pour Lauzun, le Roi s'en alla consulter La Reynie, du clan de Colbert, pour Monsieur.

Le Lieutenant général de police comprit à demi-mot ce que désirait Sa Majesté. Chaque étape de Monsieur serait sous surveillance. Il indiqua sur une carte où, dès ce soir, partiraient veiller ses sbires.

Il savait son travail. Avant lui, les lieutenants de police n'étaient rien. Sinon des ennemis vus du peuple, des marchands, des artisans et des malandrins. Gabriel Nicolas de La Reynie était devenu par courage, talent, détermination et ses premiers succès, le second bras armé du Roi. Louvois avait l'armée, La Reynie la police. Il avait éclairé Paris, qui n'était plus un coupe-gorge. Pendant qu'on en abattait les fortifications, la ville ne fronderait plus, à moins d'y voir charger la cavalerie. Il nettoyait la cour des miracles, installait l'éclairage public. Il régnait sur la propreté des rues, les incendies, les inondations, l'approvisionnement, le commerce et son honnêteté, les poids et mesures et leur justesse, le contrôle des hôtelleries et auberges, savait qui descendait là, qui habitait ici, et d'où tous venaient, fermait d'une main assurée tel cabaret, allait écouter les tirades au théâtre ou bien sur les tréteaux des marchés, dispersait les attroupements dans cette ville au demi-million d'habitants et aux cinquante mille mendiants qu'il raflait pour les installer à l'hôpital général. Un soldat enivré se retrouvait en cellule, un laquais bagarreur pouvait se faire couper une main. La Reynie matait Paris.

Il dépendait par fonction du Parlement, mais ne rendait compte qu'à Colbert et depuis peu surtout au Roi. Louis XIV avait élevé ce petit maître des requêtes au rang de ministre secret. Il n'avait qu'à s'en louer.

La Reynie avait aujourd'hui quarante-trois ans, et paraissait étonné comme un cadet de la faveur dont le Roi l'entourait.

— Qu'il n'arrive rien de fâcheux à mon frère, Monsieur le Lieutenant général, car il lui plaît trop souvent d'être imprudent. Qu'il ne produise lui-même rien de fâcheux auprès de nos peuples, car son entourage est souvent arrogant et aux marges de nos lois.

— Son Altesse royale, Sire, sera encadrée comme une image sainte.

— A la bonne heure, enfin quelqu'un qui rit devant moi.

La Reynie rougit.

— C'était un compliment, car le rire en face du Roi devient une rareté. Pourtant on riait fort du temps de mon grand-père. Ce qui ne l'empêcha pas d'être nommé Henri IV le Grand.

Le Roi contempla son premier policier de France.

— Vous êtes ici devant moi et à ce poste parce que ma mémoire que je sais bonne me rappelle un autre de vos rires. C'était il y a longtemps. Pendant les troubles. Vous étiez un secrétaire du Gouverneur de Guyenne ?

— En effet je fus au service du duc de Montbazon.

— Et qu'y fîtes-vous, Monsieur ?

— Mon devoir à coup sûr.

— A coup sûr, en effet. Vous avez convaincu le duc qui hésitait à choisir le camp royal plutôt que celui de Condé. J'étais enfant, mon cher La Reynie, et vous en pleine jeunesse, à peine si vous aviez vingt ans, mais sans doute ce jour-là avez-vous assuré la Couronne sur ma tête. Je me souviens que ma mère, la Reine Anne, avait dit au défunt cardinal de Mazarin, et en ma présence : « Il ne faudra pas que nous oubliions un jour ce jeune La Reynie. » En bon fils, j'ai tenu sa parole.

La Reynie rougit comme un écolier qui reçoit son laurier.

— Je me souviens en effet, Sire, de la Reine Anne. Je n'étais rien, mais elle m'avait montré de l'amitié. Si j'osais...

— Osez.

La Reynie ouvrit sa veste de bon drap noir mais sans diamants, à peine quelques fils d'argent, dénoua son jabot, écarta sa chemise, y glissa sa main et en sortit une médaille au bout d'une chaînette. Le Roi se pencha, amateur de médailles comme il était.

— Gabriel archange.

— En effet, en l'honneur de mon premier prénom, même si tout le monde me nomme Nicolas. La Reine Anne m'en a fait don quand la Guyenne fut fermée aux armées de Condé et à celles d'Espagne.

— Moi non plus je n'ai pas oublié ma mère. Mais je vous sais gré de votre fidélité à sa mémoire.

— Et moi, Sire, je sais gré à votre mémoire de n'avoir pas oublié cette entrevue d'il y a si longtemps en une période fort troublée.

— Je n'oublie jamais, Monsieur le Lieutenant général de police. Ni injure, comme Mazarin, ni bienfait... Au contraire de lui.

Le sourire royal engloba l'homme vêtu de drap noir, son minuscule bureau, ses masses de papiers.

La Reynie remarqua que le Roi devait être en mauvaise santé car ses dents se gâtaient. Cela serait noté également dans les papiers. Toute nouveauté était importante.

Pétrifié sous les compliments à retardement, il avait oublié de lui parler des enquêtes que ses hommes menaient du côté de Bonne-Nouvelle, au nord-est de Paris. On y parlait de sorcellerie, de filtres, de poisons. Mais l'urgence était au voyage de Monsieur.

Une douzaine de pages, cent gardes et autant de chevaux, trente mulets, trois carrosses et trois charrettes de bagages filaient vers l'est. Vers Châlons, vers Bellay. Sur le trajet, la foule accourait, acclamait cette perruque enrubannée, ce teint de fleur qui devait tout aux fards, ces sourires, ces yeux rieurs, ces mains fines qui saluaient avec grâce. Ce Fils de France était charmant. Dans la foule, çà et là, des hommes en noir activaient les vivats ou bien en calmaient l'ardeur.

La Reynie avait donné l'ordre qu'aucun débordement, fût-il surtout d'enthousiasme, ne pût offusquer le Roi à la lecture des rapports.

Philippe répondait avec grâce à ces manifestations, montrait l'affabilité qui était sa vraie nature et le faisait aimer. Un prince en voyage ne montre aucune morgue, il est aimable au peuple, comme il peut être cassant dans la Cour. Il séduit, distribue les sourires et parfois les pistoles. S'enchante des feux d'artifice et des arcs de triomphe, embrasse les enfants, leur laissant du rouge sur le visage. On trouva sur les routes de l'Est ce Prince charmant.

Nulle extravagance, juste un peu trop d'acclamations. Le Roi lut les rapports et hocha la tête.

— C'est bien. Et la fiancée ?

— Elle approche. On pense que la rencontre se fera entre Châlons et Bellay. Elle est entourée de gardes allemands et menée par le maréchal du Plessis-Praslin qui l'a accueillie à Metz en votre nom et l'a fait baptiser dans la vraie religion. C'est le père Jourdan, un saint et brave homme, qui lui donna en un seul jour baptême, confession, absolution, communion et confirmation.

— J'en ferai quelque jour un évêque.

— Et maintenant ils reviennent vers Paris.

Ils revenaient en effet. Etonnés l'un et l'autre. Monsieur était prévenu de l'aspect de sa promise, mais la voir en chair et en os — il lui sembla qu'elle pesait le poids d'une vache — l'étonna tout de même.

La fiancée, elle, vit les gentilshommes de l'escorte tout de bleu vêtus, bleu soutaché d'or, les plumets, les chevaux de grande race, les pages ravissants. Et du carrosse aux glaces miroitantes descendit le Monsieur de trente et un ans, étincelant de gemmes.

Elle écrira plus tard : « Sans avoir l'air ignoble, il était petit et rondouillet avec des cheveux et des sourcils très noirs, de grands yeux de couleur foncée, le visage long, mince, un grand nez et une bouche trop petite garnie de vilaines dents. »

Monsieur songea qu'il était veuf d'une princesse de la Renaissance et qu'il allait épouser un garde suisse mâtiné de boucanier.

Il sourit, fut galant, montra tout, expliqua tout.

La France étonna Elisabeth-Charlotte qui ordonna qu'on l'appelât, ainsi qu'en Bavière, Liselotte. Les villages étaient pimpants et fleuris. Grâce aux sbires de La Reynie. Les villes triomphantes de beauté, enfermant des trésors de peintures en leurs églises et hôtels. Elle tut d'abord le fait que tout cela était crasseux, que la jeunesse qui entourait à cheval le carrosse, sous les soieries et les damas bleus brodés d'or, puait comme une meute. Ne prenait-on pas de bains dans le Royaume de France qui lui semblait pourtant le Royaume des fées ?

Et puis elle vit le Roi. La foudre s'abattit sur cette tour humaine : le Roi était trop beau, dans ses trente-trois ans. Le Roi était courtois comme un amant — espèce inconnue d'elle —, le Roi ouvrait tout pour elle, surtout son chantier de Versailles. Elle aimait les travaux, les maçons, les terrassiers, elle aimait cette nature disciplinée au cordeau par la main des hommes, elle aimait les forêts toujours proches où elle traquerait le gibier. Elle aimait les Giorgione, les Titien, les Véronèse, les Pérugin, les Van Dyck dont Monsieur s'entourait, les porcelaines, les girandoles de cristal, les mobiliers d'argent ou de marqueterie italienne.

Elle aimait le Roi, dont l'Europe disait tant de mal.

Louis ne la détesta pas, lui qui rejetait toute tête nouvelle. Il sourit plus d'une fois à cette Allemande qui parlait le français avec un accent de sincérité plus que de teutonnerie. Qui lui dit tout à trac qu'elle ressentait une méchanceté dans la Cour, mais que les méchants seraient inspirés de rester prudents car elle-même, sous sa forme enveloppée, avait une langue acérée. Rien ne pouvait conquérir le Roi en elle, sauf cette nouveauté : la franchise, l'honnêteté, le culte de l'honneur, de la vertu et la finesse d'esprit.

Louis fut donc conquis.

— Ma sœur, j'aime votre manière de me dire tout droit ce que vous pensez.

Entre feux d'artifice, fêtes, bals, revues (le Roi adorait voir défiler ses troupes), la phrase du Roi devint un sacre. La grosse vache était bien Madame. Il n'y eut plus de sourire au mépris déguisé, de révérences trop importantes pour ne pas être arrogantes, la phrase du Roi leur imposait le respect. On vit même duchesses et marquises coiffer bonnets et chapeaux de travers car jamais aucun d'eux n'avait pu tenir droit sur la tête d'Elisabeth-Charlotte de Bavière.

La Reine ne détesta pas tout suite cette nouvelle Madame, si éloignée de la précédente qui séduisait le monde entier, Roi compris. Qu'elle fût plus souvent en habit de chasse plutôt qu'en grand apparat la rassura. Le Roi chasserait avec elle, mais non comme il aima en son temps galoper avec La Vallière. La chasse serait la chasse, et non la perdition en quelque bosquet.

Mme de Montespan affinait son jugement, retrouvant en son sang l'esprit des Mortemart.

D'abord elle observa. Observant, que vit-elle ?

Monsieur était gracieux, menu, féminin ; Madame était affreuse, énorme, hommasse. Il se maquillait à outrance ; elle aurait paru aux cérémonies avec un teint de braconnier si Monsieur ne lui avait mis, de ses propres mains, du rouge aux joues.

Montespan en conclut : il n'y aura nulle rivalité entre eux quant à la parure. Avec l'ancienne Madame, il s'était produit mille querelles à qui porterait les diamants les plus beaux.

A lui les cabinets intimes, le jeu, les miroirs consultés cent fois la journée, les sucreries, la dévotion, les bavardages, les médisances. Elle ne jurait que par le grand air, la chasse, tirait merveilleusement au fusil, s'empiffrait de choucroute et de bière, se fichait de l'Eglise comme de sa chemise.

Ce que Madame ignorait est que d'une part La Reynie, d'autre part Montespan avaient placé en ses entours leurs espions. Malgré tout son esprit de finesse, la Bavaroise ne l'avait imaginé. Elle écrivait beaucoup à sa famille allemande qu'elle adorait. Et qui sincèrement lui manquait. A son habitude franche, elle s'en ouvrit au Roi.

— Ecrivez-leur, ma sœur, autant que vous voudrez. Et qu'ils vous répondent. Je ferai organiser un courrier entre vos appartements et vos parents. Nul ne doit oublier sa famille. Sachez que dans la mienne, dont je suis le garant affectueux, vous êtes entrée à jamais, dans nos cœurs comme en nos esprits.

Les courriers étaient de noir vêtus et appartenaient à M. de La Reynie. Les lettres étaient lues avant d'arriver à destination. Lues. elles étaient recopiées. Recopiées, remises au Roi.

Et lues au lit avec la Montespan. Le jugement d'une femme à l'esprit mordant sur une autre femme à l'esprit franc se montrait utile.

— Ecoutez, mon amie, voilà de la franchise : « Je vis bien dès la première minute que je déplaisais à Monsieur mon époux, ce que je ne dois pas trouver étonnant, laide autant que je suis ; mais je pris dès ce moment la ferme résolution de vivre avec lui de telle sorte qu'il s'accoutumât à ma laideur, ce à quoi j'ai enfin réussi. »

Montespan s'étira.

— Nous savions que son esprit est plus fin que son tour de taille.

— Ecoutez plus avant : « Puisqu'il s'est accoutumé à ma laideur, j'ai décidé de m'accoutumer équitablement à son vice que son honnêteté ne tente pas de me dissimuler : je ne songe nullement à devenir l'ennemie de ses favoris, je compte au contraire me les attacher. »

— Là, Sire, ce n'est plus de l'esprit, c'est du génie.

Et le rire de la Montespan rendit jalouses les pampilles de cristal des girandoles.

Le reste de ses réflexions ne fut pas livré à son royal amant. La mathématique en était simple. Elle est laide, il est plongé dans le vice italien et elle s'en accommode. Ils n'auront donc pas d'enfants. Il est impossible qu'ils couchent ensemble, du moins que Monsieur trouve le courage de procréer. La place est donc libre pour convaincre le Roi de légitimer mes enfants qui sont aussi les siens. Une famille royale n'a jamais assez de princes du sang, dussent-ils servir simplement pour l'ornement.

Toute Mortemart qu'elle était, Françoise Athénaïs avait trouvé plus maligne qu'elle. Madame avait bien l'intention d'offrir à la

France quelque progéniture. Tel était son devoir envers cette nouvelle patrie qu'elle aimait mais dont les défauts la rebutaient aussi. Sa mathématique ressortissait à la stratégie. D'abord, habituer Monsieur, ensuite ne point l'inquiéter dans ses amours. Se montrer telle qu'elle était : n'aimant pas l'intrigue, refusant de paraître une égérie comme le fut la première Madame, ne point s'enticher de ses jolis garçons et ainsi devenir une amie, une confidente. Un objet d'affection. Liselotte savait qu'elle l'était devenue. Monsieur comme le Roi appréciaient hautement Madame.

Les Français sont doués pour la galanterie par goût catholique du péché, les Allemandes en remontrent à l'Europe entière quant à la logique froide, ayant appris leurs rudiments chez Luther.

La Princesse s'habituait à cette Cour qu'elle ne tentait pas de réformer selon ses goûts et les valeurs qu'on lui avait naguère enseignées. Elle était ici, dans une nouvelle patrie, sous un Roi qui lui montrait non un masque comme à tous, mais souvent son vrai visage, qui était plutôt rieur, parfois las, lointain, embarrassé d'un grave problème à résoudre, ou qui la menait par la main en promenade dans les jardins. Il savait garder le silence au lieu de parler à perdre haleine de sujets sans intérêt. Il questionnait aussi sur les Allemagnes, leurs forêts, les gibiers qu'on y chassait. Partagea un soir une choucroute et des bières ; le Roi avait un bel appétit. Il l'appelait ma sœur, ce qui lui allait droit au cœur, car Liselotte sentait que ce mot n'était pas forcé.

Elle était et se savait amoureuse de ce monarque étonnant haï et craint par ses voisins, et dont son père le Prince Electeur se méfiait. Elle savait aussi que cette méfiance était à juste raison. Mais le Roi de France était aussi un prince selon son cœur. Et le voir rire à une comédie de Molière — il s'esclaffa aux *Femmes savantes*, que Liselotte prisa moins : pourquoi une femme ne s'intéresserait-elle pas à l'astronomie et serait-elle condamnée à vie à préparer le rôt de son mari ? Le voir rire lui était un bonheur. Le Roi lui montrait une vraie tendresse. Curieusement, au fil des mois, cette même tendresse lui venait pour son incroyable mari. Quitte à se moquer, luthérienne baptisée mais non repentie, de son goût pour les dévotions. Mais ces dévotions étaient sincères, elle ne s'en moquait point devant lui et au contraire affichait un vrai respect, allant jusqu'à prier avec lui. Chacun à sa manière. Monsieur était sensible à cette communion de prière et le regard qu'alors il posait sur elle montrait à sa femme quel enfant ce mari avait pu être, et cet enfant perdu dans les années passées plaisait à la Princesse. Un fils qui ressemblerait à cet enfant-là camouflé dans l'âge présent, mais qui toquait à la porte de la vie au travers du regard de son mari, serait un bonheur pour elle et sans en douter pour lui.

Monsieur priait avec un chapelet d'où pendait une infinitude de médailles saintes, toutes plus ou moins consacrées par quelque pèlerinage. Cette profusion amusait l'ancienne huguenote. Il les gardait au lit où elles produisaient un bruit de clarines comme les vaches dans les pacages montagneux de sa Bavière.

— Mais où donc, mon ami, faites-vous promener vos reliques ?

— Taisez-vous et dormez.

— Sous ces draps je soupçonne que vous les menez en pays fort inconnu d'elles.

Elle se releva sur un coude, tira vivement la couverture et vit.

— Pour le coup, Monsieur mon mari, vous ne sauriez le nier !

Monsieur partit d'un grand rire.

— Vous qui avez été huguenote, vous ne savez pas le pouvoir des images de la Vierge. Elles garantissent de tout mal les parties qu'elles touchent.

— Je vous demande pardon, Monsieur, mais vous ne me persuaderez point que c'est honorer la Vierge que de promener son image sur les parties destinées à ôter la virginité !

— S'il vous plaît, m'amie, ne le dites à personne.

Et la Vierge remplit un office qu'on ne lui connaissait pas. Le devoir conjugal fut accompli, et pas qu'une fois, il devint une douce habitude. Philippe était d'un naturel gentil, aimable et tendre, que les rancunes avaient aigri. Il devint époux attentionné, alors qu'à son premier mariage il se montrait jaloux, il fut plein de délicatesse et il en avait à revendre. Si bien qu'il lâcha un soir au jeu de la Reine, à l'oreille de son frère le Roi :

— Je ne crois pas, mon frère, que depuis que le monde est monde, il y ait eu meilleur mariage que le mien.

Le Roi sourit, la Reine leva la tête, surprise, croisa le regard de Madame, qui était attendrie, et celui de Mme de Montespan, que la foudre semblait avoir frappée. La Mortemart se serait trompée ? Cette huguenote devait avoir fait alliance avec le diable. Il existe contre cela des philtres et des potions. Des exorcismes encore plus noirs que ses manigances.

Le Roi toucha le bras de son frère cadet.

— Philippe, sachez qu'un bonheur vient rarement seul, comme un vain peuple le dit des malheurs. Ce que vous désirez le plus vous sera rendu et vous sera donné. Certain exilé reviendra de Rome où il commet trop de bêtises. Je lui ai pardonné, et vous l'aimerez à votre guise, ce guisard. Et ce pour l'amour de moi.

Le Chevalier de Lorraine pardonné et bienvenu à la Cour ? Monsieur pensa défaillir. Louis avait promis, Louis tenait.

— Et bientôt, vous aurez un commandement dans mes armées.

— Dieu vous bénisse, mon frère, Sire, Lieutenant de Dieu sur terre et tout ce que vous voudrez être.

— Philippe, vous servez admirablement le Roi dont vous êtes le frère et la France dont vous êtes le fils cadet. Et je crois que Madame votre épouse ma sœur n'y est pas étrangère.

Monsieur était aux anges, Madame rougissante.

Après le jeu de la Reine, on remua beaucoup les médailles dans le lit.

Au contraire des dires de Mme de Montespan, il allait naître de cette alliance improbable les ascendants des principales cours royales d'Europe.

Dieu est taquin, Monsieur l'avait supposé.

ACTE DEUXIÈME

LE BALLET DE BELLONE

Ce sont faits inouïs, grand roi, que tes victoires,
L'Avenir aura peine à bien les concevoir.

MOLIÈRE

OÙ M. FOUQUET REÇOIT LA VISITE D'UN FOL

Pendant que l'on jouait diverses comédies entre Paris, Saint-Germain, Versailles, Chambord et Saint-Cloud, dans le coin le plus reculé du Royaume, dans le lieu le plus inhospitalier, M. Fouquet venait d'entendre la messe. Son moment préféré de la matinée. L'ancien Surintendant des Finances ne versait pas dans la bigoterie, mais sans doute un brin dans la repentance, et trouvait là, seul en la chapelle du donjon, sentant derrière lui la présence de deux gardes et parfois celle de M. de Saint-Mars, capitaine de cette geôle alpine, une vraie solitude, une vraie liberté d'esprit, cet esprit qui toujours avait volé plus vite que les pensées d'autrui, amené un sourire à la bouche délicate de dames, de reines, de princesses du sang, de maîtresses fidèles et d'une épouse aimante. M. Fouquet, comte de Vaux, marquis de Belle-Isle — mais en avait-il encore les titres ? Il ne se savait plus sur ces cimes, l'ancien Vice-Roi des Indes occidentales — ce qui lui conféra le titre d'Altesse dont il se refusa toujours à exiger l'usage, lui préférant celui de Monseigneur, auquel il n'avait aucun droit mais que la coutume avait, grâce à ses générosités, ses prébendes accordées et aussi à ses concussions, pour toujours accolé à son nom.

A la messe du matin, qui était pour Nicolas Fouquet un moment béni sinon par Dieu, du moins par l'effet que Dieu insufflait en lui, la paix de l'âme, M. Fouquet versa une larme. Le jour qui filtrait par la lucarne n'était pas plus pur que le fond de son cœur. On l'avait affublé du rôle de criminel, de voleur du Trésor royal, presque d'auteur de lèse-majesté, mais Nicolas savait désormais après ces mois, ces années peut-être, il avait abandonné les comptes des jours, occupation stérile, que son âme désormais était purifiée.

Il paraîtrait devant Dieu, et cette comparution ne lui faisait pas peur, bien au contraire ; plus beau, intérieurement, plus riche en sentiments élevés, qu'il n'était paru devant ses juges que Colbert avait triés sur le volet, parfois stipendiés pour le condamner à mort et qui, grâce à un robin d'une noblesse d'âme égale à celle d'un antique chevalier, avait refusé la hache au risque de déplaire. M. Fouquet fit une prière pour la santé et la longue vie de M. Lefevre d'Ormesson. Mais la larme coulant à son œil, qui avait contemplé tant de beautés féminines, tant de beautés architecturales, tant de beautés picturales et parcouru les meilleurs vers jamais écrits en français, n'était pas une larme de reconnaissance envers le seul juge intègre qu'il ait connu.

M. Fouquet versait une larme pour sa femme, qui avait tant pleuré pour lui ou à cause de lui.

On l'autorisait maintenant et il se souvenait du sourire béat et stupide de Saint-Mars le lui annonçant via une lettre reçue de Louvois qui semblait à la Cour faire la pluie et le beau temps et plus souvent encore la tempête, qu'il avait droit désormais d'écrire à son épouse et d'en recevoir un courrier une fois le mois.

Douleur et plaisir mêlés. L'épouse la plus parfaite de France était exilée et partageait la disgrâce du mari le plus aventureux d'Europe. Il eut honte de cet assaut d'orgueil, mais il ne s'en repentit pas, ce n'était là que vérité.

Le Roi avait rendu leurs enfants à leur mère. Le Roi l'avait autorisé à percer la muraille de Montluçon, en Bourbonnais, pour que la modeste maison de pierres blanches située hors les murs, où logeait Marie Madeleine de Castille de Villemareuil, épouse Fouquet, fût plus proche des églises et des marchés. Et cette porte désormais avait nom porte Fouquet. Lui, dont la cellule, les « appartements », disait M. de Saint-Mars, était close par un triple verrou, avait donné son nom, grâce à sa femme, à une porte passe-muraille qui s'ouvrait sur les champs, la campagne, les herbages et les rives du Cher, au cours si doux entre le miroitement argenté de peupliers d'Italie. Les lettres de Mme Fouquet était pudiquement enjouées de cette pudique tendresse qui le bouleversait bien plus que ne l'eût réussi un débordement de sentiments brûlants. Et elles ne parlaient que de la nature qui entourait l'épistolière, celle-ci ne montrant plus aucun attachement aux humains.

On avait eu une avalanche de neige glacée il y a deux jours en ces montagnes entourant Pignerol comme les gardes entourent le Roi. Sept personnes, disait-on, avait été emportées dans la tourmente. M. Fouquet pria sincèrement pour ces sept âmes étouffées par tant de blancheur coupable. Le Roi et la nature étaient sans pitié. Et une telle cruauté affrontée d'un front égal pourrait mener le pire libertin à la sainteté. Là, M. Fouquet fit acte de contrition, le péché d'orgueil étant cette fois-ci avéré. Nicolas Fouquet n'avait et n'aurait rien d'un saint, quelque injustice, et elle fut grande, dût-il encore endurer.

La messe était dite, mais Nicolas restait à genoux sur la pierre froide dont le séparait toutefois un carreau de soie fourni depuis deux mois, au vu de la fréquence de ses oraisons, par ce M. de Saint-Mars, capitaine du donjon, et qui voulait qu'on l'appelât Monsieur le Gouverneur, comme s'il eût commandé la Bastille. Fouquet sourit, l'orgueil n'était pas que de son fait, et de ce trait-là, il était bien sûr que Saint-Mars, ancien enseigne à la compagnie des Mousquetaires de M. d'Artagnan, un vrai héros, lui, et doublé d'un gentilhomme comme un manteau de prince est doublé d'hermine, ne se repentait pas. Nicolas prierait plus tard aussi pour l'âme de son geôlier en chef qui lui semblait bien menacée de différents péchés capitaux. Pas aujourd'hui. Ni demain sans doute.

Fouquet souriait derrière les murs de la forteresse, une des pires prisons du royaume. La sienne. Il était venu à en apprécier la terrible austérité. Que ce Saint-Mars, dans sa folie des grandeurs — se vouloir gouverneur ! — réussissait à lui adoucir, non par charité chrétienne, mais parce qu'il se trouvait le gardien du prisonnier le plus célèbre du Royaume de France, qui pourtant, désormais, n'en manquait point. Nicolas avait connu autrefois, au faîte de sa gloire, M. de Baisemaux, Gouverneur de la Bastille, dont les locataires obligés rivalisaient en titres et notoriété avec la société aussi trayée que celle de la Cour. Or ce Baisemaux qui avait bien servi aux armées avant d'hériter ce gouvernement avait toujours montré bonhomie et gentilhommerie envers ceux qu'il devait garder. Dont plusieurs furent des débiteurs, voire des amis de Nicolas. Fouquet songea que Saint-Mars, ancien valeureux mousquetaire, glissait dans ces solitudes alpines vers la folie. Il en sourit de peur de se demander s'il n'en avait pas tout à craindre.

En ce mois de décembre, le 12 plus exactement, où les masses de neige sur les cimes étaient prêtes aux pires avalanches, une petite troupe à cheval, entourant une voiture noire aux fenêtres grillagées, pestait en affrontant le vent froid et les bourrasques de neige. Jamais troupe n'avait tant souhaité voir les murailles et le donjon de la forteresse de Pignerol, d'aspect pourtant si funeste et de si terrible réputation. Vêtus de vastes houppelandes rouges sur leurs casaques bleues à croix d'argent, les Mousquetaires, le feutre bien enfoncé sur la tête, une écharpe blanche nouée sur le visage et le cou, suivaient la route de montagne, prenant garde de ne pas glisser vers les précipices, et surveillant l'attelage de la voiture à grillage, qui enfermait l'homme le plus récalcitrant du royaume. Il était d'importance puisque le Roi lui-même et non Louvois, le Maître de la guerre et des armées de Sa Majesté, avait désigné le chef de cette expédition, le capitaine général d'Artagnan. De plus, ce dernier connaissait la route, il avait lui-même conduit Fouquet naguère en cet enfer de la solitude. Le capitaine ne disait mot. Les dernières paroles par lui prononcées avaient été cet avertissement : « Monsieur, si vous recommencez une telle folie, je n'aurai que deux solutions, vous passer mon épée au travers du jarret comme on le fait à un cheval devenu fou, et vous ne marcherez plus, ou bien je vous fais précipiter dans quelque torrent glacé et vous vous y noierez. »

Son prisonnier, qui s'était mis nu et roulé dans la neige lors d'une courte halte que d'Artagnan par humanité avait ordonnée pour reposer et délasser cet homme qu'il connaissait parfaitement et avec lequel il avait parfois ri, dîné, soupé et joué à l'hombre, n'avait pas pris la menace à la légère et l'avait cru sur parole. Depuis il se tenait calme en sa voiture, heurtant seulement les oreilles de ses gardiens, vitrifiées de froid à se casser, par les pires chansons de garnison. Ou par des éructations contre la favorite de Sa Majesté, Mme de Montespan.

De cela, d'Artagnan n'avait cure. Il n'était point censeur de chansons ni de libelles, et l'autre pouvait bien déblatérer les pires énormités. Certaines même faisaient sourire l'officier car cet homme qu'il avait charge de mener comme fauve en cage à la ménagerie de Pignerol n'avait jamais manqué d'esprit, même s'il l'avait un peu fol.

Et puis à quoi peut donc songer un prisonnier, pensait le capitaine, sinon à se venger ou à s'évader ? Et lui-même n'avait-il jamais désobéi durant tant d'années de service ? Je l'aime bien, s'avoua le mousquetaire. Le service est ainsi fait que, depuis le Surintendant Fouquet, le Roi m'ordonne d'arrêter et convoyer des gens qui me plaisent. Et le Roi le sait.

« D'Artagnan, cette mission terminée, je vous promets une guerre, et vous y commanderez la cavalerie. » Le Roi connaît son homme et sait le flatter ou le récompenser. Il savait aussi tenir ses promesses, même si parfois il tardait. Le temps du Roi ne se mesure pas à l'horloge du commun. Allons donc pour cette dernière mission d'argousin. Mais, bon Dieu, qu'il fait froid !

— Monsieur de Lauzun, dit-il en s'approchant de la portière, aimez-vous le ratafia ?

— Tout ce qui brûle, capitaine, je suis moi-même un incendie.

D'Artagnan ouvrit la portière cadenassée et tendit une gourde au prisonnier.

— Avez-vous froid, Monsieur ?

— Moins que vous, capitaine, ce doux berceau m'en protège comme un nouveau-né. Mais les cahots sont bien importuns à mon fessier. Je préférerais comme vous chevaucher dans la bise.

— Et commettre à nouveau quelque extravagance ?

— Je n'ai rien, Monsieur, qui m'oppose à vous, vous ne m'avez jamais trahi ni ne m'avez manqué. Ce n'est pas comme... laissons, vous ne sauriez entendre ce que je pense de certaine personne si haut placée.

— En effet, Monsieur.

— Il nous faudrait une guerre, d'Artagnan, à vous comme à moi. Je ne suis pas fait pour être prisonnier ni vous geôlier. Et pourtant nous le sommes. Je vous promets que, jusqu'à Pignerol, je serai aussi bon prisonnier que vous êtes galant geôlier. Je vous en donne ma parole.

Le mousquetaire hocha la tête. Se tourna vers son peloton :

— Un cheval pour M. de Lauzun !

— Merci, capitaine. Nous chevaucherons botte à botte et je ne tenterai rien.

D'Artagnan ne dit mot. Son enseigne, Montesquiou, amena une monture par la bride. Il avait bien choisi, le hongre était solide et peu nerveux.

— Une houppelande aussi : le manteau de Monsieur est bien léger.

On porta du chariot d'intendance une houppelande de mousquetaire pour Lauzun.

— Je me sens un autre homme. Voilà qui vaut bien un habit de colonel des Gardes françaises.

C'est pour avoir obtenu cette charge prestigieuse dans la Maison militaire du Roi, abandonnée par le vieux duc de La Feuillade, et avoir brigué celle de Grand Maître de l'artillerie et autres facéties et... ce qui s'ensuivit, qu'Antonin Nompar de Caumont, comte de Lauzun, était présentement, en ces semaines de l'Avent, en route pour la forteresse de Pignerol après avoir séjourné quelques mois à la Bastille où l'avait également mené d'Artagnan.

— Capitaine, parlerons-nous de batailles, d'amours ou de malheurs ? Mes amours furent désastreuses, mes batailles parfois fameuses, mes malheurs sont présents.

— Monsieur, votre bravoure est connue tout comme le sentiment que Mademoiselle fourbit pour vous. La cousine du Roi plaidera et interrompra ce présent malheureux auquel je prends part à mon corps défendant.

— Merci de cet espoir auquel je ne crois pas. Je n'ai plus de futur à conjuguer.

— Si vous le permettez, Monsieur, j'ai à ce sujet des remontrances à vous adresser. Quant au passé et au présent, pas encore au futur. Mais certainement au conditionnel. C'est que vous me faites perdre mon temps et pas seulement celui des conjugaisons. Il y a peu, je vous ai mené à la Bastille, ce qui n'était pas une longue promenade. Aujourd'hui, je dois vous mener à Pignerol, en plein décembre, ce qui est une autre affaire. Et ce pourquoi ? Je devrais vous saluer bien bas comme Grand Maître de l'artillerie, ou vous croisant à Saint-Germain, à Versailles ou au Louvre, comme Colonel général des Gardes françaises, une charge de maréchal de France. Pis, je devrais sans doute vous donner du Son Altesse, par votre alliance avec Mademoiselle la cousine germaine de Sa Majesté. Alors, mon cher comte, expliquez-moi tout ce tracas, ce chambard, et si Molière vous avait portraituré en quelque comédie, ce ridicule !

— C'est qu'on m'a manqué, d'Artagnan ! Et le « On » est majuscule, le plus grand On de la terre, un On couronné et si fier de l'être. Ma folie que vous soulignez, et je ne saurais vous reprendre à ce sujet, j'accepte le mot de votre bouche, sinon j'eusse tiré l'épée. Ah non, d'ailleurs je n'en ai plus, vous me l'avez confisquée. Ma folie donc n'en est que plus royale.

— Cette épée, vous avez osé la tirer devant le Roi !

— C'était pour la briser.

— Certes, ajouter l'affront à la lèse-majesté ! Et que fit le Roi, Monsieur ? Il jeta alors sa canne par la fenêtre, en déclarant sans vous regarder : « Il ne sera pas dit que je frapperai un gentilhomme. »

— Mais il me fit tâter de la Bastille.

Et Lauzun rit aux éclats.

— D'où Mademoiselle réussit à vous tirer. Vous vous êtes caché sous le lit de Mme de Montespan, alors que le Roi la retrouvait comme souvent l'après-midi...

— Vous savez cela ?

— Je commande ses Mousquetaires, je ne suis jamais à plus de trois pas du Roi. Même en son privé. Et j'entends si je n'écoute pas. Vous traitâtes même la marquise de « pute à chien ».

— Le mot était un peu fort, je l'accorde. Mais elle m'avait trahi et menti.

— Mon cher Lauzun, à la Cour, nous mentons.

— Je vous l'accorde aussi. Que savez-vous encore ?

— Que vous avez jeté dans le « privé » du Roi où vous vous étiez enfermé une clef commandant certaine chambre où Sa Majesté devait rencontrer la Princesse de Monaco ! Et que leurs dialogues ne purent se tenir qu'au travers d'un huis dûment verrouillé.

Là, ce fut le mousquetaire qui sourit.

— C'est que, d'Artagnan, je la courtisais ! Je n'ai fait là qu'épargner un nouveau péché mortel d'adultère à Sa Majesté ! Mais comment savez-vous cela, vous n'étiez pas à trois pas du Roi en cette chambre ! Je regardais par le trou de la serrure du privé ou le Roi défèque, et il était fort seul et très courroucé. Ou plutôt décontenancé.

— Quelqu'un m'en aura parlé...

— Bouthyer son huissier. Ou Nyert le fourbe qui m'a trahi auprès de Louvois.

— Lui ou un autre...

— Mais comment aurait-il su que j'étais l'auteur de ce joli coup ?

— Tout se sait au temps de M. de La Reynie et de M. Louvois.

— Louvois me hait.

— Vous êtes trop extravagant pour son raisonnement.

— Je sens là, capitaine, que vous n'aimez pas non plus notre Secrétaire à la Guerre.

— Sentez ce qu'il vous plaira, mais je lui obéis. Sauf en ce moment. Il m'est interdit de vous permettre de chevaucher à mon côté. Vous devriez être dans le carrosse grillagé.

— Je vous ai donné ma parole.

— Je la respecte donc et lui fais foi.

— Merci, capitaine.

— Je porte cette malédiction que les hommes de qualité que je mène en prison me montrent de l'amitié. Cela ne rend ma tâche que plus lourde.

— Quel fut le dernier ?

— Vous l'allez rencontrer en votre donjon : Nicolas Fouquet, comte de Vaux, marquis de Belle-Isle...

— Un galant homme. Je lui dois encore vingt mille livres.

— Il ne vous les réclamera pas. Nicolas Fouquet ne réclame plus rien à personne, il ne parle plus qu'à Dieu, dit-on.

— Il doit fort s'ennuyer, Dieu est muet. Je me ferai un plaisir de lui entretenir la conversation.

Pauvre Fouquet, pensa le mousquetaire.

— Et peut-être l'engagerai-je à s'évader avec moi !

— Lorsque je vous aurai remis à la garde de M. de Saint-Mars, vous ferez bien, comte, ce que vous voudrez, mais attendez que j'aie repris la route de Paris.

— Cela, d'Artagnan, je vous le promets.

Il est aussi gascon que moi. Mais n'a pas assez le sens du secret, vertu cardinale quand le Roi prise surtout ce goût-là.

Une vallée s'ouvrit devant eux, au milieu de cette vallée, un piton et sur ce piton que d'Artagnan escalada jadis l'épée et le mousquet à la main, le donjon au centre de la forteresse de Pignerol.

— Bigre ! dit Lauzun. Je ne vois là rien d'engageant.

Il regarda d'Artagnan.

— Je crois savoir que c'est à vous que le Royaume doit cette inconfortable possession.

— A moi, à quelques milliers de morts et au feu Roi Louis XIII.

— Je suis tenté de vous reprocher votre bravoure ! Pignerol fût resté à la Savoie, et je serais à Vincennes dont la vue est belle du donjon et... tout près de Paris.

— Monsieur, on ne se refait pas. Quand je dois prendre une place et y tracer un chemin pour mon Roi, j'y cours.

Me voilà plus gascon que lui ! Son extravagance est une contagion.

— Monsieur de Lauzun, il vous faut regagner votre carrosse.

— Je comprends : ordre de Louvois. Je vous sais gré de cette promenade, capitaine. Et de cette désobéissance que je tiens pour un geste de vraie amitié.

— Bah ! Vous m'aviez donné votre parole.

D'Artagnan tut que, si Lauzun avait tenté une nouvelle escapade, il lui eût cassé un genou d'un coup de pistolet.

M. de Saint-Mars, capitaine du donjon de la forteresse, tint à accueillir lui-même ses visiteurs.

— C'est un nabot, chuchota Lauzun.

— Méfiez-vous de lui alors. Il est comme les roquets, il flatte ou il mord. Je l'ai eu comme enseigne dans ma compagnie. Nous avons mené Fouquet ensemble et il a préféré rester.

— Quel manque de goût !

— Il ne descend pas plus de deux marches pour nous accueillir, pour lui ce serait déchoir. Sa tête a dû enfler. Allez, comte, venez.

D'Artagnan prit soin de montrer au geôlier qui patientait dans le froid qu'il agissait envers son prisonnier avec la plus grande aménité.

— Monsieur de Saint-Mars, je vous mène par ordre du Roi M. le comte de Lauzun afin que vous le gardiez près de vous.

Et il tendit un pli cacheté à Saint-Mars, d'un air dégagé.

— Capitaine, quel plaisir de vous revoir.

— Nos chemins ont bifurqué...

— Monsieur de Lauzun, soyez le bienvenu.

Lauzun regarda vers le haut du donjon, puis les montagnes alentour.

— Pas facile de s'évader, mon cher gouverneur.

— Impossible, comte.

— Rien n'est impossible.

— Avant de vous mener à vos appartements, me permettrez-vous, cher comte et vous cher capitaine, de vous offrir une collation ?

— Excellente idée, qu'en penses-tu, d'Artagnan ?

Voilà que Lauzun me tutoie.

— C'est parler d'or, Antonin.

Saint-Mars les précéda, puis s'approcha du mousquetaire :

— Cet homme est de vos amis.

Le regard du capitaine tomba sur son ancien enseigne qui n'eut droit qu'à un froncement de sourcil, un regard de braise et un mot :

— Oui.

Au moins, se dit d'Artagnan, il y regardera à deux fois avant de le maltraiter.

— Mon cher Saint-Mars, n'oubliez pas mes mousquetaires, ils ont aussi traversé vos épouvantables montagnes et vos terribles frimas. Il en est qui furent de vos amis.

— Tout est prêt, capitaine, pour les nourrir, les abreuver, les réchauffer et les loger.

— Tant mieux.

Il ne reconnaissait pas en ce capitaine du donjon, la forteresse elle-même ayant son gouverneur — ce qui n'allait pas sans tiraillement —, son ancien et diligent enseigne. Il était plus petit, du moins le semblait-il, le visage blafard, l'air vif des Alpes ne le touchait pas, il doit vivre cloîtré dans son trou à rat. Cet homme fut-il jamais mousquetaire ? Il parlait de Fouquet comme d'un trésor à garder pour Sa Majesté, comme d'une chose, d'un objet secret, jamais comme d'un homme. Et puis il se vantait, ce qu'aucun Gascon au monde ne pouvait supporter d'autrui. M. de Lauzun qui attaquait vaillamment ses blancs de poulet mêlés de jambon en était ébahi.

Un garde étant venu chuchoter quelque secret de service au capitaine du donjon, Lauzun se pencha vers d'Artagnan :

— Cet homme est encore plus fou que moi. Ne dit-il pas que sa prison enferme les plus grands secrets du Royaume ?

— Si.

— Vais-je devenir ce qu'il dit de notre pauvre Fouquet : un objet de sa collection ?

— Je fais confiance, comte, à votre imagination pour que cela ne soit pas.

— M'inviteriez-vous, capitaine général des Mousquetaires, l'homme d'épée au plus près du Roi, symbole vivant de la fidélité et de l'obéissance, à quelque rébellion ?

— J'invite les hommes à rester des hommes, en toute circonstance. Et celui-ci qui commanda en second ma compagnie n'est qu'un pantin.

Le visage du héros s'assombrit, Lauzun le vit et se tint coi. La moustache blanchie, le cheveu passant du noir gascon au gris de poussière, les rides au coin des yeux dénonçant sur le visage du soldat autant de campagnes, et dans son cas, de victoires, lui en imposaient. Ce capitaine était malheureux.

— Je vous aime bien, d'Artagnan.

Le soldat regarda son prisonnier. Rougit à peine sous le cuir tanné. La vieille bête était émue. Il se sentit effroyablement seul ; sans amours depuis la mort de... laissons. Sans amis désormais. Rien, un pantin empanaché et qu'on craint, le bras du Roi qui s'abat sur une épaule, quelqu'un qu'on voit tant que l'on ne voit plus, et même qu'on souhaite ne pas voir car au bout de ce bras il y a une prison où l'on vous mène.

Lauzun le regardait.

— Il y aura une guerre, vous le savez. Vous quitterez cet emploi qui ne vous sied pas. Et exigez-moi alors dans votre compagnie, même comme sergent fourrier. Sortez-moi d'ici.

— C'est moi qui vous y ai mené. Etrange destin que celui des Mousquetaires. Me voici argousin, et cet homme, mon enseigne geôlier, y prend grand plaisir. Le monde, Lauzun, a salement changé. En rentrant je me rendrai chez Mademoiselle ; il faut qu'elle vous sorte d'ici. Sinon, vous en avez pour dix ans.

— Vous croyez ?

— Je le sais.

Lauzun fut aussi malheureux tout à coup que le mousquetaire et, quand Saint-Mars revint, il trouva piètre mine à ses deux commensaux.

Lauzun siffla entre ses dents :

— Il ne sait pas ce qui l'attend.

Ce qui fit sourire d'Artagnan.

Saint-Mars prit ce sourire pour le contentement de le revoir.

— Monsieur de Lauzun, il est l'heure que je vous montre vos... appartements. Et vous capitaine, un courrier vient d'arriver qui vous poursuivait et n'a pu vous rattraper. Il est porteur d'un ordre de M. de Louvois. Il a également une lettre du même pour M. Fouquet.

Le mousquetaire prit son pli et le glissa dans sa botte. Pas question de l'ouvrir devant autrui.

— Saint-Mars, j'aimerais visiter M. Fouquet après avoir conduit le comte de Lauzun à ses appartements.

La voix était celle du commandement du temps que Saint-Mars était sous ses ordres. Le geôlier rougit mais se tut.

La porte de chêne aux trois serrures s'ouvrit, Lauzun regarda la cellule ; elle était vaste mais mal éclairée. Un jour de souffrance tombait du plafond. Une table, une chaise, un fauteuil, un lit pas trop mauvais. Une cheminée où brûlait un bon feu, en revanche. D'Artagnan s'en approcha, son vieux corps attristé avait besoin de chaleur. S'appuyant au manteau, il fit trembler une pierre presque descellée. Il toussa. Lauzun le regarda, le mousquetaire fit bouger la pierre. Le visage du comte s'éclaira.

— Mon cher Saint-Mars, il faudrait donner au mobilier du comte un peu plus d'agrément. Cet... appartement est trop... monacal pour un Colonel général des Dragons, ami intime d'une Fille de France. Louvois ne vous a rien ordonné à ce sujet ?

— Rien, à part de le bien installer.

— Alors installez-le mieux. Le Roi est fâché contre M. de Lauzun, mais je sais car il me l'a dit qu'il lui gardait son amitié. Et en rentrant je rendrai compte.

— Que désirez-vous, monsieur le Comte ?

Lauzun regarda d'Artagnan, le nabot gouverneur se muait en maître d'hôtel devant son ancien supérieur.

— Des livres, du papier, de l'encre et des plumes, et de quoi les tailler. Qu'on me fasse de la musique chaque matin au réveil. Un crucifix ainsi qu'un chandelier pour mes dévotions. Davantage de draps et de couvertures, je suis fort frileux. Et pour me réchauffer un peu mieux, il doit bien y avoir dans Pignerol deux ou trois agréables putains.

Saint-Mars rougit.

— Ne me dites pas, monsieur le Gouverneur, que vous-même et toute votre garnison vivez comme des Dominicains.

Puis se tournant vers d'Artagnan :

— Adieu, capitaine, nous nous reverrons bientôt sur un champ de bataille.

— Dieu vous entende, mon ami.

Dans le couloir, Saint-Mars vaguement inquiet s'enquit :

— M. de Lauzun est vraiment votre ami ?

— Oui. Mais aussi l'ami du Roi. Et d'une Princesse de France. Allons chez Fouquet.

— M. de Louvois vient de me commander d'alléger sa vie quotidienne.

— Louvois est bien bon.

Fouquet ne le reconnut pas d'emblée.

J'ai salement vieilli, pensa d'Artagnan. Puis Fouquet l'embrassa. Le soldat en fut ému. Il faut que je ménage mes émotions, je vais passer pour un fantoche.

La chambre était plus grande que celle de Lauzun, un petit oratoire était placé dans un coin où deux cierges brûlaient. Un portrait de Mme Fouquet et un de la Vierge étaient accrochés au-dessus du lit joliment drapé.

Fouquet qui fut toujours mince comme un page était devenu un vieil homme émacié. Le regard semblait éteint.

— Monseigneur...

— Non, capitaine, ces temps-là sont finis. Et vous le savez bien.

— Eh bien, sachez, Monsieur, que je vous ai amené de la compagnie, M. le comte de Lauzun.

— Lauzun ?

— Vous l'avez connu sous le nom de Puyguilhem.

— Ah, ce fou de Puiguilin, comme on disait. Mais je n'ai droit de voir personne, sauf mon bon Eustache, qui me sert.

D'Artagnan aperçut dans le coin le plus ombreux un homme assez vieux, aux cheveux gris laineux, qui salua de la tête en silence. Où l'avait-il vu ?

— Il fut à mon service, puis au service de Madame, qu'il accompagna jusqu'en Angleterre.

— Eustache Dauger ?

— Ici, capitaine, on dit Eustache Danger. Son nom fut mal écrit par M. de Saint-Mars. Et je crois que cette faute plaît à notre gouverneur, elle donne de l'importance à son prisonnier.

— Ce... gouverneur vous traite-t-il bien ?

— Cela me va, et puis je fais pénitence.

— Avez-vous quelque message à faire porter à Paris ou à la Cour ? Je serais flatté de vous servir de courrier.

— Ma femme peut m'écrire. Mes enfants gribouillent quelques mots doux. La Cour ? Non, merci.

Il y eut un bruit dans la cheminée.

— Vous n'avez point de feu ?

— Je n'en ai pas voulu aujourd'hui. La pénitence, je vous dis.

— Monseign... Monsieur, il faut prendre soin de vous.

Un autre bruit puis un glissement et des jurons. D'Artagnan tourna la tête.

— Des ramoneurs ?

— Il en est beaucoup dans la région, mais...

Un nuage de suie d'où sortit un être noirci, le visage maculé, le vêtements souillés, et qui retombant sur ses pieds secoua son jabot.

— Monsieur Fouquet, je ne pouvais passer par ici sans vous saluer. Vous fûtes mon bienfaiteur.

— Je vous présente le comte de Lauzun, dont je vous ai parlé. Comte, comment avez-vous...

— Capitaine, il est une dalle branlante à ma cheminée, que vous avez le premier remarquée. Et comme vous avez bien voulu m'en complimenter, je ne manque pas d'imagination. Et puis je m'ennuyais déjà. Si vous le permettez, mon cher Fouquet, je vous rendrai visite chaque jour, et vous conterai les bruits de la Cour depuis que vous l'avez quittée. Nous prierons également ensemble, je déteste la solitude pour mes dévotions.

— Il est fou ? demanda à voix basse Fouquet à d'Artagnan.

— Totalement, mais s'il vous narre pourquoi il se retrouve ici, croyez-le, les fous disent toujours la vérité. Cela vous distraira diablement.

Et Lauzun conta.

Fouquet n'en crut pas un mot, mais d'Artagnan hochait la tête en approuvant.

L'épée brisée devant le Roi, la Montespan traitée de putain à chien, et surtout de grosse tripière, Fouquet sentit le premier sourire éclairer son visage depuis des mois. Grosse tripière était une folie, une réplique de farce sur les tréteaux du Pont-Neuf. La Vallière tentée par le couvent. Fouquet se signa et murmura : « Nous

nous sommes ratés dans la vie, nous nous retrouverons devant Dieu. » Mais Fouquet lorgnait souvent vers la porte.

— Ne craignez rien, Monsieur, tant que je vous visite, même Saint-Mars n'oserait me faire espionner. Voulez-vous du vin pour trinquer ensemble ?

— Et du meilleur ! cria Lauzun.

— Comte, ne faites pas tant de bruit tout de même.

D'Artagnan toqua à la porte qu'on ouvrit. Il ne laissa le garde que l'entrebâiller.

— Du vin !

Et il la claqua.

Fouquet les fit installer du mieux possible. Lauzun, vu son état de propreté, préféra s'asseoir par terre.

L'audience dura deux heures. On but trois bouteilles. Fouquet n'avait pas bu de vin depuis Mardi gras. Il souriait aux anges, les joues enflammées. D'Artagnan vit alors ressurgir de ce corps de pénitent toute l'ancienne beauté.

— Messieurs, soyez discrets dans vos visites. Et vous, Lauzun, jouez les ramoneurs avec plus de silence. Mais il m'est agréable de savoir que l'un et l'autre avez ainsi de la compagnie.

Dans son coin, Eustache Dauger, devenu Danger pour la Couronne et Saint-Mars son représentant, jouait à son habitude les muets. Pourquoi est-il ici ? Un valet ? On eût pu prendre n'importe qui pour servir Fouquet. Pourquoi l'avoir enfermé dans cet enfer ?

— Messieurs, je vais vous quitter. Je ne puis éterniser cette visite, même un sot comme votre « gouverneur » s'en inquiéterait.

— Merci, capitaine, de votre courtoisie.

Et Fouquet le prit de nouveau dans ses bras.

Lauzun aussi l'embrassa.

— Adieu, soldat ! Pense à nous en envahissant la Hollande. Fais-nous porter des fromages et des draps, qu'on puisse tresser en cordes. Et des tulipes ! Cela manque de fleurs ici, non ?

Cet homme est fou, mais il sait tout.

En redescendant dans la grande salle de garde, d'Artagnan ouvrit enfin le pli de Louvois.

On lui demandait de revenir au plus vite après une nuit de repos.

Et de vérifier si Eustache Danger était bien au service de M. Fouquet.

Voilà que je passe de surveillant des comtes et ministres à celui de gardien des valets !

Mais ce pli contenait un autre pli. Que Fouquet lui demandait de lire avec la plus grande attention. Sur son avers, un ruban de soie bleue, un cachet simplement fleurdelysé. Un mot : Artagnan, écrit en hautes lettres penchées et un peu à la diable.

Il reconnut l'écriture, et tout vieux qu'il se sentait, retint son souffle comme un petit lieutenant. Le Roi.

Oui, le Roi. Le Roi, de sa main, sans avoir dicté à un secrétaire, ni même à Louvois, le Roi l'élevait au grade de maréchal de camp et à la charge de Brigadier général de la cavalerie. Il gardait bien sûr le titre de Capitaine général des Mousquetaires gris. Ce brevet prenait effet dès sa réception. Signé : Louis.

Saint-Mars l'attendait, inquiet d'une si longue absence, car il soupira d'aise en voyant son ancien capitaine paraître.

— M. de Louvois adoucit encore les conditions de détention de M. Fouquet.

— J'en suis ravi, Saint-Mars. M. Fouquet me semble tourner au saint.

— Il est fort dévot, en effet. Mais M. Louvois y met une condition.

— Laquelle ?

— Elle est secrète.

— Alors il ne fallait pas l'évoquer.

— C'est que Fouquet...

— *Monsieur* Fouquet !

— C'est que M. Fouquet consigne chaque jour les faits et gestes d'Eustache Danger.

— D'un valet ?

— D'un espion ! S'il parle, je dois le faire taire, dussé-je lui enfermer la tête dans un masque de fer. C'est écrit ainsi. Cette forteresse, capitaine, détient bien des secrets...

— Dont vous me faites part avec grande obligeance.

Un masque de fer ? Le monde est fou. Plus fou que Lauzun. Toutefois, d'Artagnan réfléchit et, réfléchissant, il s'interrogea. Danger était avec feu Madame à Dunkerque et à Douvres. Danger était avec Fouquet avant son arrestation. Que sait Danger qu'on ne veut pas qu'on sache ? Il n'était de meilleur choix que de le faire garder par Saint-Mars qui prend sa mission de gardien de prison pour la première place du Royaume. Par qui seraient mieux gardés des fous de dévotion et de pénitence, un fou de comédie, un fou de silence, que par un fou atteint de la folie des grandeurs ?

Il descendit jusque dans l'ancienne salle de garde où logeaient ses mousquetaires.

— Messieurs, dormons, à l'aube et même avant nous rentrons. Il nous faudra, arrivés, nous équiper et harnacher pour la guerre. J'ai demandé du vin au gouverneur. Et commandé à l'hostellerie de la ville deux chapons et trois jambons. Nous redevenons mousquetaires !

Il faisait encore nuit quand les houppelandes rouges doublées de fourrure quittèrent la forteresse et s'avancèrent prudemment sur les chemins glacés. Alors qu'ils atteignaient le col, une lueur orange s'étala dans le ciel.

— Capitaine, regardez.

La troupe s'arrêta, tous se retournèrent. Le donjon de Pignerol était en feu aux cinquième et sixième étages. Diable d'homme, pensa d'Artagnan en faisant tomber deux glaçons de sa moustache.

— Qu'est-ce, capitaine ?

— Un incendie, dirait-on, avança son sergent.

— Non, mon ami, c'est M. de Lauzun qui fait un feu de joie pour nous souhaiter bonne route. Il n'y a pas plus fou ni plus galant que lui.

Un chandelier pour ses dévotions ! Du papier, davantage de draps et de couvertures ! Il avait déjà tout prévu. Bonne chance, monsieur de Saint-Mars, gouverneur des rats, vous aurez fort à faire.

— Messieurs, en avant, le Roi nous attend.

LE ROI PERD SES CHEVEUX ET MOLIÈRE LA VIE

Longue et terrible fut cette mille six cent soixante-treizième année depuis la naissance du Christ. Longue, terrible et froide. Dieu semblait taquiner la France. Lui rabattre le caquet pendant qu'elle cherchait la gloire et la trouvait, du moins sous la forme de victoire militaire, ce dont Dieu se moque, en dehors de Ses frontières. Dieu volait les âmes, le Roi fit tuer des corps. Et commença à souffrir dans le sien, ce qui ne cessera durant plus de quarante années encore. Un Lieutenant de Dieu ne saurait attendre au Purgatoire, autant le lui faire vivre sur Terre. Quand Dieu taquine, Il est cruel, Il se souvient de ce que la Bible a écrit de Lui. Celle des juifs et des protestants. Dieu voyait ce qu'était devenue la Cour du Royaume de France, le plus beau après celui des cieux, avait dit un jour Charles Quint, aïeul de la mère du Roi Louis, et Dieu y rétablissait l'ordre « divin ». Cette Cour où la férocité des farces et des traits d'esprit prenait force de loi coutumière sous l'œil hautain et indifférent du Roi, Dieu la retourna contre le Royaume entier. En commençant, comme il en allait de son droit, et de sa gloire, par la tête. Le Roi.

Le Roi n'était plus jeune, le Roi n'était pas vieux.

Le Roi était dans le lit de la Reine, qu'il n'oubliait jamais de visiter, souvent au sortir d'un autre. Le Roi était fier de sa virilité et la Reine ardente au métier. Au moment ultime, elle s'accrocha aux cheveux de son mari, enfonça ses doigts dans la masse bouclée. Elle en aimait l'odeur de suint mêlé de moutarde pendant l'amour. Elle porta ses doigts à sa bouche pour baiser ce parfum. Des cheveux y étaient restés collés. Toute une touffe.

Les cheveux châtain clair de sa mère, les boucles souples avaient terni. Le silence pesait dans la chambre. Louis, les reins apaisés, contemplait ce que Marie-Thérèse lui montrait. Il passa lui même sa main dans ses boucles. Elles vinrent, à demi-poignée. Le mal qui avait atteint son père Louis le Treizième venait de se déclarer. Sa première pensée fut d'interdire désormais les miroirs. La seconde fut qu'il allait répugner à la Reine de jamais le toucher. Ensuite défila une longue série de jours et de nuits où il ne serait plus lui. Une brèche en sa personnalité. Quels ennemis allaient s'y infiltrer ?

La Reine le baisa sur la bouche.

— Nous allons réparer cela, mon cousin, mon mari, mon amant.

— Madame, je suis laid.

— Mon ami, je suis laide aussi. Cela vous empêche-t-il...

Elle rit.

— Vous saurez, Sire, ce qu'est promener sa laideur avec des airs de grandeur, je vous donnerai des leçons, cela fait des années que je pratique cet exercice.

Elle avait des épaules magnifiques et nues, les avait-il jamais remarquées ? Oui, sans doute. Il baisa son sein droit. Elle caressait sa nuque, le pressant contre elle. L'entoura de ses bras.

— Vous sentez bon.

— Je sens votre plaisir.

A la seconde fois la Reine se laissa aller à crier.

Une touffe de cheveux gisait sur l'oreiller, elle les balaya du bout des doigts afin qu'il ne les vît pas. Mon Dieu, et moi qui me sens si souple et belle en cet instant, quand lui ressent son délabrement. Elle le serra plus fort et se colla à lui. Déchira sa chemise pour que son petit corps soit au plus près de l'immensité charnelle de son mari. Il gardait sa tête enfouie dans son cou.

— Tout doux, mon ami. Nous appellerons M. Quentin de la Vienne, il est plein d'invention et d'un art magnifique pour coiffer. Toutes ces dames, dont les vôtres, en raffolent.

— Mais au lever, Madame...

C’est un enfant.

— Au lever, la Cour verra son Roi... avec un bonnet ! Sa Majesté sera enchifrenée, voilà tout.

— Je ne suis jamais malade.

— Oh, que si, vous faillites même mourir. Souvenez-vous de Dunkerque, et d’autres fois encore. Vous moucherez ostensiblement, on vous plaindra beaucoup, M. d’Aquin sera dans tous ses états, vous aimerez ce rôle.

Elle sentit le sourire de Louis contre sa peau.

— Vous êtes un amour.

— Oui. Et vous un benêt, Louis...

Il leva la tête au-dessus d’elle. Mon Dieu, les mèches éparses au-dessus de son front, des plaques de peau blanche comme pelade ; il était non pas laid, mais ridicule. Elle ne l’en aima que plus.

Pendant que le Roi s’activait encore, elle décida de renfermer toutes les mèches perdues dans un coffret de vermeil que lui avait offert Madame. Autre noble laideur !

Louis parla, ordonna, respecta à la lettre l’ordre du lever. Simplement fit-il ouvrir les fenêtres sur janvier, fit semblant de frissonner et enfonça son bonnet.

D’Aquin, Premier Médecin, approcha, un seul regard de Louis le renvoya près du mur. Il était l’heure de la chaise d’affaires, et pas l’heure de la glose.

Contrairement à l’usage, chaque participant du lever eut droit au regard du Roi, droit dans les yeux. Si un mot sortait, seize têtes seraient menacées. On ne chercherait pas le coupable, on punirait le groupe. Et ce « on » n’était pas impersonnel. Il déféquait et dans cette tâche naturelle mais malséante défiait la Cour en ce qu’elle avait de plus raffiné.

Nul ne dirait mot pendant au moins deux jours.

Louis était assiégé par une pensée qui l’aurait mis en joie, malgré cet inconvénient menaçant qui lui ravageait le crâne, Louis pensait que les seigneurs et dames de qualité le regardaient, mais que c’était lui qui était au théâtre. Il lisait sur les visages la dissimulation de leurs impressions intimes, de leurs interrogations, de leurs inquiétudes peut-être, de leurs ricanements rentrés. Ils jouaient mal.

La pensée subséquente était encore plus joyeuse. Il était bien au théâtre du paraître et des hypocrisies, mais c'est lui qui était sur scène. Robe de chambre de damas doublée de fourrure, jabot de soie, chemise aux poignets trop longs qui sortaient des manches du manteau d'intérieur, et ce bonnet sur la tête. Un doute devait les assaillir : le Roi ne se moque-t-il pas de nous, avec ses gestes lents, son masque imperturbable ? Le Roi ne s'est-il pas déguisé pour sonder notre jugement ? Il est vêtu comme Molière dans sa dernière comédie, qui fut un triomphe magnifiquement applaudi, le Roi ayant donné lui-même et avec force enthousiasme le signal de la claque, quand M. d'Aquin et tous ses Diafoirus faisaient comme en ce moment grise mine : *Le Malade imaginaire.*

Le Roi était capable de ces facéties. Il avait chaudement félicité Molière et toute sa troupe. Il avait cité des répliques même à d'Aquin qui reniflait ses urines. Le Roi faisait parfois des niches à ses courtisans et même aux Princes du sang. Surtout quand il était heureux. Ou glorieux. La gloire étant pour lui le plus beau synonyme et le plus vrai, quasi le seul, du bonheur. Or ses armées triomphaient face aux petites Provinces-Unies. Les premières villes tombaient. Il songeait à se rendre à la guerre. Son cœur devait donc bondir de bonheur. Et devant nous, il nous joue Molière.

Commencèrent à se dessiner quelques sourires sur les faces étonnées. Il s'agissait de rire quand le Roi plaisantait. Mais plaisantait-il ? La plaisanterie n'était jamais inscrite au rôle de ces journées réglées comme la course des astres dans le ciel. Aussi cela n'étonnait personne que la moitié de la Cour consultât en des lieux minables et malfamés, le visage masqué, accompagné de valets ne portant pas livrée, astrologues, devineresses, on n'osait dire sorcières, et faiseuses de philtres.

Là, il s'agissait d'impromptu. Toute erreur pouvait être fatale. Un sourire suffirait. Du moins l'espérait-on. Malgré le froid, on transpirait sous les soies et les rubans.

Les sots. Ils prennent apparence pour argent comptant. Mes ennemis ont raison de me dire « Roi de théâtre », mais ils ont tort d'y glisser un reproche, car je suis le meilleur comédien du monde. Réussir à tromper la Cour de France, la plus brillante, la plus sournoise et méfiante est d'un grand acteur. Dans cinq minutes, ils riront et s'enchanteront de cette trouvaille, iront flatter Molière, le Roi a joué votre rôle ce matin au lever. Pendant trois jours ils vont m'imiter.

Son cœur ne bondissait pas de bonheur. On saurait bientôt que sa chevelure le quittait par poignées. Qu'Apollon devenait chauve. Pis que chauve car son cousin Conti arborait sous une perruque une calvitie de boule de tric-trac, qui ajoutait à sa grandeur, non, Apollon était pelé.

Il savait aussi que la Reine veillait. Dans le cabinet des entrées de derrière attendait Quentin de la Vienne, coiffeur et perruquier. Réveillé bien avant l'aube, averti du secret qu'il ne saurait trahir, il était là pour réparer, et sinon réparer, camoufler les dégâts. Cela se passerait pendant la prière du Roi, où on le laissait seul. Avant la nouvelle ruée pour l'habillage de Sa Majesté. La prière durerait simplement un peu plus longtemps que l'horloge imperturbable de la Cour ne le fixait. On dirait que le Roi avait tenu à mieux remercier Dieu des victoires octroyées dans les froidures des Flandres. Pour Dieu seul, on pouvait modifier l'étiquette et le déroulement immuable d'une journée. A peine, bien sûr : même pour Dieu on ne bouleverse pas le monde. Surtout que c'était là mensonge dont il se confesserait à l'excellent père La Chaize qui ne manquerait pas de l'absoudre. Protéger la personne du Lieutenant de Dieu entrait dans la catégorie des mensonges pieux.

Le Roi agenouillé, entouré de la Reine, de La Chaize, vit Quentin se pencher sur son système pileux. D'Aquin était resté, car responsable de la santé de Sa Majesté. Ordre lui était donné de ne pas parler à moins que son avis fût sollicité.

Les doigts de Quentin de la Vienne étaient doux, légers, volants comme oiseaux de paradis, pas étonnant que toutes les dames de qualité, la Reine et la Montespan comprises, raffolent de sa dextérité.

Tiens, ne rien dire pour l'instant à la Montespan.

La Reine ressentait une tendre et aimable complicité à ce que le secret du Roi ne fût point partagé avec la Poutana favorite. C'était affaire d'Etat, de personnes royales, pas de sujets si haut placés soient-ils.

Quentin dit :

— Une perruque à trous.

— Pardon, Monsieur ?

— Une perruque de vrais cheveux de votre fort belle couleur où des trous aménagés avec soin et secret laisseront passer les vraies mèches appartenant à Votre Majesté. Ces mèches ont gardé leurs boucles que tous et toutes admirent. Nul n'y verra rien. Ce n'est pas la vaine promesse pour vous complaire, Sire, mais la stricte vérité.

— Croyez M. Quentin, Sire, dit la Reine, il fait miracle avec mes quatre poils.

La Reine possédait une chevelure espagnole à faire périr d'envie, longue, lisse, souple, dont les peignes d'Infante rehaussaient la splendeur.

— Je fais confiance à M. Quentin.

— Merci, Sire. Essayons quelques modèles, s'il vous plaît.

Tiré du lit bien avant l'aube par un garde de la Reine porteur d'un pli cacheté, il avait lu la requête trois fois, puis l'avait brûlée ainsi qu'il était ordonné. On attendait sa réponse. Il avait réfléchi, il avait eu une idée, et répondu par écrit et dans un pli tout aussi cacheté, qu'il se tiendrait à sept heures et trois quarts aux entrées de derrière des appartements de Sa Majesté. Quentin de la Vienne n'avait eu que sept minutes de retard.

Il avait loué pour le reste de la nuit un des fiacres à cinq sols inventés par feu Blaise Pascal, et fait une assez longue tournée de divers endroits, accompagné de son barbier et de son attirail. Il avait maintenant deux perruques à présenter.

Placées dans une mallette, sur des têtes factices, il les sortit comme on traite de saintes reliques.

— La première est un peu courte, elle peut servir à la chasse ou à la guerre. La seconde, plus longue, pour régner sur la Cour.

— Monsieur Quentin de la Vienne, mes cheveux naturels ont toujours la même longueur !

— En réalité seulement, Sire. Mais point en apparence. Je travaille depuis assez longtemps à la Cour pour vous avoir observé, si cela est permis, car votre chevelure est un chef-d'œuvre de Dieu, presque une grâce accordée. Or elle ne paraît pas toujours de même longueur. Pour la chasse, elle ne doit pas vous gêner et donc est retenue, maîtrisée, tombe à peine aux épaules par l'artifice de vos coiffeurs. En revanche, aux cérémonies, aux fêtes, devant les ambassadeurs, elle s'éploie dans toute sa splendeur. Qui n'a pas comme moi l'œil du métier n'y verra goutte, tant les gens qui vous adorent chaque jour sont habitués à ces variations.

— Faut-il être mathématicien pour être perruquier ?

— Sa Majesté se moque, mais disons que l'esprit de géométrie nous est fort utile.

— Essayons.

Quentin releva les mèches restantes et encore fortement arrimées, ce qu'il vérifia en tirant dessus sans provoquer de douleurs, installa une perruque, glissa les mèches vraies dans des ouvertures discrètes camouflées par un surcroît de boucles.

— Un miroir pour le Roi !

Louis se contempla. Interrogea du regard la Reine, qui sourit.

Il était redevenu lui.

— Vous avez sans doute, monsieur Quentin, l'œil du géomètre, mais vous avez aussi celui du peintre : la couleur est parfaite. Où avez-vous trouvé des cheveux semblables aux miens ?

Quentin hésita, rougit, remit quelques boucles en place qui d'ailleurs n'avaient pas bougé, se questionnant intimement sur la nécessité de dire la vérité.

— Sur des hommes, Sire, qui arboraient la même chevelure.

— Et où sont ces hommes, que je les puisse remercier ?

— Sire, ils ne connaissent rien de votre secret, et ainsi l'apprendraient. Et puis...

— Et puis ?

— J'ai visité les prisons, les cabarets, les théâtres. Tout se vend pour quelques livres, quelques sols, quelques pintes...

— Donc ces cheveux...

— N'appartiennent pas, Sire, à des gens de qualité.

Est-il si malin de dire la vérité à son Roi quand cette vérité peut vous envoyer aux galères car elle touche sa personne de près ?

Le Roi ôta la perruque. La contempla. La remit et Quentin s'empressa de l'aider.

— J'ai bien sûr lavé ces cheveux, séchés à un feu de bois de senteur. Ensuite tressés sur une mousseline spéciale et fort résistante qui...

— Monsieur Quentin, vous avez agi non seulement sagement, mais avec une grande pertinence. Et comme j'aime par-dessus tout : avec célérité et efficacité.

Il se mira une fois de plus.

— J'ai sur la tête outre une couronne que l'on ne voit pas, les cheveux de mes peuples, fussent-ils les moins fréquentables. Couronné donc par l'affection populaire démontrée par ce don si personnel...

Quentin sourit timidement. Et baisa la main que la Reine lui tendait en remerciement.

— Monsieur Quentin, une question ?

— Oui, Sire.

— Pour les cabarets, les casernes, je comprends, mais les prisons, comment y êtes-vous entré ?

— J'ai dû tirer M. de La Reynie de son sommeil.

— Et il a accepté.

— Sa Majesté la Reine avait joint à son pli une bague aux armoiries capable d'ouvrir bien des portes.

— Merci, m'amie. Mais, Quentin, La Reynie n'a pas questionné ?

— J'ai eu l'impression qu'il savait. Il m'a dit : « Travaillez bien, Monsieur, pour le Roi. »

La Reynie sait tout, c'est l'emploi que je lui ai donné... Le Roi réfléchit. Quand ils consultaient certains papiers sur des pratiques sinon diaboliques du moins peu chrétiennes que l'on tenait dans le quartier de Bonne-Nouvelle et où une foule de gens de qualité s'étaient rendus, le Roi se souvint que des cheveux avaient chu de sa tête sur ces papiers qu'il avait demandé au Lieutenant général de garder au plus secret des secrets comme en menant son enquête. La Reynie avait donc déduit. Diable d'homme, lui aussi. Le plus malin des sorciers qu'il disait traquer.

Le 17 février, pour la quatrième fois, Molière se coiffa de son bonnet de malade, pour la quatrième fois, il enfila la houppelande d'Argan, pour la quatrième fois, il contesta les comptes de M. Purgon et pour la quatrième fois, il trembla devant Diafoirus. Pour la millième fois de la journée il toussa. Il hésita à monter sur scène, mais le prince de Condé était là. Le cousin du Roi qui l'avait toujours défendu. Cela ne s'oublie pas ; et Molière aimait jouer pour quelqu'un choisi dans le public, un véritable échange s'installait alors et il jouait mieux, plus humainement.

Il jouait, mais sentait ses mains se glacer.

Il lui fallait tenir jusqu'au *Juro*, la cérémonie d'intronisation chez les docteurs. Il y recevait toujours un succès triomphal.

Tiens bon, Molière. Il faut que tes comédiens et tes employés, qui dressent les décors, surveillent le feu des bobèches, que tes musiciens touchent leurs gages. Tiens bon.

Il tint bon jusqu'au testament en fin du premier acte, et souffla et reposa un peu pendant l'intermède de Polichinelle et des archers. Baron lui fit servir un bouillon mêlé de deux œufs. Au deuxième acte, il avait repris des forces, et sa toux s'effaça sous trois cuillers de miel. Le malade qui jouait le malade se sentit bien portant, une étrange vigueur envahissait ses membres, une chaleur venue d'il ne savait où rougeoyait sur son visage ; il pouvait jouer vraiment l'hypocondriaque tout en présentant l'allure d'un bourgeois plein de santé.

La soirée était sauvée. Ainsi que la recette. Mais ses mains étaient toujours glacées.

A la scène de Louison écrite naguère si tendrement en une nuit et qu'il avait réussi par une sorte de subterfuge à placer ici, ses yeux s'embuèrent à la pensée de sa petite Esprit-Madeleine.

« Mon pauvre papa, ne me donnez pas le fouet.

— Vous l'aurez.

— Au nom de Dieu, mon papa, que je ne l'aie pas.

— Allons, allons.

— Ah, mon papa, vous m'avez blessée. Attendez, je suis morte.

— Holà ! qu'est-ce là ? Louison, Louison. Ah ! mon Dieu ; Louison. Ma fille. Ah, ma pauvre fille est morte. Qu'ai-je fait, misérable ? Ah, chiennes de verges. La peste soit des verges ! Ah, ma pauvre fille, ma pauvre petite Louison !

— Là, là, mon papa, ne pleurez point tant, je ne suis pas morte tout à fait. »

Les larmes sur le visage de Molière étaient vraies, nul besoin d'artifice. Cette scène avec une petite fille maligne et jouant à mourir le faisait pleurer à chaque lecture, à chaque représentation. Il y voyait non sa petite Esprit-Madeleine jouant la morte, mais bientôt sa petite Esprit-Madeleine orpheline.

On lui avait dit, après la première, que le Roi s'était fort ému de cette scène, lui qui avait perdu l'an passé ainsi que la Reine la petite princesse Marie-Thérèse, leur fille âgée de cinq ans et deux mois. Sa Majesté avait fort applaudi le « Là, là, mon papa, je ne suis pas morte tout à fait ». Et l'index de son gant gris avait frotté ses yeux.

Tu vois, Molière, tes craintes étaient folles, ce Roi a encore du cœur. Du moins pour les enfants.

Il contempla le second intermède des coulisses, chanté et dansé par les femmes maures, allongé sur une bergère, les pieds sur une chaise et sous une couverture.

Il ne sentait plus ses mains et ses pieds commençaient à geler, lui semblait-il.

Le troisième acte se passa difficilement. Mais il tint la rampe. Jouer le mort devant sa femme et sa fille le reposa, mais aussi l'emplit d'une vague inquiétude. Etait-il si malin de jouer son propre cadavre, fût-il imaginaire ? Mais il tenta ainsi allongé de reprendre des forces pour le ballet, pour la cérémonie burlesque où Argan était fait médecin.

Il put danser, comme un ridicule, il put lancer ses vers de mirliton en faux latin. Puis sa voix se cassa. Il eut un hoquet avec un curieux goût dans la bouche. Il entendit le public broncher, on avait remarqué le malaise. Il se raidit, s'enflamma, se força, arriva au bout. Du spectacle et des ovations qui suivirent. Monsieur le Prince tint à le féliciter.

— Venez jouer chez moi à Chantilly avant que je retourne aux armées. Mais reposez-vous d'abord, Molière, vous êtes épuisé.

Molière bafouilla, Condé lui frappa doucement l'épaule.

— Car il ne faudra pas compter sur les médecins pour vous soigner.

Il entendit les rires fuser.

Riez, riez toujours, nous sommes là pour cela.

— Baron, je ne puis bouger.

Baron loua une chaise à porteurs, le fit mener chez lui rue de Richelieu.

Molière refusa un nouveau bouillon chaud, sûr de le vomir. Il n'avait envie que d'un morceau de parmesan avec un peu de pain et un verre de vin coupé d'eau.

Baron le coucha.

— Merci, mon ami.

Et aussitôt un flot de sang sortit de sa bouche. Ce même goût que tout à l'heure sur scène, ce goût de cuivre et de sel.

Puis d'autres jets.

— Va chercher ma femme.

Armande et la troupe étaient restées au théâtre du Palais-Royal, comme il sied après chaque représentation à succès, pour recevoir félicitations, invitations et fleurettes contées.

Baron partit en courant, ce n'était pas à plus de deux cents pas.

Armande lui demanda d'aller quérir un prêtre. A Saint-Eustache, on dit non. Rue Coquillère, on sortit toutefois un abbé de son lit. Quand on rentra rue de Richelieu, Molière était mort. Seul. Sans public. Il est vrai qu'il ne jouait pas.

A Saint-Germain, Condé parut à la Cour, et mena vers le Roi Armande Béjart.

— Sire, Molière est mort.

— Non, mon cousin, Molière est devenu immortel.

Bien, se dit le Prince ; il a lancé son mot, maintenant soyons sérieux. Il expliqua que l'Eglise refusait l'inhumation en terre sanctifiée et les sacrements. Le clergé avait encore *Tartuffe* en travers de la gorge.

— Molière reposera en terre chrétienne, Madame, je vous en donne foi. Et ses funérailles seront à Saint-Eustache où je fis ma communion. J'envoie ce jour un message à Monseigneur Harlay, archevêque de Paris.

Huit cents personnes accompagnèrent de nuit le corps de Jean-Baptiste au cercueil recouvert du poêle des tapissiers et porté par quatre prêtres renfrognés jusqu'au cimetière Saint-Joseph. On l'y enterra dans le carré des mort-nés, de ceux qui ne sont pas baptisés. Les comédiens sont des damnés.

Une dame de qualité certainement, vêtue de noir et portant au cou un ruban vert venu du costume d'Alceste du *Misanthrope*, s'approcha du trou creusé et lança un lis sur le coffre. Si l'on comptait bien, cela faisait quarante et un ans que Ninon de Lenclos n'avait pas assisté à une messe. Elle n'en trouva pas moins que celle-ci avait été trop vite expédiée. Mais, alors qu'on protestait sourdement contre l'emplacement de la tombe, elle jugea, elle, que c'était la meilleure place pour son vieil ami Molière : reposer parmi des bébés. Un autre cimetière des Innocents, qu'ils fussent ou non baptisés, qu'on fût ou non croyant, les sacrements de la vie, douleurs, amours, courage, talent, oubli, sanctifiaient mieux que ceux de l'Eglise. Elle paya de ses deniers une belle croix de marbre qui fut installée le lendemain, en sa seule présence.

On dit qu'on vola le corps dans l'année, pour le jeter aux chiens. Elle soupçonna les dévots ou bien les médecins, certainement pas des femmes savantes. Ce ne fut qu'une rumeur comme Paris sait les engendrer, les faire croître et prospérer puis les oublier, car nul n'alla regarder sous la croix de Ninon si Molière y reposait encore.

Il était dans le monde d'autres spectacles que les pièces de Molière. Comme ceux de la guerre. Eux ne feraient jamais rire les anges.

MAËSTRICHT, OU LA FUNESTE GLOIRE

La guerre avait un an déjà. Soldats et maréchaux la poursuivaient, mais ignoraient souvent pourquoi. Louvois était heureux, Colbert s'y était fait, le Roi comptait les victoires, Monsieur les avait remportées sans susciter de jalousie, cette fois. Turenne était aux anges, Luxembourg se trompait de sièges, les noms de villes changeant entre les cartes françaises et les panneaux bataves.

La gloire à petits pas engendrait une sourde haine née de la peur et cela sur tout un continent. La trop parfaite mécanique royale muait en machine infernale.

Tout était parti d'un bon sentiment — les bonnes intentions comme les bons sentiments finissent par paver les rues de l'enfer.

Monsieur avait bien mérité du Royaume en lui apportant le Palatinat, que d'ailleurs Turenne allait ravager sous peu, mais ce ne fut pas là acte prémédité. Aussi le Roi qui n'oubliait jamais fit-il à Monsieur un cadeau inespéré : commander en second et sous ses ordres, mais au-dessus de Condé et au-dessus de Turenne, ses armées. Lorsqu'il en avertit Philippe, celui-ci se jeta aux pieds de Louis et lui baisa les genoux.

— Ce n'est pas ainsi, Monsieur, que deux frères doivent s'embrasser.

Et il le releva. Monsieur sanglota sur l'épaule de son Roi. La Reine regarda cette scène d'un œil froid, Madame avec angoisse, de plus en plus attachée à son petit freluquet trop élégant. Dieu fasse qu'il ne soit pas un héros, mais un prudent. Elle n'avait aucun goût pour le veuvage.

Le freluquet était un héros sans en avoir l'apparence. Il possédait cet héroïsme dans le sang, celui de son grand-père le grand Henri IV, et de son père Louis XIII qui n'avait jamais failli à grimper à l'assaut. Et du côté de maman, Anne d'Autriche, on comptait aussi de vaillants conquérants et de grands capitaines. Tout ce sang batailleur et avide de gloire battait plus fort en Monsieur que dans les veines du Roi, car chez Monsieur le tumulte de ces flots-là avait été plus sévèrement endigué. On ouvrait enfin les vannes. L'ancienne guerre de Dévolution dans ces provinces du Nord lui semblait une mascarade, un carrousel, un ballet, où il avait à peine eu le droit de danser, car il l'avait fait trop bien. Cette fois-ci, il avait à sa botte une guerre, une vraie.

L'équipage de Monsieur était important. La guerre était sa nouvelle fiancée et comme pour Liselotte, qui avait pleuré à son départ — et ces pleurs avaient plus fortement ému cet étrange mari que jamais il ne le fut —, il avait avec lui douze pages, ses cent gardes, ses mulets, ses chariots bourrés de bagages, plus le bronze des canons, et il avait revêtu une cuirasse bleue fleurdelisée. A peine moins de rubans sur les épaules et dans les cheveux.

A côté de lui, ses propres officiers généraux, le Chevalier de Lorraine et le comte de Gardane. Il commandait aussi, dans la cavalerie, au comte de Guiche qui fut l'amoureux de l'ancienne Madame et qui se comportait bien. C'est grâce à lui que le passage d'un bras du Rhin au gué de Tolhuis, simple effet de la fougue de la jeunesse se jetant à l'étourdie dans les flots sous la maigre fusillade d'une petite garnison hollandaise vite débandée, devint la grande affaire magnifiée et chantée. Boileau en fit une épopée, et Van Der Meulen un grand tableau de bataille, avant qu'on en peigne bientôt le plafond de la Grande Galerie de Versailles, pas encore nommée galerie des Glaces. Monsieur prit Guiche dans ses bras, toute jalousie morte avec feu Madame, le mena à la tente du Roi, qui réfléchissait au parti à tirer du passage de ce cours d'eau, en génie de la propagande. Ce furent félicitations, bonnes paroles, présentations aux grands guerriers, douces remontrances sur le danger de se jeter ainsi à la téméraire dans la mêlée. Au fil des mots l'action d'éclat enflait d'elle-même, et ceux qui n'y avaient pas assisté partirent, persuadés que Guiche revenait sain et sauf, et vainqueur, d'une furieuse mêlée.

Quelle belle année Monsieur avait passée ! Il avait pris Orsoy et Rhimberg, poursuivi l'ennemi au pays de Gueldre et pris Zutphen. Levé avant l'aube, à la tête de ses huit mille hommes, de six canons, il passa quatorze heures à cheval, fit tirer, fit saper, ouvrit une brèche, et au soleil couchant la place se rendit. Le Chevalier de Lorraine avait repoussé toutes les sorties des assiégés. Monsieur restait droit sous les tirs de boulets, encourageait ses troupes qui l'acclamaient et à leur profit distribuait vivres et bouteilles tirés de ses vingt-quatre chariots. Puis il s'habillait pour le souper.

Le bourgmestre, les échevins, deux officiers vinrent offrir les clés de la ville. Ils préféraient se rendre à Monsieur qu'à quiconque, car cela se savait dans l'armée et aussi chez l'ennemi, des deux côtés les espions abondaient, invention intelligente de M. de Louvois, que Philippe d'Orléans, s'il aimait le combat, haïssait la barbarie, le viol, le carnage, le pillage et l'incendie.

Les habitants de Zutphen ne subirent aucun dommage. Gardèrent les privilèges acquis. Monsieur y fit son entrée dans un fracas d'artillerie tonnant la victoire, comme les canons annoncent la naissance d'un prince, et c'était sa seconde naissance, sous les sonneries de trompettes, entouré de ses gendarmes et de ses gardes, de ses gentilshommes revêtus de dorure, de plumes et de dentelles, le visage clair sous une énorme perruque, la taille affinée par sa cuirasse ceinte de l'écharpe blanche du commandement, ornée du ruban bleu du Saint-Esprit. Nul Batave n'avait vu ennemi vainqueur plus élégant et plus galant. Cela devenait un plaisir que de se rendre.

Monsieur ne s'endormait pas sur ses lauriers, il écrivit à Madame Palatine une lettre aimante et deux jours après jetait aux pieds de son frère vingt-neuf drapeaux et deux étendards pris à l'ennemi à Zeist.

Il était l'homme le plus glorieux de cette armée qui remportait tout ce qu'elle engageait, mais aussi le plus intelligent. Il sut s'effacer devant son frère, vers qui, seul, devaient monter les acclamations, les hommages et les vers flagorneurs des poètes.

Au contraire de la guerre précédente, celle de Dévolution, Louis ne marqua nul dépit de la belle conduite de Philippe. Il voyait que ses soldats aimaient le courage sans ostentation de Monsieur, son humanité envers ses troupes et ses blessés, ses manières affables quand il commandait. Il songea un instant que son frère plus jeune était aussi un bon modèle pour l'armée.

Les soldats et le peuple aimaient ce cadet orné comme une châsse. Il n'était pas le Roi, ne le serait jamais. Ne tentait pas de l'être. Monsieur était simplement le premier des sujets. Le premier d'entre eux. Leurs cœurs allaient donc vers lui avec un naturel que le cœur de Philippe leur rendait sans afféteries, les ornements à profusion étant un masque, que soldats et peuples ne voyaient plus, allant à l'essentiel, la vérité de son être : un général brave, généreux et plein de compassion.

Rentré à Saint-Cloud en août, il offrit au Roi une fête digne de Fouquet pour célébrer les victoires du monarque et fut ému aux larmes de l'accueil tendre et enthousiaste de cette autre citadelle conquise, Madame.

Et puis Monsieur avait enfin sa grande cascade, son théâtre d'eau commandé à Le Nôtre et pour lequel Colbert avait accepté de payer. Sans ronchonner. Que refuser à un héros couvert de gloire ?

Molière y avait joué *Les Femmes savantes*. Depuis, il était mort.

Et Madame fut enceinte. Monsieur en fut ravi. Avec une sourde honte qui remontait à son premier mariage, où les étreintes destinées à engrosser Henriette d'Angleterre, coqueluche de la Cour car du Roi, avaient pour sournois dessein de ruiner sa beauté et sa santé. Il avait alors réussi.

Monsieur et la nouvelle Madame, dont ni la beauté ni la santé ne craignaient rien, commençaient sans le savoir dans leurs travaux de lit la création d'une lignée dont les rejetons, les rameaux et autres boutures entreraient dans toutes les familles régnantes. Monsieur entamait un avenir imprévu et inimaginable pour lui, qu'il ne connaîtrait pas et qui l'aurait bien étonné : sous ses fards, ses mouches et ses rubans, il se sacrait grand-père de l'Europe.

Ses devoirs remplis, il retourna en guerre, comme savaient le faire naguère les preux chevaliers quand leur suzerain ordonnait le ban. Ou que Dieu voulait une croisade.

Depuis son remariage, Monsieur était heureux. Le Roi le savait, s'en félicitait et refusait que la moindre jalousie (il en eut et sut la maîtriser) ternît le bonheur de son cadet.

Sur le théâtre de la guerre, le Roi triomphait et, curieusement, hésitait. Ce n'est pas si curieux, une suite de triomphes, les victoires à répétition — sur terre, car sur mer, les Hollandais du gros amiral Ruyter menaient rudement les flottes anglaise et française, jouant des bancs de sable, des îles de Frise, mais on le taisait le Roi n'étant pas marin —, cette immense conjonction de lauriers peuvent enivrer. Et on pense mal durant l'ivresse d'où sa prudence hésitante.

Après Zutphen, Doesburg, Arnhem, Nimègue, Bomel tombées, restait Amsterdam, la ville riche, le chef-d'œuvre du Nord, le port de commerce et de guerre. Il suffisait de foncer, galoper, traîner les canons, il suffisait que les fantassins — le Roi interdisait que l'on dît la piétaille des soldats de Sa Majesté — avancent à marche forcée sous ses murs, il suffisait de paraître et Amsterdam tombait.

Une ambassade hollandaise menée par Peter De Groot vint offrir autre chose au Roi, dix millions, la ville de Maëstricht, le Brabant. Contre Amsterdam épargné.

Sur les conseils de Louvois et Turenne, cette offre mirobolante inespérée fut refusée. Il s'agissait d'humilier les Bataves en drap noir, et de conquérir ce que ces hérétiques osaient offrir.

Le protestant ne souffre pas l'humiliation. Et l'honorable désespoir peut ne pas être un péché, mais au contraire, quand tout est perdu, la simple envie de se jeter dans les mains de Dieu.

Les Hollandais ouvrirent alors les écluses du Zuydersee à Muyden, inondant tout le « pays creux ». Amsterdam devint une île et les armées de Louis furent arrêtées par les eaux. C'était Josué arrêtant la course du Soleil. *In conspectu meo, stetit Sol.* La médaille de Conrad Van Beunigen montrée naguère par Louvois n'avait pas menti. Louvois ne le rappela pas à Louis.

Luxembourg fut inexorable sur les territoires occupés, mais on cachait à Louis la sauvagerie, les pillages, la cruauté. Louis ignorait que sa volonté absolue qui réglait toute affaire en son Royaume en ignorait beaucoup d'autres. Louis ignorait qu'il était isolé et qu'on lui cachait ce qui pouvait déplaire. Un système politique s'installait sans son assentiment et M. de La Reynie ne participant pas à la guerre, il en avait une autre à poursuivre dans Paris, ne l'informait pas du changement sournois qui s'opérait ainsi dans l'entourage du Roi. Simplement avait-il des exemplaires de libelles odieux, d'estampes, qui venaient d'Allemagne, des Provinces-Unies, remarquablement gravées par Romain Hooghe, qui décriaient avec violence les horreurs commises, au village de Bodegrave rayé de la carte, lui et ses habitants, à Swammerdam, cher à Guillaume d'Orange.

Ces choses arrivaient jusqu'à Paris, mais se répandaient aussi dans l'Europe entière. Et jusque chez nos alliés marins d'Angleterre. L'Anglais protestant reprochait à son Roi Charles une alliance avec de tels barbares et sa tentation de revenir au catholicisme. La guerre contre les fromagers et les drapiers, Lionne l'avait un jour à peine évoqué, cette guerre allait déchirer le système d'alliances, argument balayé par Louvois et le Maître de guerre du Roi, Turenne, cette guerre alarmait un continent entier et ne demandait qu'à s'y étendre.

Louis ignorait que Guillaume d'Orange, petit-fils du Taciturne, le haïssait, haïssait la France et décidait de combattre à mort ce qu'il exécrait. Quelle importance que la haine de qui on méprise ? Rien si ce n'est qu'elle devient une faute politique.

Louis ne peut s'imaginer fautif quand les drapeaux ennemis gisent à ses pieds, quand Louvois trépigne de joie en apprenant que le château de Guillaume a brûlé à Swammerdam. Mais déjà l'Espagne et l'Empire songent à entrer dans la danse.

Turenne brûle là où il va pour les en empêcher. Au nom d'un « salutaire effroi ». France, mère des Arts, des Armes et de la Barbarie.

Les Hollandais fuient leur pays vers Hambourg, vers Vienne, vers leur lointaine colonie d'Indonésie. D'autres enfouissent leurs richesses. Un pays est démantelé au nom de la gloire d'un roi qui ne sait plus le motif de sa guerre.

Louis père de la France et de deux nouveaux enfants, un de la Reine, un de Montespan. Souvent les grossesses sont à égalité dans la double vie du Roi. Il en tire sourdement une assez sotte fierté. Louis avait autour de lui des mauvais génies, mais montrait un plaisir malsain qui le troublait parfois à suivre leurs conseils que sa raison pourtant, raison calme et sûre, froide et austère, lui demandait de refuser. Mais que peut la raison devant l'ivresse de gloire d'un homme qui se venge inlassablement de son enfance maltraitée par les grands, quand son frère cadet s'en accommode et la transforme en courage ? Oui, mais c'est que le frère n'est pas Roi. Un potentat, un satrape, dirait Philippe, a réponse à tout, de préférence contre sa propre raison. Ecouter Luxembourg dire : « J'ai pris plaisir à voir brûler la maison du prince d'Orange et celle de son favori, le Rhingrave, deux des plus jolis châteaux imaginables » lui paraît facétie de vieux soldat un peu rude. Entendre Louvois affirmer que « si les Hollandais étaient des hommes, la conduite des armées serait punissable, mais ce sont des bêtes qui se laissent mener par des gens qui ne songent qu'à leurs intérêts », lui tire même un sourire.

Et puis y a-t-il plus beau que le siège d'une ville qui le mérite ?

Ce qu'on lui avait offert, Louis le désirait par la force. Et aujourd'hui devant Maëstricht, l'affaire serait plus que belle. Il dépêcha à Colbert un messager pour réclamer des peintres, car « il y aurait à voir et à se rappeler ».

La vieille ville fortifiée paraît magnifique au bord de la Meuse. Un pâle soleil tombé des ciels que peignent les Flamands en baigne les toits, les créneaux, les églises devenus temples de la RPR, la religion prétendument réformée. Et qu'on va rendre au vrai culte.

Un chef-d'œuvre à assiéger donnera forcément un chef-d'œuvre de siège, spécialité militaire de Sa Majesté. Un siège au printemps, quel bonheur est plus grand ? Il a trente-cinq ans, la gloire n'est pas encore totale. Ici, entre le pays de Liège et le pays de Juliers, il va faire tomber cette enclave batave.

Il contemple la triple rangée de bastions, les remparts superbes.

Il tient à ses côtés d'Artagnan qui mènera l'assaut et le plus jeune Sébastien Le Prêtre, seigneur de Vauban, ingénieur, architecte, visionnaire dont Louvois s'est entiché et dont Louis s'étonne des merveilleuses idées. C'est lui qui dirige la sape, les tranchées en réseaux. Le Roi est confiant entre ses deux maréchaux de camp, d'Artagnan et son courage, Vauban et ses mathématiques, ses tirs rasants, la nouveauté de sa pensée, l'audace de ses projets. Même le cavalier écoute ce que dit le maçon, lève le sourcil, hoche la tête. Le Roi craignait une hostilité entre ces deux générations, ces deux conceptions de la bataille. Au contraire, il saisit dans le silence de d'Artagnan devant Vauban volubile, expliquant tout, traçant à même le sol des dessins de géomètre, une secrète approbation, voire une admiration.

— Après ces travaux tels que les conçoit M. de Vauban, je mènerai l'assaut comme on va à la revue. Que n'êtes-vous né plus tôt, Monsieur, nous aurions évité bien des tueries.

Vauban rosit sous le compliment. Il sait que le Capitaine général des Mousquetaires, Brigadier général de la cavalerie en cette campagne, est plus économe de la vie de ses soldats que de son propre sang. Vauban apprécie chez les hommes ce qui les rend hommes, et sait que, s'il doit vaincre l'ennemi, il n'est point dans son emploi de le massacrer. Ils sont faits pour s'entendre.

— Monsieur le Brigadier général, ce sera quand même un assaut et c'est vous qui y monterez, moi je ne ferai que vous admirer de loin derrière ma lunette.

Ainsi, pensa Louis, l'ancien et le nouveau temps se rejoignent sous mon règne. C'est par ces mariages-là que l'on change le monde.

Il est à craindre que Louis, ne voyant que lui, voyait mal ce monde qu'il changeait en effet... mais comment ?

Il fallut douze jours pour que Maëstricht tombe. On tira beaucoup au canon, on écrasa la ville sous les boulets incendiaires, on mena dix-sept assauts, d'Artagnan bloqua quatorze sorties. Et lança ses troupes par un magnifique soleil. Le vent soufflait de la mer jamais loin en ces terres.

— Messieurs, il serait temps que cette ville soit nôtre. Le Roi nous regarde.

Les boulets tombaient près de lui, les défenseurs savaient ce qui se préparait et s'épuisaient à retarder l'inéluctable.

— Messieurs les Mousquetaires, sortez de la tranchée.

Le Roi regardait à la lorgnette.

— Allez, d'Artagnan, prends-moi cela !

La canonnade redoubla, les troupes bleues avancèrent, une brèche s'ouvrit dans la muraille dont un pan s'écroula.

— Monsieur Vauban, votre sape a remarquablement rempli son emploi.

Et le Roi se détacha de sa lorgnette.

— Je crois, messieurs, que c'est aujourd'hui que l'affaire sera faite.

Vauban continuait à lorgner.

— Sire...

Le Roi se retourna.

— M. d'Artagnan vient de tomber.

Le Roi resta immobile. Les troupes bleues se ruaient dans la brèche. Un petit groupe entourait son général.

— Qu'on porte son corps sous ma tente.

Nul ne dit mot. Monsieur, qui ne participait pas aujourd'hui à l'assaut, écrasa discrètement une larme.

Notre enfance est morte. Il en était le dernier gardien. Soyons des hommes dignes de lui.

Sur la civière, le grand corps mince, presque maigre, le visage ridé buriné enfin adouci par le repos. Son jeune cousin et enseigne, le comte de Montesquiou, lui avait fermé les yeux, puis avait couru prendre la tête de la compagnie. Il se tenait à côté du grand soldat couché.

Devant lui, debout, un Roi, Monsieur son frère, deux maréchaux et le prince de Condé à la botte droite fendue depuis le début de cette guerre. Sinon il n'aurait pu marcher. Les pansements de son pied goutteux étaient tachés de sang.

Des statues funéraires, des candélabres brillant de leurs ors. Ils mirent chapeau bas. Silencieux. Que dire quand meurt un grand soldat à la guerre ?

Au loin le canon se tut, les tambours battirent la chamade, et levant la tête les cinq orants virent le lis royal flotter sur les remparts, sur les clochers, sur les tours. Maëstricht était pris.

— Messieurs, dit le Roi, la gloire et d'Artagnan ont le même linceul.

La parole était venue ainsi, issue de sa pensée. Cette pensée qu'il avait maîtrisée car elle voulait galoper vers son enfance, comme il le voyait à son visage et à ses yeux embués, celle de Monsieur galopait. Il refusait de pleurer un homme qui depuis toujours avait veillé sur eux, sur lui surtout, « faisant le chemin » à son Roi, trois pas devant lui avant de s'effacer. Louis savait trop bien et il voulait éloigner ce savoir, que voir le cadavre de d'Artagnan était aussi voir le cadavre de sa jeunesse, de son enfance. Comme dans ces contes que lui lisait dans sa chambre La Porte, valet chéri de sa mère, à son coucher et dont la fille, depuis, avait épousé un marquis. La mort d'un preux chevalier, d'un héros de roman amenait ses larmes à couler. Voilà ce qu'il refusait tout en le vivant à l'instant.

En contemplant ce visage où ne s'élèverait pas un sourcil, le droit, tic immuable quand un spectacle l'étonnait ou qu'un danger pouvait surgir pour son roi, Louis se refusa toute nostalgie et serra fort le bras de son frère. Philippe le regarda, comprit sans doute et ses yeux séchèrent.

— Oui, Sire mon frère, la gloire aussi peut avoir un linceul.

La pensée même que le Roi s'était interdit d'accepter au moment où il l'énonçait. La gloire de ce moment où cette ville superbe, ville forte, clef de la victoire, tombait, cette gloire pouvait mourir un jour, bientôt peut-être, et comme ce soldat disparaître à jamais. Cette gloire qu'il avait cherchée toute sa vie, revendiquée même.

Qui lui avait mis ces mots dans la bouche, qui les lui avait fait prononcer ? Annoncer ainsi la mort de sa gloire en pleine victoire.

Le Roi sentit le trouble monter en lui. L'hésitation qu'il détestait tant et le poussait à lâcher un « Je verrai ». Etait-ce une intuition que tout pouvait mal finir, était-ce une révélation comme certains saints en ont avant de se livrer totalement à Dieu ?

Louis trembla sous sa cuirasse. Si on le voit, je dirai que c'est le froid. Alors que retentissaient les hourras de la victoire, que les troupes en bon ordre — le Roi étant là — pénétraient dans la ville pour la préparer à accueillir son vainqueur, Louis ressentit la peur de l'avenir.

Peur raisonnable : l'Empereur, la Régente d'Espagne, le Duc de Lorraine, le Prince d'Orange signaient la grande alliance de La Haye. Allaient les rejoindre le duc de Brunswick, l'Electeur de Brandebourg, tous ceux du Saint Empire, les princes-évêques de Münster et de Cologne.

Condé n'aurait pas le temps de soigner sa goutte. Turenne était aux anges. Louvois triomphait.

L'avenir était tissé d'une longue suite de guerres. Elles n'allaient pas cesser. Et ne se termineraient pas par des victoires. Louis l'ignorait mais, en lui, quelque chose l'avertissait que la fête allait se terminer.

ACTE TROISIÈME

DE LA TRAGÉDIE

Des héros de romans fuyez la petitesse ;
Toutefois aux grands cœurs donnez quelques faiblesses [...]
Il faut dans la douleur que vous vous abaissiez.
Pour me tirer des pleurs, il faut que vous pleuriez.

BOILEAU

SOLEIL DE NUIT, OU QUAND LE MONDE SE FIGE

Alors se déclara, dans le royaume de France, une étrange maladie. S'il fût un être vivant — mais un royaume n'en est-il pas un comme tout ce qui est d'humaine facture ? —, on dirait que la tête gela quand le ventre connut des fièvres intestines.

Le temps semblait s'être arrêté. Depuis la mort de Mazarin, le Roi et tout ce qui l'entourait n'avaient été que mouvement. Il n'en subsistait que son amour du grand air, du vent et des chevauchées, les ballets auxquels il avait renoncé pour ses trente ans, mais dont il appréciait encore le spectacle, immobile dans son fauteuil de velours rouge aux pieds dorés, les amours bien sûr, ou du moins les étreintes, mais Fontanges était sotte, la Princesse de Monaco intrigante, Olympe Mancini, comtesse de Soissons, titre prodigieux, bêtement ambitieuse, qu'il refusera de voir et elle subira une violence à laquelle il ajoutera une humiliation : une pension pour qu'elle disparaisse à jamais de sa vue. Montespan, la Mortemart, d'une merveilleuse intelligence gâtée par l'arrogance, suivie de cette veuve Scarron, qui s'occupait des bâtards, silencieuse, frémissant sous les avanies, mais tenant bon. Bien sûr, les courtisans voletaient, se pressaient aux levers, il y en avait deux, aux entrées, il y en avait trois, au coucher, et manquaient défaillir quand d'un signe Sa Majesté désignait qui tiendrait le bougeoir : heure de gloire qui changeait chaque jour. Mais ils étaient enchaînés à un rituel, comme les comédiens sur la scène de théâtre, éclairés par des bobèches plutôt que par le jour, suivent seulement le texte et les indications du chef de troupe sans plus jamais avoir le droit d'improviser.

Il pouvait y avoir des guerres. Mais elles étaient surtout des parades, des revues et des sièges. Le Roi aimait assiéger les villes plutôt que mener les charges de cavalerie. Ainsi pouvait-il y inviter les dames, comme au théâtre encore. Qui savait mener un beau siège était sûr de son bâton de maréchal. Alors il y aura de plus en plus de guerres, mais qui ne seront pas, elles non plus, l'image du mouvement. Ni celle de la victoire.

Le théâtre même se figeait depuis la turquerie endiablée du *Bourgeois gentilhomme*, inspirée du passage de Soliman Aga, l'envoyé de la Sublime Porte à la Cour. Un vent d'Orient dans une cour de glace. Et le *Bourgeois* avait mal caché la maladie de Molière ; comme les hoquets d'Harpagon, d'un ridicule raffiné pour la Cour, n'étaient que les marques de sa souffrance et de l'évolution du mal qui lui avait rongé les poumons et les bronches.

Le Roi n'aimait pas les nouvelles têtes. Il mit deux ans à s'habituer à la veuve Scarron auprès de ses enfants bâtards et ne la toléra que pour ses soins remarquables au jeune duc du Maine, son aîné adultérin avec la Montespan dont la santé délicate l'inquiétait mais que la Scarron savait, elle, soigner ; du moins veiller. Bien sûr, à la Cour arrivaient de jeunes nobles, de jeunes filles de grandes familles qui lui étaient présentés, mais ce n'était là que renouvellement de l'espèce comme ces naissances de chiots dans ses chenils. Parfois renouvellement bien éphémère de l'amusement.

Le Soleil était une statue de glace dans un monde figé. Parfois cette idée d'immuabilité frôlait un esprit un peu plus délié ou qui se détachait l'espace de quelques secondes des éternelles obligations de paraître. La marquise de Sévigné, qui paraissait peu — vivant à Paris ou en Bretagne —, mais paraissait tout de même, sentit ce frimas qu'elle attribua à celui qu'elle nommait malicieusement le Nord, Colbert.

Colbert vieillissait, ronchonnait, réglementait, s'enrichissait, mais fondait devant un plus grand iceberg, plus jeune aussi et plus brutal, Louvois.

Un très jeune nouveau venu, qui avait à peine seize ans, héritier d'un des favoris du feu Roi Louis XIII, et qui n'avait pas les yeux dans sa poche mais plutôt en trous de serrure par lesquels on voit ce qui devrait rester celé, résuma un jour l'état de la Cour :

« Avec un almanach et une bonne horloge, fût-on à huit cents lieues, on saurait à tout instant où est et ce que fait Sa Majesté. » Le jeune Louis de Rouvroy, vidame de Chartres et qui prendra bientôt le titre paternel de duc de Saint-Simon, qui rêvait de carrière militaire et de la casaque des Mousquetaires, avait l'esprit lapidaire. Il avait franchi le Rhin avec grâce et courage dans la folle équipée de Guiche et fut félicité par son Roi.

Le royaume s'enfermait en lui-même quand ses armées franchissaient ses frontières. Paris tenu d'une main de fer par le Lieutenant général de police, La Reynie, avait vu ses fortifications démolies, et certaines pierres servaient de soubassement aux nouvelles « salles de verdure » des jardins de Versailles, ce palais au grand air. Cette récupération réjouissait Colbert qui n'avait pas à payer carriers et marbriers. Les armées étaient tenues au mors par Louvois le brutal. La religion du royaume échappait peu à peu au Pape pour dépendre du Roi, et les esprits qui voyaient autrement Dieu qu'en Capitaine de son Lieutenant sur terre, s'enfermaient déjà en eux-mêmes, avant que le Roi ne les punisse d'autres prisons.

La Cour remuait, mais ce n'était qu'agitation et non mouvement.

Cela ressemblait aux soubresauts avant la mort. Palpitation de veines et de cœur çà et là, mais *rigor mortis* ailleurs. Louis le Secret, devenu Louis le Grand par choix du Parlement, s'enfermait en lui-même tout en fendant la bise, la pluie, les intempéries, ouvrant chaque fenêtre des lieux qu'il habitait. Il glaçait le temps en enrhumant ses gens. Sauf Madame qui adorait chevaucher en tout climat avec ce délicieux beau-frère.

Il arrivait au Roi, qui dans sa jeunesse se figura Apollon, de se penser homme. La vieillesse n'était point là mais déjà ses renoncements montaient à l'assaut de l'esprit. Le corps était d'un jeune homme, mais les dents se gâtaient. Les cheveux étaient tombés et tombaient encore par poignées, comme cela était arrivé à son père. Souvent des douleurs de ventre le tenaillaient ou plutôt le traversaient, tels des coups de dague. Sa bouche s'enflammait. C'était à hurler. Il ne hurlait point.

Il se réconfortait dans le lit de maîtresses furtives ou imposées longuement à la Cour. Une avait fui au Carmel, la douce et ravissante La Vallière qui fit d'abord pénitence sur terre à la Cour, au service de Montespan pour mieux mériter le pardon et le ciel. Or Louis détestait qu'on le quittât. Oublions-la comme il l'oublia, elle fut dans son esprit déclarée morte. Mais cette indifférence qui lui fut si longtemps étrangère et qu'il ressentait désormais n'était-elle pas aussi un des assauts de l'âge, un assaut plus perfide que les douleurs du corps, une sape sous une muraille comme lorsque Vauban dirige le siège d'une ville ou d'une place forte et qu'on en veut écrouler les défenses ?

Les murailles du Roi tombaient.

Mon cœur sèche et pourtant mes yeux pleurent au moindre malheur.

Alors le Roi allait chevaucher, chasser, avec la Palatine, ou le loup avec le Dauphin qui en réduisit considérablement le nombre dans toute l'Ile-de-France, roulait carrosse pour visiter ses enfants, les légitimes et les bâtards. Il quémandait près d'eux une affection que son statut et sa statue interdisaient qu'on lui montrât sans qu'il sût lui même trop la montrer. Peut être réussirait-il en la jouant. Il devenait comédien, était devenu comédien, se voulait comédien de son propre idéal. C'est ainsi qu'est un grand homme ou du moins ce qu'on en voit. Le Roi était bien un homme, mais désormais ce nouvel emploi ne lui déplaisait pas, du moins l'acceptait-il.

Dans cette apparence neuve, apparence qui était sa réalité profonde, il se reposait de la comédie du paraître et songeait, et savait en songeant, que cette comédie pouvait se muer en tragédie. Avait-on ri tant que cela au *Misanthrope* de Molière ? Devenait-il un Alceste qui rêverait de foule et non plus de désert et collectionnerait les Célimène comme il collectionnait les peintures italiennes ou de Le Brun ? Ne pas trop s'interroger sur soi devait être la nouvelle règle, mais au contraire renforcer le paraître. Le paraître est un désert personnel, simplement est-il surpeuplé de courtisans.

Il construisait Versailles, touchait presque au but, songeait d'abord y installer le gouvernement, bientôt toute la Cour, et rêvait dans le même temps d'un pavillon plus intime, où il serait seul, ne recevrait que sur invitation, pourrait penser sans pression. Il avait demandé à M. Hardouin-Mansart d'étudier cette affaire, et de l'installer du côté de Marly, un endroit qui semblait déjà un jardin, comme cela, au naturel, pour une fois la nature l'aiderait et, non pas comme en ce lieu venteux de Versailles, serait à dompter.

« Que ne suis-je assise à l'ombre des forêts ? » Un vers de la *Phèdre* de Racine le hantait souvent et il lui arrivait de le rabâcher tout en marchant. Le Roi marchait dans les allées, les galeries, au rythme d'un alexandrin, comme les soldats au rythme des tambours. Etrange besoin de solitude d'un homme entouré de huit mille personnes, des princes à la valetaille, car tel avait été son désir.

Il doit bien exister dans les livres un adage latin sur cet état d'esprit qui est aussi état de fait, mais le latin était bien loin et il n'y avait guère brillé à l'âge de ses rudiments.

Ce qui amena un sourire sur le visage de cire encore beau, peut-être même plus beau, car mieux sculpté par la vie, plus grande artiste encore que M. Coysevox qui tira du marbre le plus superbe buste du Roi. Un Roi humain, à grandeur humaine. Fini le camouflage sous les traits d'Apollon, seule compte désormais l'image vraie du Roi. Le reste n'était que barbouillage de la comédie du paraître, la préparation des esprits à l'adoration personnelle, et comment commencer mieux que par l'image du plus beau des dieux ?

Son nez coulait en cet instant et le Roi se moucha dans sa manchette. S'il était enchifrené, ses yeux deviendraient chassieux. Il fallait forcer cela à coups de grand air, de froid et de chevauchée.

Or il n'était point l'heure, mais celle des ambassades. Le Roi était prisonnier de l'horloge invisible dont il avait lui-même usiné le mécanisme patiemment comme un prisonnier scie délicatement, lentement, longuement les barreaux du jour de souffrance de son cachot. Enfermé dans une mécanique parfaite, sans rouages visibles, Louis comprit que rien de ce qui est mécanique n'est humain.

Pourtant, Dieu, qu'il se sentait humain jusque dans la faiblesse ! Mais il découvrit qu'il n'avait plus de modèle, car quoiqu'il s'en fût toujours défendu, il en avait eu : sa mère, Mazarin. Son ancien Capitaine des Gardes, Guitaut, dont il surveillait désormais la carrière des neveux, les Comminges, leur offrant commandement dans les régiments et gouvernements de places-fortes. L'un d'eux fut aide de camp du Roi, Louis voulant comme il disait un Guitaut près de lui, en hommage à sa mère la Reine Anne, et lui parlait avec une familiarité non coutumière. Le Roi, parfois mutin, surtout quand il était aux armées, ayant appris par ragot militaire, où le rude langage est de mise et ne choque pas les dames, qu'un neveu du Guitaut qui protégea son enfance, celle de son frère et la sécurité de sa mère alors Régente, était des mieux doté par la nature, ce dont bien des dames auraient pu témoigner, appela certains mortiers de fort calibre des comminges. Comminges n'en fut pas enchanté, mais le trait venant du Roi, il avala la couleuvre. Une manière aussi pour lui de confirmer son titre de comte qui n'était guère assuré ; était noble qui le Roi désirait qu'il le fût, au grand dam de Madame plus à cheval encore que son mari sur les généalogies.

Le Roi n'oubliait jamais une fidélité et lui-même rendait hommage à cette déesse d'allégorie quant à ses amitiés. Un Roi a besoin d'amis qu'il ne peut avoir. D'Artagnan aussi et son rude langage restaient présents à son esprit comme un regret. Les remords viendraient après.

Je suis bien loin d'Apollon dont je multiplie les images. Il souriait alors que tôt ce matin Quentin de la Vienne lui passait sa perruque courte, « à la brigadière ». Je n'ai plus pour modèle que moi.

Ce matin il déroge à la règle des levers. Ce matin, le Roi a précédé l'horloge, bouleversé l'ordre du temps, et nul ne le saura à part un perruquier et deux garçons bleus. Ce matin le Roi veut une heure à lui, rien qu'à lui.

Une heure grave.

La gravité de cette heure est saluée par le ciel qui lui aussi étire sa nuit. Chaussé de mules, désormais coiffé, le corps à l'aise dans la douceur d'une chemise propre sous sa robe de chambre fourrée et damassée, le Roi s'offre un premier lever secret, répétition générale du premier acte officiel de sa représentation en matinée. Il recommencera tout à l'heure, après sept heures et demie. Comme s'il ne s'était rien passé avant, comme s'il avait dormi jusqu'à l'heure dite. Il n'a pas dormi.

Il est bon de déroger en secret aux règles de la machine.

Il fait ouvrir les fenêtres sur la nuit.

Il n'ose encore entamer le travail qu'il s'est fixé pour cette heure volée à la vie de la Cour. Il contemple le noir du ciel, le noir des arbres sur le noir du ciel, le reflet plombé de l'eau noire d'un bassin sous le ciel noir. Pas de lune, ce regard indiscret tombé du firmament.

La couverture de maroquin du rapport qu'on lui a laissé la veille et qu'il a promis d'étudier au calme, hors des obligations de paraître, d'écouter les requêtes dans l'embrasure d'une fenêtre, d'assister aux Conseils, de dire un mot gracieux à qui l'a mérité, de passer sans le voir devant un duc à punir, de couler en revanche un regard vers une dame qui lui plaît, et elles lui plaisent de plus en plus l'âge venant, de lire les dépêches de la guerre, là-bas au loin du côté du Rhin, de préparer des édits contre ces Messieurs de la religion prétendument réformée, de fermer peut-être aussi Port-Royal et d'en disperser les faux nonnains jansénistes, les résultats du retour à l'ordre mené par Louvois dans les « émotions populaires » de Guyenne et de Bretagne, cette couverture de cuir du même noir que la nuit le fascine et l'apeure.

Il n'a pas voulu l'ouvrir au Conseil. Il sait ce que contient ce dossier. S'il n'en connaît pas le détail, il n'en ignore pas l'idée générale.

Et il en craint la conclusion.

Un dernier regard aux arbres fantômes noirs mouvants sur un ciel d'encre, où brillent trois étoiles, les autres sont derrière des nuées indiscernables.

Un soupir.

La main ouvre la couverture de maroquin. Le Roi lit le premier rapport, sachant qu'il sera épouvanté.

M. de La Reynie a le sens du détail révélateur, mais aussi l'esprit de synthèse, M. de La Reynie a pris la peine d'étudier au contraire de cette meute aristocratique qui se vante de ne rien connaître sinon le présent que le Roi leur a infligé comme une éternité de plaisirs ou de géhenne. M. de La Reynie a fait ses humanités et connaît l'histoire

M. de la Reynie sait écrire, écrit bien et file à l'essentiel. Il sait aussi à la perfection son métier de policier.

Trois ans d'enquête et tout est là.

Et si le ciel restait noir ce matin, comme s'il prévoyait que bientôt il serait obscurci de la cendre des bûchers ?

Le Roi Louis lit.

Il s'oblige au calme, à la froideur de cœur et d'esprit. Sa mémoire doit tout enregistrer, car ce dossier aussi risque de connaître les flammes, non des bûchers mais de l'âtre où les valets bleus ont sur ordre activé le feu avant que d'être chassés d'ici.

Tout de suite les noms lui ont sauté aux yeux. Il doit se forcer au calme et la douleur qui traverse tout à coup sa mâchoire, il le sait, ne va pas le quitter de la journée car c'est ainsi qu'elle se manifeste quand il lui en prend l'idée, cette douleur lui est la bienvenue, elle va elle aussi gommer les agacements, les peurs, les hésitations, son esprit sera libre de penser aux deux choses importantes de cet instant volé : la douleur du corps et la lecture des crimes.

Aucun autre vagabondage n'est permis. Il ne le permettra pas.

Il se mouche encore une fois dans sa manchette.

Il sait que son esprit souffrira plus que ses dents. Un mal chasse l'autre qui chasse le premier quand il prend le dessus. M. d'Aquin nomme cela l'allopathie. Ne pas vagabonder, ai-je dit !

Encore cette odeur d'orangers et de pommes suries. Une odeur qui le surprend de temps en temps, venue d'où, il ne sait, et qui arrive alors qu'il est loin de tout oranger et de tout pommier. Sa mémoire est pleine d'odeurs et de parfums ; hier, c'était le chocolat alors que l'affreuse Molina préparait celui de la Reine. Le parfum était logique, mais il venait aussi de l'intérieur de lui. De l'enfance, quand sa mère imposait ce nouveau breuvage en France.

Aujourd'hui l'orange et la pomme.

Une seconde, il a levé la tête. Un fantôme peut-être ? Une diversion envoyée par le diable ou quelque devin pour l'empêcher de lire ce qui les concerne. Ou bien le souvenir de sa mère qui lui rappelle qu'elle tente, morte, de veiller encore sur lui. Ne plus être un enfant sans père ni mère, être le Roi qu'elle rêvait qu'il soit. Elle ne rêvait pas, elle ordonnait qu'il soit. Il le fut, il espère encore l'être.

— Disparaissez, ma mère, il me faut être seul et concentré sur une affaire. Vous ne m'aiderez en rien aujourd'hui.

A-t-il parlé, a-t-il simplement pensé ? N'importe, il s'est dispersé. Ses dents le punissent immédiatement.

Mais l'orange et la pomme ont purifié son esprit, balayé les fantasmes de cette longue veille où il ne trouva pas le sommeil.

— Merci, maman.

Donc le Roi enfin peut lire et sait qu'il ne s'épouvantera pas. Simplement il saura. M. de La Reynie, au grand risque de déplaire, écrit toujours la vérité, la brute, la vraie, celle qui règne à Paris et dans le Royaume, sans aucun filtre de flagornerie ni de prudence verbale ou autre. Si Louis admettait maintenant ignorer certaines choses fâcheuses, et taisait son sentiment qu'on lui cachait des inconvénients qui pourraient déplaire à Sa Majesté, la saine vérité était nécessaire dans l'affaire en cours, qui par certains aspects frôlait la lèse-majesté.

La Cour et la rumeur publique que l'on nomme l'opinion résonnaient d'un seul et même mot : poisons. Depuis près de dix ans et le décès de Madame, la douce et précieuse Henriette d'Angleterre, morte après avoir bu son traditionnel verre de chicorée.

Hugues de Lionne, ami d'enfance, mourut l'année suivante dans de terribles douleurs. Puis le comte de Soissons, époux d'une nièce Mazarin. Tout le monde suspectait tout le monde. Le moindre mal de ventre, le moindre ennui de digestion, une migraine trop violente et l'on était prêt à demander le bûcher pour un valet, un cuisinier, un époux, une épouse.

Moi-même j'ai souffert de certaines langueurs bien inexpliquées. Ce qui le fit songer quelques minutes, les yeux perdus dans la nuit de la fenêtre. Non, elle n'aurait pas osé... Il ne fut pas aisé de s'en persuader.

Les réponses étaient là, noir sur blanc, de la longue écriture de M. de La Reynie ou de celle de ses clercs. Pour les noms importants, celle de La Reynie seulement.

Car le Roi, pour calmer les esprits, avait ordonné des enquêtes, des arrestations, créé une chambre ardente, vieille idée des temps anciens, des premiers Rois, présidée par son Lieutenant général, en qui allait sa confiance. Les esprits s'étaient calmés, mais certains avaient pâli... Craignant qu'au détour d'un rapport leur nom ne figurât pour avoir consulté une devineresse, comme La Bosse ou la Vigoureux, voire Catherine Deshayes, épouse Monvoisin, que l'on nommait la Voisin. Toutes logeaient et tenaient boutiques de pseudo-alchimie, de figurines de cire, de boules de cristal, d'onguents, de sublimés et de distillats aux vertus mirifiques. On achetait chez elles surtout des pommades aphrodisiaques, et autres « poudres d'amour » glissées dans les nouvelles friandises, des chocolats, mais en plus secret et pour une clientèle plus choisie ; messes noires et maléfices filaient bon train, ainsi qu'avortements. Ce commerce infâme allait de l'enclos du Temple jusqu'à Notre-Dame-de-Bonne-Nouvelle. Le nord-est de Paris, ville dangereuse, était le territoire du diable et de ses poisons.

Le résultat était là : résultat de 210 enquêtes, de 319 arrestations, de 194 emprisonnements qui remplissaient le donjon de Vincennes et la Bastille. Le résultat avec tous les noms. Pas seulement des devineresses et empoisonneuses, des prêtres indignes et sataniques comme les abbés Cotton, Davot ou Guibourg, que le bûcher ou la corde attendaient, mais les noms des clients et clientes.

Louis fut effaré. La Cour lui sautait aux yeux : Mme de Polignac, le marquis de Cessac, Grand Maître de la Garde-Robe, la comtesse de Roure, ancienne amie de La Vallière, la maréchale de La Ferté, la marquise d'Alluye, la princesse de Tingry, la duchesse de Vivonne. Et, plus près de lui, la duchesse de Bouillon, nièce de Mazarin, accusée d'avoir en effet commis ce dont la rumeur la soupçonnait : avoir empoisonné son vieux mari pour épouser un jeune amant, le fils de sa sœur...

Mon Dieu.

L'honnêteté de La Reynie lui tira toutefois un sourire. Le Lieutenant de police avait noté le détail de l'interrogatoire.

La jolie duchesse était entrée au tribunal tenant par la main son neveu et amant. A la question rituelle : « Avez-vous vu le diable ? », la duchesse de Bouillon se tourna vers La Reynie, et le fixant de ses immenses yeux de pervenche lui répondit : « Je le vois en ce moment, il est petit et laid, vêtu de noir et ressemble à un juge. »

Cela avait-il amusé le sévère La Reynie ? Il ne le saurait pas, mais son féal policier avait tout noté.

Une note suspecte Racine de la mort de la Du Parc. Le Roi vient de le nommer, avec Boileau, son historiographe. Il hausse les épaules et déchire le papier, en garde les morceaux près de sa main droite. Ce n'est toujours pas là ce qu'il cherche.

Et qu'il craint de trouver. Mais son esprit se refuse à courir la poste, au contraire, méticuleux, curieux de savoir ce qu'on lui a caché, il scrute chaque ligne, chaque nom.

Un amour de jeunesse... pas un amour, une occasion. Une liaison, une pécheresse, un souvenir ardent. Olympe Mancini, nièce de Mazarin, sœur de Marie le premier amour, et surintendante de la Maison de la Reine. On approche donc de sa propre personne par celles qui ont fréquenté son lit.

Louis réfléchit. Jeter cette accusation, car il sait que ce sont des feuillets de La Reynie et non les personnes incriminées qui vont tâter du bûcher, le plus modeste, celui qui flambe dans l'âtre de sa chambre.

Olympe Mancini. Coupable ? Très certainement. N'a jamais

accepté de n'être plus sa favorite alors qu'elle ne le fut pas, mais une simple passade. A tenté depuis de séduire à nouveau Sa Majesté. A subi des rebuffades. Elle a voulu tuer Fontanges, un ange blond avec l'esprit d'un enfant.

Louis hésite.

Il trouve la solution. Il replace l'acte dans le maroquin, saisit une feuille blanche, la plume et l'encre et écrit :

« Madame, si vous êtes innocente je vous laisse le choix de comparaître et de la Bastille, si vous êtes coupable, celui de l'exil immédiat. » Il souligne le mot. « Et ceci au nom de notre ancienne amitié. »

Bien. Il sait que Louvois est son ennemi mortel car Olympe a refusé sa fille au fils du ministre. Il lui vaudrait mieux choisir la clef des champs. Et puis ainsi le Roi ne l'aurait pas toujours sous les yeux dans l'entourage de la Reine... Et pourquoi trancher un si joli cou sur le billot ?

Il fera partir le courrier après le lever. Elle aura la journée pour se décider.

Ayant posé la plume, Louis la reprend ainsi qu'une nouvelle feuille. Il y écrit un brevet faisant de Marie Angélique de Scorraille de Roussille la duchesse de Fontanges. Il le donnera à enregistrer dans la matinée. Ainsi passe la justice du Roi.

Arrêtons là.

Non.

Encore Fontanges visée.

Mais l'affaire devient plus grave. L'accusation est écrite sur un cahier particulier, La Reynie l'ayant de lui-même détaché du dossier principal.

Louis comprend vite pourquoi.

Ce qu'il craignait mais attendait au détour d'une page est là.

Les transcriptions d'interrogatoires, choisies et retirées à l'abri des autres recensions destinées aux juges ouvrent un gouffre dans la pensée royale. Cette pensée curieusement salue d'abord le courage de La Reynie. Qui, à part lui, aurait osé ?

La Voisin cite un nom : Mme de Montespan. Sa fille Marie-Marguerite reprend le nom, leurs deux complices Bertrand et

Romanik le citent encore, ainsi que l'affreux abbé de Guibourg et une sorcière avérée, Françoise Filastre.

Louis sent poindre une nausée.

N'en a-t-il pas fréquemment depuis un an et plus ?

Messes noires sur le corps d'une femme au visage voilé et qui serait elle. Sacrifices d'enfants au diable. Etoffes empoisonnées destinées à Fontanges et ce placet au Roi enduit d'un poison violent, tiré du suint d'un porc qu'on suspend, qu'on frappe avec des baguettes, et dont la sueur même enferme toutes les douleurs et la haine. Le Roi l'eût-il touché, il était mort. Et ces décoctions d'ailes de cantharides achetées par livres entières et que le Roi est sûr d'avoir avalées avec des fruits confits ou bues dans un verre de bourgogne coupé d'eau. Et ensuite les médecins reprochaient timidement à Sa Majesté de manger trop quand les nausées survenaient et le secouaient, quand des langueurs le prenaient l'obligeant à la sieste, quand des maux de ventre le torturaient à devoir s'asseoir alors qu'il marchait en ses jardins. Et ces vapeurs pendant lesquelles la tête lui tournait. Et ces désirs de saillies qui le poussaient à trousser !

Ce n'était plus une nausée, mais un sentiment d'horreur.

La mère de ses bâtards, qu'il allait légitimer, la mère de son « mignon », cet adorable petit duc du Maine qui boitait... Sa maîtresse d'au-delà des plaisirs.

Evidemment les inculpés pouvaient la citer pour échapper à la potence, au billot, au bûcher. Evidemment... Mais...

Il existait des faits, il existait un doute. Des doutes.

Devant le maroquin noir, le Roi seul devait trancher.

Il écrivit des lettres de cachet contre les accusateurs de son Athénaïs. La Voisin était exécutée et ne pouvait plus témoigner. Les autres iraient en des forteresses de province où on les oublierait mieux. Qui est ce « on » qui allait oublier ? Ils n'auraient ni vêtements neufs, ni visite, ni rien. Pourriraient de vermine dans leurs haillons, crèveraient à moitié de faim. Pas de chandelle non plus ni de bois pour se chauffer. Et qu'on les enchaîne aux murailles, et qu'ils servent de lents festins aux rats. D'autres rameront aux galères jusqu'à ce que mort s'ensuive. Et La Reynie allait surveiller tous les flacons de tous les apothicaires.

Le Roi s'était calmé. En apparence.

Il détacha un à un les feuillets du cahier noir spécial, et un à un les présenta à la flamme.

Il n'existait plus aucune accusation contre la marquise.

Seul le doute subsistait.

L'heure filait qu'il avait voulue heure de liberté. Il fallait songer à paraître. Se remettre au lit, reprendre le bonnet, et se relever. Quelques minutes encore pendant que les flammes déchirent les témoignages.

Il y jeta aussi les fragments sur Racine.

La nuit obéit, se dissipa peu à peu, elle prenait elle aussi son temps pour disparaître.

Il devait s'enlever ce doute affreux de la tête.

Elle n'aurait jamais fait cela. Sauf sans doute pour les poudres d'amour quand il s'éloignait ou visitait ailleurs. Mais quel mauvais début, quelle dangereuse initiation.

Mais que diable allait-elle faire dans cette galère ?

Comment empêcher que cela ne recommence ? Que les angoisses, les pulsions ne reprennent tous mes gens ? Que l'obscurité ne les tente plus auprès du Soleil ? Ils ont, elles ont assez de raison pour refuser la confusion du surnaturel et croire au Malin sur terre. Je ne puis ressusciter l'Inquisition que mon père sainement, sagement a interdit sur le sol de France.

Il vaut mieux les tenir. Loin de Paris. Ne pas toujours bouger, d'un château à l'autre. Les tenir en laisse. Au même endroit comme chiens de meute au chenil qui attendent la pâtée du maître.

Versailles ?

Versailles bien sûr, même si rien n'est terminé. Versailles où il seront parqués. Une mécanique encore à parfaire mais dont je serai le seul horloger.

Il était l'heure. Il regagna son lit. Tout allait recommencer. La machine se mettrait dans l'instant à ronronner. A broyer la journée comme la meule broie le grain et les olives.

La politique de l'horloge reprenait ses droits.

Le Premier Gentilhomme de quartier consultait sa montre derrière la porte. On préparait déjà la chaise d'affaires, le barbier raserait ce qui n'avait pas poussé, Quentin de la Vienne apporterait une autre perruque. On lui passerait une autre chemise.

Dis-je toujours « on » de peur désormais de prononcer des noms ?

Les noms brûlaient. Tout était consumé.

QUAND MONTE L'ÉTOILE DU SOIR

La veuve Scarron regardait Montespan jeter violemment par terre son pot de crème grasse. Il n'y a pas dix minutes, Françoise Athénaïs jurait une éternelle amitié à Françoise d'Aubigné.

Mais tout change si vite. C'est le calme de la gouvernante de ses enfants qui met la favorite hors d'elle, car elle sait que ce calme s'affiche dans le seul dessein de faire jaillir les défauts de la presque Reine de France, et par effet de comparaison, montrer ses propres qualités sans besoin de les afficher.

— Ramassez et nettoyez.

— Vous avez, Madame, des gens pour cela.

— Vous êtes de mes gens.

— Je suis la gouvernante de vos enfants et des enfants de Sa Majesté.

— Vous vous servez d'eux dans un but vicieux.

— Et lequel, Madame ?

— Séduire le Roi et devenir sa maîtresse.

— Cela en ferait donc trois à Sa Majesté !

Tout ce que Montespan ne supporte pas, ne supporte plus. La modestie de la mise, la discrétion de la tenue, la vivacité de la réplique qui n'est autre qu'une ironique vérité. L'ironie lui appartient à elle, et non à cette souillon. Elle est vieille en plus : quarante-cinq ans.

— Oui, moi de nom, cette sotte de Fontanges de fait, et vous de cœur !

Non, mais !

— Madame, vous écoutez trop vos ressentiments. Mlle de Fontanges n'est qu'une passade, nous en parlâmes mille fois. Et le Roi vient de la faire duchesse. C'est arrivé naguère à Mlle de La Vallière. Qui est présentement au Carmel à chercher Dieu, ayant perdu le Roi

La crème continuait à souiller le tapis de Perse. Nulle ne s'en préoccupait plus.

— Vous êtes toujours marquise et favorite en titre. Inquiétez-vous lorsque Sa Majesté vous signera un brevet pour un tabouret chez la Reine.

Cette guenon, cette ripopée — le mot venait de Madame Palatine et plaisait — me déroute, et elle le sait. L'amadouer ou l'affronter.

L'amadouer ici, la poignarder plus tard, c'est évident. Cette hérétique née en prison, veuve d'un estropié, arrive à me faire oublier ma condition de Mortemart.

— Françoise, faisons la paix.

— Je ne suis pas en guerre, Madame, du moins contre vous.

Cette chienne a dû prendre des cours avec Vauban, elle assiège le Roi sans lui donner l'assaut. Elle le veut séduire, c'est patent, mais sans vouloir sauter dans son lit. Au contraire, elle montre de plus en plus de dévotion, ce dont le Roi lui-même, ce grand pécheur, lui a fait en public compliment.

Le monde m'échappe. Raisonnons.

— Ne trouvez-vous pas étrange, Madame, que nous ne puissions vivre ensemble et que nous ne puissions nous séparer ? Et cela non à cause de vos enfants, dont j'ai la gracieuse charge. Il me semble que je vous aime et je ne puis me persuader que vous me haïssiez.

En plus, elle est intelligente. Ce qui aurait dû lui nuire : le Roi supporte mal les femmes d'esprit, mais c'est moi-même qui lui en ai redonné le goût. Par le mien. Et maintenant il l'écoute après avoir pesté contre elle, puis l'avoir ignorée. Je lui ai imposé sa présence et il s'y est si bien habitué qu'il lui arrive de la réclamer. On m'a dit — il est toujours un « on » et qui dit à la Cour —

qu'ils parlaient en privé mais uniquement des enfants et parfois du temps.

Elle tendit la main à Françoise d'Aubigné, veuve Scarron.

— Je vous dois un merci.

— Pour quoi donc ?

— Le soin que vous portez à mes enfants et principalement au duc du Maine. Et aussi pour une certaine idée qui me rapproche de la Reine.

— La comtesse de Soissons en fuite, il fallait bien une nouvelle surintendante de la Maison de la Reine... Et ce poste devait vous échoir plutôt qu'à une duchesse. Voilà qui est mieux qu'un tabouret.

— Et vous m'avez conseillé d'en informer Colbert.

— Madame, parfois vous négligez trop vos alliés.

— J'accepte le reproche. Il m'arrive même de me fâcher avec eux. Ou elles...

Françoise Athénaïs avait le sourire le plus irrésistible de la Cour. A Françoise d'Aubigné il rappelait celui de son ancienne amie Ninon. Un sourire illuminé par l'esprit. Mais Ninon de Lenclos est bonne et franche. Si celui de la favorite est tout aussi attirant et me séduit tout autant, il est plus dangereux.

Le sourire fut rendu, la main pressée sur son cœur.

— Colbert vous a soutenue, Madame, le Roi vous a offert la charge et a versé deux cent mille écus à la fugitive qui les dépensera dans les pays flamands.

— Une ancienne maîtresse !

— Ancienne, vous l'avez dit. Et exilée, pour quelques imprudences dans cette folle affaire des poisons.

Montespan rougit. Elle avait eu ses pratiques du côté de Notre-Dame-de-Bonne-Nouvelle.

— Vous trouvez folle une affaire qui a remué la Cour et tout le Royaume.

— Eh bien, Madame, c'est que la Cour s'ennuyait et que le Royaume ne s'intéressait même plus à la guerre ou lui cherchait un dérivatif. Qu'a-t-il résulté de tout ce tintamarre ? La condamnation de charlatans, de nécromants escrocs, deux empoisonnements seulement avérés, sept avortements et sacrilèges. Dieu s'en remettra. Certes, des familles honorables furent salies par les soupçons, et ce cher maréchal de Luxembourg a même connu la Bastille, lui, tout couvert de gloire. Il est vrai que M. Louvois ne l'aime pas.

— Il ne m'aime pas non plus.

— Il n'aime guère ce qui est proche de Sa Majesté. Sauf M. le duc de La Rochefoucauld.

— Parce qu'il est un sot et n'a pas l'esprit de son père. L'imaginez-vous, lui, en auteur de maximes ?

Sait-elle, la ripopée, la guenon, l'intrigante, qu'elle vient de me donner une idée ?

— Françoise, vous êtes toujours consolante. Et mon amie. Appelez, voulez-vous, et s'il vous plaît, pour qu'on vienne nettoyer ce tapis souillé de crème ?

Françoise appela. Il me faut me méfier. Elle trame quelque chose contre moi. Ce retournement vers l'amitié n'est en rien sincère.

Sur le visage de la veuve Scarron — qu'un jour d'orage entre la favorite et elle, le Roi, à l'après-souper, à une table de jeu chez la Reine avait nommée tout à trac Mme de Maintenon, ce qui valait brevet — Montespan ne put rien lire. Sinon un air vaguement enjoué, comme rassuré que l'incident soit clos.

Elles s'embrassèrent. Un baiser de houx.

Le Roi était content de ses enfants et de leur gouvernante. Le duc du Maine atteignait ses dix ans, Mlle de Nantes était fort précoce pour ses huit ans, le comte de Vexin et Mlle de Tours, maladifs hélas, étaient confiés à Mlle de Jussac. Lui importait surtout ce jeune duc du Maine à la santé requinquée grâce à la gouvernante et que Sa Majesté préférait à son légitime Dauphin. Mais dix ans commandent qu'un prince légitimé, fût-il bâtard, quitte l'environnement des femmes. D'où l'inutilité prochaine de Mme de Maintenon. Certes, il en avait fait une noble dame par l'achat de la terre de Maintenon élevée en marquisat, titre égal à celui de la Montespan, mais avec moins d'ancienneté, il est vrai. Cette égalité de titre le ravissait. Une petite tape de taquinerie sur les fesses de sa maîtresse. Une petite vengeance en réponse tardive mais non oubliée à ses attaques de naguère contre Mme de Soubise, qui fut une aimable amante, au mari fort complaisant et bien récompensé de cette complaisance. Au mensonge contre Mlle de Ludres et ses vingt-deux ans, frivole, sans moralité et d'autant plus agréable, chez qui Mme de Montespan avait décrété une maladie de peau qui fit peur au Roi, le dégoûta et qui n'existait pas.

Diane de Fontanges maintenant... Visage sombre du Roi au souvenir du visage d'ange qu' « on » tenta sans doute d'empoisonner...

Louis n'aimait en rien être gêné. Le père La Chaize l'avait compris qui laissait aller les besoins du Roi de s'apaiser les reins. Et que Montespan conspuait en le surnommant « la Chaise de commodité ».

N'oublions pas Mlle des Œillets, suivante de la marquise, qu'il avait séduite en un rien et prise jusque dans l'antichambre de sa maîtresse, ce qui amusait fort la demoiselle, qui se sentait catin, rôle qui plaisait à cette fille ancienne amante de Lauzun. Tiens, il faudra que je libère ce galopin de Pignerol ; il lui arrive de me manquer et il manque surtout à nos armées. Leur amusement avait créé quelque bâtard qu'il avait refusé de reconnaître cette fois. Mlle des Œillets ne s'en formalisait pas.

Et voilà que Louvois, désormais ami improbable de Mme de Montespan, et Mme de Montespan lui assenaient que la gouvernante de son cher duc du Maine fut aussi catin que la des Œillets ! Avant son mariage avec Scarron, pendant et après. Chacun sait dans Paris que Mme de Maintenon fut fort jolie, et l'est encore, en pleine maturité. Chevilles fines, mains gracieuses, épaules de reine, corsage attirant et deux grands yeux noirs, ceux de la « Belle Indienne », comme on la surnommait autrefois car elle était née dans les Iles, qui vous clouent encore sur place ou vous permettent de rêver, c'est selon. Les deux conjurés sont allés jusqu'à arguer que l'ancienne veuve Scarron fut longtemps amie avec Ninon de Lenclos, qu'elles partageaient leurs amants, comme le marquis de Villarceaux, et dormirent souvent ensemble pour mieux naviguer vers Lesbos. Il est vrai que la Reine de Suède Christine la folle voulait emmener Ninon avec elle, se souvint le Roi, bien qu'il fût encore enfant à cette époque, et M. de Mazarin en riait souvent.

Lors de leur dernière dispute, Mme de Maintenon, enfin réconciliée avec la maîtresse du Roi jusqu'aux prochaines turbulences, aurait, au dire de cette dernière, qui avait voulu cette réconciliation par amour pour leurs enfants uniquement, posé ses lèvres sur la bouche de la Montespan qui lui avait tendu la joue. Le Roi souffrirait-il de telles mœurs dans son entourage ?

Le Roi souffrait bien pis dans sa Cour, voire dans sa famille, et avait renoncé à s'en mêler. Et puis le tableau devait être charmant. Il demanderait si cela était vérité à Mlle des Œillets.

Voulant exciter la haine du Roi contre la « marquise » de Maintenon, les deux conjurés d'occasion, celle qui fait les larrons, Louvois et Montespan que rien au monde ne pouvait rapprocher, excitaient sans le savoir une autre fibre, qui tenait de l'amusement et de l'intérêt renouvelé.

Auquel s'ajoutait plus sérieusement un sentiment de justice : Mme de Maintenon avait été parfaite avec les enfants à sa garde, leur avait montré grande tendresse et belle fermeté. La précocité de Mlle de Nantes, et la sagesse, l'intelligence et la santé recouvrée du duc du Maine en étaient les preuves avérées.

Auxquelles s'ajoutait encore plus sérieusement l'agrément de la conversation, quand il rencontrait en privé Mme de Maintenon, toujours au sujet des enfants ou parfois d'une dispute plus violente avec Mme de Montespan. Mme de Maintenon savait reconnaître ses torts, elle, ne dissimulant pas sa froideur de caractère, sa dévotion, ses jugements parfois trop sévères. Ni son amitié dont elle ne saurait se défaire, ayant le cœur ainsi. Elle savait parler d'autre chose aussi, comme de Dieu, mais de manière plaisante et non bigote. Elle s'intéressait aux sciences, aux arts. Une femme savante sans ostentation.

La justice du Roi commandait donc qu'il ne s'en séparât pas. Elle était un autre agrément dans la vie que les maîtresses à répétition et la maîtresse en titre parfois bien encombrante mais dont il ne saurait non plus se passer.

Pour l'instant.

Pensée immédiatement balayée. Car Sa Majesté avait une autre idée en tête et d'importance : marier le Dauphin. L'idée était politique certes, mais ajoutait par comparaison un bénéfice à Mme de Maintenon, quand on voyait les résultats obtenus par elle avec le duc du Maine et ce que Bossuet soi-même n'avait pu obtenir avec l'héritier du trône.

Ce mariage profiterait à la France mais aussi à Mme de Maintenon. Deux bonnes actions. Louis se sentait au faîte de sa gloire, il y était depuis quelque temps, et les victoires militaires effrayaient l'Europe qui tentait tant bien que mal de se coaliser. Ils songea qu'il était toutefois plus aisé de dicter la paix entre nations ennemies qu'entre deux femmes.

Louvois et Montespan avaient perdu. Pas une bataille, mais la guerre. On ne peut avoir des alliés contre nature, ou de circonstance. Louvois et Françoise Athénaïs s'étaient trop détestés pour se rapprocher maintenant. Auraient-ils compris la leçon ? La leçon, que le Roi donnait sans élever la voix ni tonner comme Zeus. « Le seigneur Jupiter sait dorer la pilule », avait écrit ce cher Molière dans son *Amphitryon*.

Une maîtresse adorablement arrogante à en être parfois lassante, un ministre qui se pense tout-puissant et l'est certes dans son domaine, du moins celui où je lui permets de l'être, ne se méfient pas assez des silences et des idées secrètes d'un Roi. Me taire ou dire « Je verrai » ne dénonce pas un manque d'idées, bien sot est celui qui le croit alors qu'il me connaît et me côtoie. Monsieur de Louvois, vous avez l'armée en tête, Madame de Montespan, vous avez la Cour, vos pensions, vos charges prestigieuses et votre nouveau château de Clagny, moi j'ai la France et l'Europe. J'ai aussi des devoirs de gratitude, sentiment qui vous est bien étranger, hélas, à l'une comme à l'autre, mais demeure indispensable à un vrai Roi. Souffrez donc que sur ces sujets parfois je me taise. Et tant pis pour vous si vous me croyez sot ou indifférent.

On pense mon fils survivant, le Dauphin, balourd et sot, parce qu'il parle peu et chasse tant le loup (le Roi sourit) qu'il n'en est plus un seul à cent lieues de Paris. Que malgré Bossuet, il montre quelque aversion pour l'étude, et qu'à mon grand regret — car j'y vois ma faute — il est paralysé de timidité devant moi. Et pourtant, il aime les arts, qu'il collectionne, raffole des opéras, il écrit avec grâce, lorsqu'il pense à m'écrire, sachant mal me parler, et Madame Palatine, qui est le meilleur juge, le plus sévère mais le plus humain de la Cour de France, lui trouve bien des qualités secrètes qu'elle ne craint pas d'affirmer haut et fort. C'est à son jugement que j'accorderai le mien.

Monseigneur, de taille moyenne, blond ou du moins châtain clair, joufflu, à peine empâté, formait ainsi un rappel de Louis XIV jeune, aux temps de la Fronde, un enfant roi qui avait lui aussi quelque peu négligé ses rudiments et ses humanités ; il est vrai en des circonstances bien particulières : une guerre civile qu'il avait gagnée aux côtés de la Reine régente Anne et d'un cardinal italien.

Autre trait commun entre père et fils, le Dauphin ne méprisait pas les « lorgneries » du côté des filles d'honneur de sa mère.

Le Roi, par un détour via le passé, songeait à l'avenir, le visage apaisé et plutôt ému. L'avenir du Royaume était sa propre disparition. Louis de France était ce qu'il adviendrait après l'avenir du Royaume et aussi, douleur fugace mais revenant sans cesse à l'improviste, et ne manquant pas un seul jour pour se manifester à lui, et à son habitude, il le taisait, le seul survivant de ses enfants légitimes.

A dix-neuf ans, Monseigneur le Dauphin devait être marié.

Le Roi avait choisi pour son fils Marie Christine Victoire de Wittelsbach, sœur cadette de Maximilien Emmanuel, Electeur de Bavière. Après Madame Palatine, dont il s'enchantait de l'esprit et des goûts, allant de la choucroute à la chevauchée par quelque temps qu'il fît, une autre Allemande pour extraire un autre duché souverain de l'emprise de l'Empire. Un nouveau bastion pour la France. En temps de guerre on n'a jamais assez d'Allemands chez soi, pensa le Roi, encore enjoué par la « dénonciation » stupide de Montespan et de Louvois. Il était agréable de montrer son béjaune à cet homme qui se croyait roi des armées, et à Françoise Athénaïs qui se voyait Reine.

Une idée jaillit chez le Roi : quand la princesse Wittelsbach arrivera de Munich, c'est Françoise qui lui offrira les présents au nom du Roi. Ainsi en ai-je décidé.

Le Roi étira ses bras, ses jambes, voici une journée bien satisfaisante. Une ombre toutefois, mais cette ombre aujourd'hui amusait aussi la bonne humeur du Roi : on disait Marie Christine Victoire de Wittelsbach fort laide. Louis se rappela que lui-même n'avait pas épousé en l'Infante d'Espagne une beauté. Mais une véritable Reine et digne de l'être, une Habsbourg, comme la maman du Roi.

A-t-on encore le droit de dire Maman à quarante ans ? Pardevers soi, oui, quand un coup d'enfance vous prend. Et entamer la seconde partie de sa vie, n'est-ce pas entrer dans l'enfance de sa propre vieillesse ? Il est une douceur dans une triste songerie. Louis n'était pas si triste de se savoir vieillir. Encore un secret qu'il garderait pour lui ; ou dont il s'ouvrirait à la Reine, car Marie-Thérèse et Louis formaient un couple secret derrière les apparences royales dont l'un et l'autre doraient à souhait la Majesté. Derrière aussi les infidélités. Il est des confidences, des confiances et des complicités qui ne s'échangent qu'entre mari et femme.

Louis rêva un moment.

Journée vraiment bénie que celle où l'on peut rêver une heure sans le dérangement des fâcheux.

Encore cette idée d'horloge, de mécanique parfaite, dont il était le maître, et qui revenait comme les propos d'un barbon qui rabâche. La main de Louis éloigna une mouche qui n'existait pas.

Ces confidences, confiances et complicités pouvaient aussi autrement se partager. Ce que Louis avait besoin de dire avait trouvé une oreille digne de le recevoir. Cette oreille appartenait à une tête dotée d'un esprit affiné et d'une bouche aux propos aussi nets que mesurés. Le Roi aimait à bavarder et à échanger des vues sur maints sujets avec Mme de Maintenon. Il devait toujours la forcer à s'asseoir en sa présence mais peu à peu, le temps passant, elle prenait siège désormais avec plus de simplicité. Il avait remarqué qu'elle avait ainsi un fauteuil favori et il s'empressait de le lui désigner. Et les discussions près de l'âtre où il ordonnait qu'on activât les flammes, car il faisait bien sûr ouvrir les fenêtres et la gouvernante grelottait quoiqu'elle cherchât à le cacher, lui apportaient là aussi quelques instants bénis volés à la machine de la Cour. La « pécheresse » dévergondée, selon Louvois et Montespan, excellait dans la conversation. Rien d'étonnant qu'elle fût amie avec cette Ninon de Lenclos dont les frasques amusaient tant, il s'en souvenait très bien, sa mère Anne d'Autriche. Rien d'étonnant que les ducs, les princes, les présidents du Parlement, une meute d'écrivains, et sans doute des libertins, plus quelques maréchaux, aient tant fréquenté le logement du poète Scarron du temps qu'elle était sa femme. Evidemment qu'elle devait être courtisée. Cela vaut décoration, comme le ruban de l'Ordre à la poitrine d'un chevalier.

Elle était encore belle, ce qui souligne, selon Louis, une âme parfaite puisqu'elle daigne loger dans un corps encore bien fait.

Encore et toujours sont les mots chéris de la vieillesse quand elle pointe son nez. Ils perpétuent ce qui fut et qui est *toujours* puisque présent *encore* à l'esprit.

J'entre en ma vieillesse, du moins en son antichambre, puisque je vais marier mon fils, futur Roi de France, et avoir de ce mariage des petits-enfants, qui perpétueront eux aussi la dynastie, le royaume, la France. Et par leurs propres mariages finiront par régner çà et là en Europe.

La vision de sa vieillesse par Louis était quelque peu teintée de rose et d'or, ces parures des aubes. Mais quel Dieu taquin ou méchant aurait osé lui révéler que ce serait au contraire le gris de la souffrance du corps et de l'âme, le noir des deuils sans cesse répétés, et la chute des rameaux morts de la gloire sous le manteau blanc de neige qui étouffe tout espoir ?

En cet instant, un roi était heureux de marier son fils et de découvrir qu'il avait une amie qui ne réclamait rien et parlait devant lui en toute liberté de penser.

Dire que la Dauphine était laide n'était pas médire.

« Le premier coup d'œil n'est pas beau », avait dit M. de Livry, Premier Maître d'hôtel de la Reine envoyé en espion à Munich.

Livry maniait élégamment l'euphémisme. Lorsque la jeune Wittelsbach se jeta aux pieds de la Reine Marie-Thérèse, toute noiraude et frisottée dans une une robe blanche qui ne lui convenait en rien, le second « coup d'œil » fut pire. La Reine, qui n'était pas elle-même un parangon de beauté, fronça le nez. Le visage est trop long avec un nez trop gros. De plus, elle n'a pas l'air en bonne santé. Ce qui n'est pas qu'un air : elle mourra dans les dix ans.

On avait trouvé presque pire en aspect que Madame Palatine. Chose curieuse, Madame n'aima pas Madame la Dauphine. C'est qu'à la disgrâce, la Wittelsbach ajouta, au fil du temps, une sorte de dégoût pour tout. Languissante de nostalgie pour sa Bavière, elle n'aime pas la vie de Cour à laquelle elle ne comprend rien, ni la chasse, ni le jeu, ni la galanterie bien sûr, ni la parade, ni le chaud, ni le froid, ni la pluie, ni le soleil d'été, ni, ni...

Un formidable rabat-joie.

Il n'empêche au Roi, peu surpris de cet aspect et qui s'en fiche, son fils prendra maîtresses et puis voilà, d'ailleurs il a déjà commencé, de lui faire offrir dès son arrivée et devant toute la Cour un coffret merveilleux de bijoux exquis de trois cent mille livres, coffret porté et offert par une Montespan rayonnante de brocart d'or et de pierreries, coiffée à merveille, et légèrement amincie car la favorite était menacée depuis quelque temps, les tracas sans doute, d'un sérieux embonpoint.

Ce n'est pas tant la personne désignée par le Roi pour porter le présent qui fâcha la Reine, mais la splendeur du cadeau.

« Je n'en eus pas tant à mon mariage, quoi que je fusse plus grande dame. » Une Habsbourg ou une Mortemart ne se refont pas, elles souffrent de morgue et de jalousie éternelles.

Le Roi, lui, est ravi.

Il semble apprécier sa bru qui ne partage aucun de ses goûts. La Cour s'étonne quelque peu. Mais redouble de saluts et de bonne figures faites à la Dauphine. Et puis la Cour suppute et ourdit : le Roi va constituer la Maison de la Dauphine, et il y a là places prestigieuses, pensions phénoménales à prendre. On intrigue, on ouvre des chausse-trapes, on tend des pièges. Toute duchesse n'étant pas dans la Maison de la Reine ou en celle de Madame, reléguée derrière la nouvelle arrivée, se veut de celle de la Dauphine.

Tombe la décision du Roi. La Dame d'atours de Son Altesse Royale, c'est-à-dire la personne la plus proche d'elle, sera la marquise Madeleine de Montmorency-Laval, maréchale de Rochefort. Rien à dire, la famille est ancienne, la dame grande et respectable.

Alors, le Roi provoqua une surprise. Il créa un poste qui n'a jamais existé. Celui de Seconde Dame d'atours. On se perd en conjectures. Cette Seconde Dame de la Maison de la Dauphine est Françoise d'Aubigné, marquise de Maintenon.

Le tonnerre semble être tombé sur la Cour. On devinait l'amitié du Roi pour la gouvernante de ses bâtards, mais de là à... Non ! Une semi-domestique à la noblesse douteuse, veuve d'un poète sans le sou et inconvenant, au plus proche désormais de la famille royale. Une telle faveur inouïe, mais pourquoi ?

La Cour adore se poser des questions dans le secret plaisir de leur trouver des réponses fausses. Doublé du plaisir moins secret de voir écumer la Montespan contre cette « nonne en civil ». Elle renouvelle auprès de son amant ses accusations sur les débauches de jeunesse de la souillon. Le Roi écoute, n'interrompt pas, sourit et se tait. Mme de Maintenon garde sa charge ; ce qui signifie évidemment qu'elle est désormais indélogeable de la Cour.

La Cour qui bascule d'un coup. Ainsi malgré Montespan, malgré Fontanges, sa beauté aguichante et sa sottise reposante, celle qui compte, c'est la Maintenon. Mais pourquoi ?

Elle est trop âgée pour être la maîtresse du Roi, quoique encore belle, et certains hommes aiment la maturité. Ceux-ci sont en avance sur l'horloge royale. Sa confidente peut-être ? Ceux-ci ignorent qu'ils sont à l'heure exacte. Ou son entremetteuse ? Tout faux. L'agitation est mauvaise conseillère et embue l'esprit.

La Reine, elle, regarde de son œil acéré, hérité d'une longue dynastie, celle qui a gouverné si longtemps, et fort bien, les enfants illégitimes et légitimés de son infidèle mari. Elle a eu l'occasion de la voir car elle menait les enfants du péché jusque devant elle, ordre du Roi. Marie-Thérèse s'en était accommodée, ils n'étaient pas laids, semblaient fort bien élevés. Et eux au moins ne succombaient pas avant leurs cinq ans.

« C'est l'étoile du soir du Roi. Elle fait tout pour dissimuler son éclat. » Le propos court les palais, les hôtels particuliers. On observe, et observant on se souvient de ce qu'on a négligé. On comprend qu'on ignorait à qui on avait affaire, et qu'on négligeait ce qui était éclatant : la réserve apparente, la retenue altière, et sous ce masque vrai, la limpidité de pensée, la simplicité de comportement, une sorte de banalité énigmatique.

Le duc de La Rochefoucauld, qu'on tient raisonnablement pour un sot, s'était attiré bien des moqueries un jour où la Cour montait des paris sur une future maîtresse si Montespan tombait. Il avait joué Maintenon. Il est vrai que ce sot était dans la plus resserrée intimité du Roi. Il faut regarder les sots d'un autre œil, et jauger d'abord leur voisinage.

Le Roi est enchanté de la surprise provoquée. Il montre aussi la plus grande affection pour la Dauphine, nouvelle surprise. Peut-être veut-il l'amadouer, l'habituer à la vie de Cour et la convaincre d'y mieux paraître. Il aime tant son fils que cette paternelle affection se reporte vers sa bru afin qu'elle fasse meilleure figure. Il trouve le temps d'aller la visiter tous les jours. Lui qui s'occupe et se mêle de tout. Une visite quotidienne de deux heures, pas le moins. On commence à sourire et à flatter Son Altesse royale la Dauphine autant au moins que Monseigneur le Dauphin. Puis ce sont des soirées entières, de six à dix, que le Soleil s'éclipse. Jamais princesse n'eut droit à tel privilège.

M. de La Rochefoucauld, fils d'homme d'esprit et supposé sot, posa un jour la bonne question : « Qui loge dans l'appartement contigu à celui de la Princesse ? »

On peut être courtisan, dont la vie dépend uniquement de la faveur et donc du bon renseignement, et être aveugle aux évidences.

Dans l'appartement contigu à celui de sa bru, loge la Seconde Dame d'atours.

— Mon cher duc, vous êtes le plus fin esprit de cette Cour, lança un soir la Reine à sa table de jeu où La Rochefoucauld eut la délicatesse de perdre six mille livres.

La Reine aussi avait compris. Et via Livry et l'affreuse Molina qui avaient des relations avec tous les serviteurs des membres de la famille royale, elle savait que le Roi s'arrêtait chez la Maintenon et parlait, parlait, bavardait, chacun assis dans un fauteuil moelleux, inlassablement, interminablement, des enfants, du Royaume et de Dieu.

— C'est elle qui me débarrassera de l'arrogante Poutana.

Pis que cela, Madame, pis que cela.

Et c'est à l'ancienne Belle Indienne que toute la Cour, désormais, fait sa cour. Des vieillards se vantèrent de l'avoir connue chez Scarron, voire chez Ninon. On lui trouve des vertus, qu'elle possède, une beauté, qu'elle eut. Et, à l'été, Louis abandonne Fontanges, duchesse, trop belle mais trop sotte, qui a une terrible hémorragie en accouchant d'un bâtard. La maladie ravage son seul capital : son corps. Pâleur de cadavre, bouffissures et enflures. Il ne reste à la duchesse qu'à suivre le sort des duchesses d'agrément, comme La Vallière, se retirer au couvent. On la plaignit un instant et La Rochefoucauld, décidément en verve, lui décerna le titre de « martyre des plaisirs du Roi ». Montespan, elle, triompha. Il semble que les temps avaient changé puisque, à la Cour de France, la sottise avait changé de camp.

Maintenon plaignit Fontanges. Et ce devant le Roi qui ne dit mot. Elle avoua une démarche auprès de Fontanges où elle lui demanda de renoncer au péché et de quitter sa liaison avec le Roi.

— Elle eut, Sire, un joli mot. Elle m'a répondu : « Vous me demandez, Madame, de me défaire d'une passion comme d'un habit. » Elle n'était pas si sotte.

— Si, Madame, dit le Roi. C'est vous qui êtes trop bonne.

VERSAILLES, ENFIN...

A son habitude, le Roi tint les promesses qu'il s'était faites un matin, avant l'aube, alors qu'il compulsait les désastreux feuillets contenus dans un maroquin noir.

D'abord, il libéra Lauzun de Pignerol. Fouquet y était mort, et Lauzun se plaignait du manque de compagnie de qualité. Louis donna l'ordre à Louvois de l'élargir sur-le-champ. Le ministre cacha son mécontentement.

— Et trouvez-lui un commandement digne de son courage. Ou bien je m'en chargerai.

Louvois rampait un peu depuis sa démarche contre Mme de Maintenon où l'avait entraîné Mme de Montespan à qui il n'était pas près de pardonner cet écart.

Le Roi le regarda sortir avec un méchant sourire.

La veille, au jeu de la Reine, il avait pris une autre décision en contemplant les tables, les courtisans, les duchesses, les princes, sa cousine Mademoiselle revenue près de lui, ce qui lui fit plaisir. D'autant plus qu'elle abandonnait la souveraineté de Dombes ainsi que le comté d'Eu au petit duc du Maine et un nombre convenable de terres ainsi que sa très belle maison de Choisy au Dauphin. La grande bréhaigne se dépouillait volontairement au profit d'enfants, elle qui n'en aurait jamais.

Il lui tut, par pudeur, sa décision au sujet de Lauzun. Il craignait de lui raviver une douleur.

L'autre décision, il le savait, allait changer la face du Royaume. Et sans doute la figure même de l'état de Roi.

La Cour et le gouvernement s'installeraient à Versailles. Le plus fastueux palais jamais entrepris, dans le lieu le moins adapté, n'était pas vraiment terminé, mais il était habitable.

Un palais ouvert sur la lumière, le vent et les jardins, et qui serait une forteresse. Il perdit un peu au jeu, mais avec sa grâce coutumière. Il contempla la Reine qui perdait beaucoup. Elle s'étonna en silence de cette contemplation. Il lui sourit. Elle rosit. Et joua plus gros. Ce fut un désastre. Qu'importe, le changement de lieu lui fera du bien. Et je sais qu'elle déteste que la Cour soit si vagabonde, entre Saint-Germain, le Louvre, Chambord ou Fontainebleau. Versailles a tout pour lui plaire. Ne m'a-t-elle pas dit un jour que le vent y soufflait aussi fort que dans la Sierra ? C'était un compliment. Elle avait eu un frisson mais il était d'aise.

Il vit qu'à son habitude la Dauphine boudait, enceinte de son premier enfant.

Ce fait aussi l'avait décidé. Si c'était un garçon, après le Dauphin, il serait le second dans l'ordre de succession. Et son grand-père le Roi avait décidé que ce futur Roi naîtrait à Versailles. Car Versailles serait à tout jamais, et pour tous les temps à venir, « chez le Roi ».

Il soupira. Il aimait décider, ainsi, à l'impromptu en apparence, après longue maturation en fait. Il lui démangeait de l'annoncer dès ce soir. Mais tout était si calme, si paisible, détendu presque.

Il avait interdit les mariages entre catholiques et protestants, envoyé ses dragons remettre dans la vraie religion les réformés du Vivarais. Bossuet était évêque de Meaux, ville qui est plus proche que Condom. La Chambre ardente avait été dissoute. Colbert était très malade, et Louvois lorgnait sa Surintendance des Bâtiments, Arts et Manufactures, et Fontanges était mourante. Il ne resterait d'elle qu'une coiffure. Signée de Quentin de la Vienne, évidemment.

Versailles...

Il l'annoncerait d'abord à la Reine et cette nuit.

Il chercha des yeux Mme de Maintenon. Le vieux duc de La Rochefoucauld l'entretenait à l'écart car il jouait rarement, n'ayant jamais compris les règles d'un seul jeu. S'il jouait par obligation, il ne faisait que tenir les cartes, un valet lui soufflant celles qu'il devait abattre. Mme de Maintenon l'aimait bien. Il lui avait toujours montré des égards alors qu'elle n'était rien.

Elle ne jouait pas non plus, mais par dévotion et crainte du péché. Elle exagère un peu avec le péché... Elle rit à un mot — une sottise — du vieux duc. Elle a un rire de jeune fille, dommage qu'il soit si rare. Ses yeux brillent alors comme des étoiles noires. La Reine l'a surnommée l'« étoile du soir ». L'esprit est contagieux à la Cour de France. Il y règne à mon image, en prenant son temps.

Bien sûr, Madame la hait, l'abomine, la méprise.

Et Montespan explose de jalousie.

Qu'importe ! mais qu'importe vraiment !

Le Roi est satisfait de lui, ce qui n'est pas si courant. Essayons de regagner ce que la Reine a perdu. C'est au mari de veiller aux deniers du ménage. Le cardinal Mazarin m'avait appris à tricher. Voyons si je saurais encore.

L'humeur de Sa Majesté était aussi contagieuse que l'esprit, à ce qu'il paraît. Un brouhaha presque joyeux emplissait le salon, d'habitude plus silencieux.

Ils réagissent au doigt et à l'œil, même sans geste du doigt, sans éclat de l'œil, simplement au sentiment diffusé. Les meilleurs chiens de meute agissent ainsi. Ils sentent ce que je veux, ce que je souhaite, et font leur métier de chiens sans besoin des piqueux.

Ils méritent bien le plus beau des chenils dorés.

Il est vrai que chacun n'y aura droit qu'à une niche. S'il en trouve une. Versailles est immense, mais peu logeable pour ces gens.

Pourquoi tout — vraiment tout ! –-, depuis quelque temps, le forçait-il à replonger vers son enfance qui ne fut pas si heureuse et trop mouvementée ? Un jeune roi tout neuf affrontant, au risque de se fracasser, une rébellion, ce n'est pas là un souvenir que sa mémoire trop fidèle était soupçonnée de prendre plaisir à rappeler. Pourtant, un éclat de soleil sur une allée ocelée par l'ombre mouvante des feuillages, un regard d'yeux sombres, un éclat de rire vite maîtrisé, un parfum, surtout les parfums, ceux de l'orange ou de la pomme aigre, rameutaient dans l'instant tel incident, anecdote, plaisir, douleur de ses jeunes années.

L'explication lui vint, charmante dans sa simplicité. Si simple et si évidente qu'elle fut énoncée avec son calme coutumier par Mme de Maintenon, lors de leurs causeries du soir au coin de l'âtre, toutes fenêtres ouvertes. Il aimait qu'elle soit frileuse et supporte son goût du grand air, mais près d'un bon feu de cheminée. Ce n'était pas méchanceté, à peine une taquinerie complice. L'amitié entre homme et femme, qu'il jugeait impossible, lui démontrait son erreur. Mais était-ce de l'amitié, ce qu'il ressentait vraiment ? Et elle ? Que pensait-elle, la simple, la banale, l'évidente ? Sur le sujet présent il savait : elle lui aurait dit : « Sire, votre enfance vous submerge, car votre décision de transporter la Cour à Versailles vous fait quitter définitivement votre berceau : le château de Saint-Germain. » Oui, simplement. J'y suis né dans les douleurs de ma mère. J'y vis mourir mon père. J'ai joué avec mon frère en ses grottes musicales, j'ai contemplé, de sa terrasse, Paris au lointain. J'y fus déniaisé par Catheau la borgnesse, comtesse de Beauvais. J'y ai fui dans le froid, l'inconfort et une sorte de peur, la nuit des Rois de mes onze ans, quand Paris grondait et se révoltait.

Tiens, Paul de Gondi, cardinal de Retz, traître parmi les traîtres, est mort l'an passé. Comme il y a peu Fouquet. Je n'ai donc plus d'ennemis vivants, d'ennemis dans mon pays. Ils abondent à l'extérieur.

— Sire, leur avez-vous pardonné ?

Avait-il pensé à voix haute ? Avec elle, cela lui arrivait, comme parfois au lit, avant l'aube avec la Reine, après l'étreinte. Il n'y avait pas d'étreinte ici. Pas de flammes dévorantes à part celles de la cheminée qui brûlaient du chêne pour empêcher la chère frileuse de grelotter.

— Pardonner ? Je ne sais pas. Je ne pense pas. Mais j'ai fait quelque chose de mieux, qui enlève toute rancœur, tout esprit de vengeance, je ne leur ai pas octroyé mon pardon mais la clémence de l'oubli. Fût-ce l'oubli dans un cul-de-basse-fosse.

Il lui plaisait de la provoquer par quelque cruelle remarque, car, choquée, froissée par un trait méchant contre un tiers, elle remuait le nez de charmante manière et avait un battement de cils qui le ravissait.

C'est ainsi qu'on tombe amoureux, Louis, et tu le sais. Pour un battement de cils ou un frémissement du nez.

Pourquoi pas ? Surtout si on l'ignore encore, mais que le mal est déjà fait. Le mal ? Quel mal ?

Il soupira. Il s'était promis de parler d'abord à la Reine, mais c'est à Mme de Maintenon qu'il avait annoncé en premier sa décision d'installer la Cour et le gouvernement à demeure à Versailles. Elle et lui partageaient un vrai secret, un secret politique, un de ceux que par prudence et règle de conduite il s'était toujours juré de cacher aux femmes, aux maîtresses, à sa famille.

Elle avait battu des cils, mais n'avait pas froncé le nez. De plus elle avait presque ri à son trait de cruauté affichée.

— Sire, il est connu que vous n'oubliez jamais.

Pense-t-elle que je ne puis être cruel ? Je pourrais dans l'instant lui démontrer le contraire...

A près de quarante-cinq ans il avait encore des pulsions de jeune amant. De celles qui commandent de faire mal pour faire du bien. Sous les yeux noirs de sa confidente, il se sentit rougir. Il est plus que temps que je quitte mon berceau, je redeviens enfant !

Pourtant en cet instant il se sentait homme en présence d'une femme.

Elle ne dirait pas non au Roi. Aucune ne l'avait fait. Mais elle n'était ni Ludres, ni Fontanges, ni Soubise, ni Monaco, ni des Œillets. Ni La Vallière, ni Marie Mancini, ni sa sœur Olympe ou l'autre, Hortense, ni Henriette, ni Françoise Athénaïs. Elle n'aspirait pas à le séduire. Du moins pas ainsi que celles-là le concevaient.

Et Françoise d'Aubigné, marquise de Maintenon, se rendit à son Roi dans le château qui avait vu naître Sa Majesté.

Elle prit le péché d'adultère sur elle, avertissant Dieu que par ce péché même elle ramènerait Son Lieutenant sur terre en Son giron. Mais son plaisir même, elle en fit don à son amant.

Au repos, près de l'âtre flambant, et par la fenêtre grande

ouverte sur le début de mai, le soleil pénétrait jusqu'aux flammes. Le Roi se pencha, saisi d'une émotion qu'elle ne lui connaissait pas et qui la convainquit que Dieu Lui-même pardonnerait tout à ce pécheur.

Louis, et il se le reprocha immédiatement, pensa aux ragots de Louvois et de Montespan : dans tout ragot gîte une part de vérité et cette vérité il venait d'y goûter dans l'ardeur. Il se félicita que sa nouvelle amante ne fût pas la nonne supposée.

Il préférait cette nonne-là dans son lit plutôt que ses anciennes maîtresses au couvent.

Ses seins étaient doux, son ventre accueillant, sa bouche et ses cheveux exquis, ses yeux incomparables de profondeur, comme ces étangs aux eaux plombées et sombres, du côté de Chambord, où le cerf pourchassé finit par plonger et se planter immobile, droit, fier, attendant la mort.

Curieuse pensée que la mort en cet instant.

Ses mains sont si fines, ses chevilles si fragiles. Parfum d'orange... Il sourit. Françoise se parfumait à la fleur d'oranger. Pas de fantôme, si ce n'est celui fugace, venu de ses quinze ou seize ans, d'une ancienne gouvernante, qui fut une nuit de malheur une amante, et qui était marquise de Sénecey. Un bel amour d'enfant. Grandi, il l'avait faite duchesse. Et cette fois-ci non pour l'éloigner mais pour qu'elle soit au plus près de lui et de la Reine. Elle était morte voici maintenant cinq ans. Il avait été triste une grande heure. Triste pour lui, elle devait être au paradis.

L'orange des fantômes ne venait pas de sa mère. Cette lointaine amante aussi en portait au creux de l'épaule et du cou, entre les seins, aux poignets. Les mêmes poignets de marquise, de gouvernante. De dame d'honneur de sa mère la Reine Anne.

Le Roi sentit rouler vers son cœur une longue vague de bonheur. Elle se taisait car elle respectait son silence.

— Je suis trop orgueilleux. Et on médira de moi.

Elle lui baisa la main. Elle l'écoutait, patiente et non à l'affût pour rétorquer un compliment, une flatterie. Il sut qu'elle ne flatterait jamais mais pardonnerait tout. Il souhaita qu'elle n'eût rien à pardonner.

— Nul ne comprend Versailles. On se trompe et on se trompera longtemps sur ma volonté. Je n'y fuis pas Paris. Ici, à Saint-Germain, j'ai fui Paris. Aujourd'hui Paris est maté. Epuré, nettoyé. Eclairé.

Il levait un doigt comme un précepteur faisant la leçon.

— Espionné aussi.

Il eut un gloussement.

— Et plus qu'on l'imagine. Je ne suis pas un dieu, pas le dieu Apollon. Je suis un homme, je suis le Roi. J'en ai fini des afféteries mythologiques, cela va pour un ballet, les nymphes, les ondines ou Aphrodite y sont plaisamment dénudées. La vie n'est pas une légende. Vous verrez, dans la grande galerie qui joint mes appartements à ceux de la Reine, j'ai fait ôter Apollon. On n'y verra que moi et mes « hauts faits ». Il paraît qu'il y en eut. Il faut, Madame, pour gouverner cette époque et pour exister au rang que je veux pour ce Royaume en cette Europe, que pour le peuple, pour la noblesse, le clergé et l'armée, tout pouvoir émane du Roi. On me dira orgueilleux, on le dit, et je le suis. Versailles est mon château d'orgueil et la sauvegarde de la France. Son image en grandeur et en beauté.

Il la regarda, qui le regardait et écoutait. Au moins sait-elle écouter, chose rare. Elle écoute en être humain et non en levrette, en chien courant, qui dresse l'oreille pour avoir droit à une friandise et après vous lèche la main.

— Vous aimerez Versailles. Je saurai vous le faire aimer.

— Oui, Sire. Comme je n'ai jamais autant aimé Saint-Germain qu'aujourd'hui.

Il adora son sourire qu'il baisa.

En son berceau de Saint-Germain, le Roi Louis XIV fit ainsi ses adieux à son enfance.

En avait-il eu une seulement ? Il en doutait maintenant, décidait qu'il n'y avait point eu de prédécesseurs. Non par une facétie d'un esprit malade chez un roi qui se savait héréditaire, mais par la ferme volonté d'être à jamais et pour toute l'histoire à venir qu'il aidait à construire le premier Roi du monde. Loin des héros antiques, des chevaliers des temps obscurs, le Roi de son temps et des temps futurs, le Roi tel que tous les rois devraient être après lui. Une volonté en marche, dont l'esprit vaincrait la mort qu'il sait pourtant inéluctable. Et ce palais sorti des marais, encore en chantier, et qui ne sera peut-être jamais terminé de son vivant, en sera l'éternel symbole. On n'y verra que lui, même après sa mort, car c'est lui en pierres blondes, en allées, en labyrinthes, en bosquets, en millions de bobèches les soirs de fête, en Grand Canal filant vers l'horizon qu'on ne pense pas atteindre mais qu'on atteindra. Un rêve de pierre ? Une machine aussi. Un mouvement perpétuel qui distillera à jamais la grandeur du seul vrai Roi au monde. Qui a défié l'Europe et fait taire le pape.

— Oui, orgueilleux. Trop. Je possède l'orgueil, eux n'ont et n'auront que la vanité.

De qui parle-t-il ? se demande-t-elle.

Le « transportement » de la cour ne fut pas une mince affaire. On envoya d'abord quatre mille domestiques préparer les deux cent quatre-vingt-deux logements habitables ou jugés tels, car certains étaient fort étroits et très bas de plafond à l'entresol. La préparation était des plus sommaire : un lit, une table, une chaise, un coffre. Les appartements royaux, celui du Roi et celui de la Reine, de Mme de Montespan, ainsi que celui du Dauphin et de la Dauphine et l'annexe réservée à Madame la Seconde Dame d'atours, Mme de Maintenon, nécessitaient plus lourds travaux et aménagement. Avant l'arrivée solennelle du Roi, ce furent trente-six mille ouvriers qui hâtèrent tous les travaux et dissimulèrent tant qu'ils purent, comme un décor de théâtre désigne un palais de marbre et n'est que toile peinte tendue sur bois, ce qu'il restait à faire. Il restait beaucoup.

Colbert qui n'avait jamais aimé ce projet, mais obéissait, sentit qu'il y perdait ce qui lui restait de santé déclinante.

Il tint bon. Et reconnut même que la Galerie, la Grande, la future galerie des Glaces, dont Hardouin-Mansart avait couvert la terrasse à l'italienne de Le Vau, était une réussite. Et les quatre ans de construction de l'aile du Midi, car Dauphin et Dauphine doivent avoir leur château dans le château, sont heureusement terminés. Il n'en va pas de même de son pendant septentrional, l'aile des ministres. Eh bien, ils attendront.

Le 5 mai, avant son lever officiel à la Cour, le Roi est à Versailles et regarde. Maçons, charpentiers, peintres sont déjà à l'œuvre, il est cinq heures du matin. On explique que le gel de l'hiver et du début de printemps, mars connut ses pires frimas depuis dix ans, ont retardé les travaux. Le palais est plein de poussière de bois, de plâtre, de marbre et d'odeurs entêtantes de peinture. Curieusement cela plaît aux yeux et au nez du roi. Il excuse le retard, il pardonne l'inachevé, qui le satisfait secrètement, n'est-ce pas après tout la naissance d'une splendeur ? Et les naissances sont douloureuses et infligent bien des désagréments à leurs participants. Il encourage et même félicite. Il a choisi la seule bonne solution, bonne car excellente, en ce sens que toute autre serait la pire.

Certes le mur de clôture n'est point totalement élevé, certes une béance s'ouvre où doit être l'aqueduc, certes des tranchées parsèment encore le parc. Mais le parc est déjà une splendeur. Ce mot revient souvent dans la bouche du Roi. L'état de ce qu'il voit ne le décourage pas.

— Messieurs, nous nous installerons ici demain matin.

Les ouvriers et leurs maîtres des travaux sont pétrifiés. Le Roi ayant décidé, retourne au galop vers Saint-Germain où il sera juste à l'heure pour se déshabiller, se remettre en chemise, s'enfouir en son lit et jouer la comédie des levers.

Le 6 mai, Dieu doit être content de Son Lieutenant puisqu'il fait grand soleil sur les casaques bleues des deux pelotons de mousquetaires qui ouvrent le convoi devant le carrosse rouge du Roi, celui des cérémonies, mais sans les ornements d'or, tiré par six chevaux bais et entouré d'une compagnie de ses Gardes, en armes. Il précède celui de la Reine et ses chevaux blancs, des lippizans venus de Vienne offerts par les cousins Habsbourg, et celui du Dauphin, de la Dauphine et ses Dames d'atours. Derrière suit la caravane de la Cour, dont la queue n'est pas encore entrée dans Chaville, quand s'ouvre déjà devant le Roi le terre-plein qui conduit à l'avant-cour pavée du palais.

Deux haies de Gardes françaises et de Gardes suisses présentent les armes, dans le roulement des tambours qui battent « Aux champs » et le son aigrelet des fifres que le Roi aime tant quand il commande le siège d'une ville. Ils y annoncent toujours que les murailles tombent.

Et ce sont des murailles qui tombent en son esprit. Il va vivre au milieu de ce qu'il aime, le vent qui souffle joliment en rafale dans les casaques de ses mousquetaires, qui fait claquer fanions des compagnies et oriflammes de la monarchie, dans le soleil qui brille pour le saluer, dans le grand air qui règne jusqu'à l'infini. Le Roi entre enfin chez lui.

Il serait enfant qu'il en crierait de joie.

C'est avec une calme majesté, tout bonheur contenu, le cœur battant qu'il descend de son carrosse, se rend auprès de celui de la Reine, à qui il tend la main pour qu'elle s'y appuie, remarque qu'elle ne peut réprimer une sorte de frisson sous le vent et la conduit vers celui du Dauphin et de la Dauphine, qui elle aussi a droit à la main du Roi pour extirper son ventre rond de la voiture. Elle en souffrit durant tout le trajet de Saint-Germain jusqu'à ce village. Elle sourit toutefois à son beau-père, sentant en lui une indicible joie.

Versailles est encore un village et non la ville royale qui va s'entreprendre et s'ériger en un rien de temps. Et les villageois sont là, dans leurs meilleurs vêtements, et poussent des acclamations sincères et non stipendiées par MM. Louvois ou La Reynie qui ont autre chose à faire.

Derrière, chez les princes, les ducs et pairs, les duchesses, les princes bâtards, la meute enrubannée et endiamantée de si bon matin, c'est la cohue, le brouhaha, le tohu-bohu, le désordre. Juste si l'on ne se bat pas pour suivre le Roi et être au premier rang. Certains se battirent en effet. Quelques coups de poing, quelques croche-pied. « Un véritable bordel », glisse, en italien, le duc de Palestrina à son compatriote Primi Visconti, qui est de toutes les fêtes. Il le redira plus tard dans le palais envahi par une foule indéfinissable, car le Roi en fera ouvrir toutes les portes à ses Versaillais. Au grand dam de Madame qui ne supporte pas le populaire de trop près.

La majorité des courtisans ne connaissent pas l'endroit, seule une petite compagnie d'intimes triés sur le volet et invités personnellement sont déjà venus ici. Les autres ont assisté à quelque fête de nuit dans les jardins. Mais le château, le Palais majuscule, n'était alors qu'une masse d'ombre sur la nuit. Et cela fait bien des mois que le Roi n'y donnait plus ni fêtes, ni comédie, ni ballets.

Le Roi est déjà dans la cour de marbre, le Roi est déjà dans le petit corps de bâtiments bleu d'ardoise, rouge de brique, blanc de marbre construit pas son père et avalé plutôt qu'agrandi par l'œuvre volontaire de son fils.

Le Roi prend possession et dirige la visite.

Il y a chez lui, mais tous le tairont, du bourgeois parvenu et immensément riche, qui invite à voir l'hôtel particulier qu'il a érigé à la gloire de ses pistoles dans un beau quartier. Pour faire enrager l'aristocratie plus titrée mais moins fortunée. Simplement ici, un monarque nargue les autres monarques d'Europe, car leurs ambassadeurs regardent, auscultent, et notent ce qu'ils vont critiquer dans leurs rapports envoyés dès l'après-midi à leurs souverains mais qui, en fait, ce matin du 6 mai 1682, les ébahit.

Les courtisans ont des pensées pleines de fiel, si les paroles qu'ils adresseront au Roi se teinteront de miel, les ambassadeurs seront meilleurs juges. Ils voient la grandeur du projet et en mesurent la nature politique. Rien ne va leur échapper de cette première visite et ils savent que le Roi de France les a invités dans ce simple dessein. Pour qu'ils rendent compte à leur Empereur, Roi, Prince, Doge, Duc souverain ; cela vaut bien une guerre de conquête et coûte moins cher. En effet qu'est-ce que Versailles, malgré les gémissements de Colbert ? Quatre pour cent du budget, le coût de deux ou trois campagnes. Et moins de morts et de pillages.

Et puis les ambassadeurs n'ont pas à vivre ici. Les courtisans, si, à moins que de disparaître dans pire qu'un exil. Les douze cents pièces avec cheminée et les huit cents qui n'en possèdent pas ne leur chuchotent rien de bon. Des clapiers ! des placards ! des cabinets de commodité, sans commodité. Et il est recommandé de s'extasier.

Tâche aisée pour ce qui est des appartements de Leurs Majestés et qu'on s'amuse à nommer le « Louvre », sobriquet aussi de la tente du Roi lorsqu'il tient camp et bivouac à la guerre. Est-ce une autre guerre que l'on prévoit ici, ou bien la négation de tous les anciens rois oubliés dans leur château parisien si malcommode, si sombre, si empuanti encore par la ville pourtant assainie par M. de La Reynie ? On ne sait, on s'interroge, on s'exclame pour cacher qu'on se tait.

Versailles ne sent pas très bon non plus : boues remuées, peintures non sèches, colle des tentures, remugles divers de la nature domptée mais qui se révolte.

Le Roi est aux anges.

Cette installation a tenu d'un conseil secret et nul participant n'a vendu la mèche. Un ministre doit savoir ne pas broncher devant une question, dût-il passer pour un sot. Il y va de son emploi aux premiers rôles de la pièce, princes et courtisans n'étant que figurants, au mieux membres du chœur.

Princes, duchesses et courtisans, qui savaient pertinemment qu'ils jouaient chaque jour dans une comédie, sentent le doute les saisir. Ce décor est trop vaste, trop luxueux pour qu'on y rie. Scapin n'a rien à faire ici, et Alceste n'y serait point à l'aise. Ne serait-on pas sur la scène bâtie pour les tragédies sur des tyrans orientaux que Racine, dit-on, a décidé d'entreprendre ?

— Vous dites que c'est beau. Est-ce vivable ? Est-ce gai ? La Bastille et Vincennes sont aussi des châteaux royaux, mais d'abord des prisons.

— Voyons, Duc, a-t-on jamais vu une prison à la campagne, avec tant d'ouvertures, de lumière et d'air si venteux ?

— Et Pignerol, Marquise ? Qui respire l'air des cimes, souvent au-dessus des nuages ! Une forteresse terrible, en plein ciel.

— Il doit y faire froid aussi. Car ici, en mai, on gèle. Même au soleil.

Le Soleil, lui, est satisfait de son Royaume, de sa Cité étincelante. Il l'a rêvée, elle est sortie de terre, de la boue des marais. Elle enferme le grand art français, Le Brun, Poussin, Mignard qui conversent avec les chers Italiens de jadis, Véronèse, Raphaël, Mantegna, Vinci, Giorgione, le Primatice, Corrège. Les tapis de la Savonnerie adoucissent les pas, les plafonds chatoient de peinture et d'ors, des cabinets de curiosités regorgent de raretés dont le Roi fut toujours avide. Marbres et statuettes d'or et d'argent, coupes d'agates et de cornaline, en racine d'émeraude même, grotesques aussi faits de perles ou de rubis. On voit les camées les plus fins du monde, du mobilier d'argent, des girandoles audacieuses qui dégoulinent de cristaux, la vasque en jaspe gigantesque dans laquelle on tira l'eau lustrale pour baptiser Charles Quint, ancêtre du Roi par sa mère Anne, ancêtre de la Reine aussi. Velours rouge, soie verte, velours d'or, soie damassée, murs blancs et dorés, enflammés d'emblèmes et de macarons. Tout ici reflète la lumière. Du moins dans ce qui est proche du Roi, du Conseil, de la Reine, du Dauphin. Les autres, fussent-ils Princes de sang, se débrouilleront. Le Roi leur fournira des terrains à l'entour, dans la ville encore un village. Qu'ils y élèvent leurs hôtels ! Versailles sera la ville la plus royale et la plus aristocratique du monde.

Certains pensent que le Roi exagère. D'autres saluent l'audace de créer de rien un palais qui est aussi une capitale. On ne dira plus dans les cours étrangères, Paris fait ceci, décide cela, mais Versailles...

Et puis Paris et ses frasques ne sont pas plus loin d'ici que de Saint-Germain. Et Saint-Cloud, chez Monsieur, en est plus proche et fort plaisant, et il y a aussi le Palais-Royal, son autre demeure, à deux pas du Louvre. On changera de cour si l'on veut changer d'amusement.

Et puis surtout, mes amis, nous devons nous y faire.

La Montespan est mieux logée que la Reine !

Vous voyez bien que rien n'est perdu ! La vie continue. Et la Maintenon a une sorte de soupente, non ?

Oui, mais avec vue et meublée richement. Aussi richement que la Dauphine. Le Roi la visitera-t-il aussi souvent ? Il aime ses aises et déteste être gêné.

Nous verrons.

Ils virent en juillet la Dauphine accoucher. Le Roi tint lui même à annoncer que c'était un garçon. Louis de France, comme son père, et qui sera fait duc de Bourgogne. Pourtant on commençait à chuchoter que dans l'entourage du Dauphin, le vice italien... Comme son oncle Monsieur ? Il semblerait aujourd'hui que non ! Monsieur aussi a des enfants.

On se précipite devant la joie du Roi. Encore un héritier du trône. Quand il vous dit qu'il est le premier Roi de France, le patriarche d'une dynastie, et non un héritier ! Son père ne put jamais être grand-père. Père il le fut, mais presque à l'ultime extrémité et par la volonté de Dieu qui l'obligea un soir de tempête à bien vouloir coucher avec ma mère.

Pendant une journée entière, le protocole fut aboli *de facto* dans le nouveau palais. On porte le Dauphin en triomphe comme un vieux chef gaulois. Comme un roi barbare. Devant le Roi qui rit.

Dans les cours ouvertes au bas peuple, à tous, à n'importe qui, c'est beuverie, rôtis, feu de joie. On brûle les chaises à porteurs, des lambris dorés, des morceaux de parquet.

Nyert Premier Valet de chambre avertit le Roi de ce sacrilège, de ce blasphème, de cette horreur ! Réponse : « Nous aurons d'autres parquets. »

C'est la récréation, la noblesse souffle, on se croirait au temps béni du Roi Henri, qui se considérait comme un des leurs, le *primus inter pares*, tout simplement.

La Palatine grommelle : « Je ne peux me faire à de telles choses. »

Qu'elle se rassure, demain la récréation sera finie, les gueux seront renvoyés à leur gueuserie peut-être avec un peu de nougat ou un os de gigot. Ou *manu militari*. Et les autres, princes, pairs et ministres devront ramper devant le Maître. Comme ils ne l'ont encore jamais fait. Mais comme ils en ont déjà l'entraînement.

« Il est vrai, répondrait la Palatine, que le Roi a vieilli. »

Et salement.

Mais le Roi est si heureux d'être grand-père. Cet état lui convient, tant pis pour sa jeunesse, qui d'ailleurs n'est pas morte, il la sent encore bouillonner en ses veines et s'exprimer en désirs vite satisfaits dans quelques lits désormais dûment désignés par l'habitude.

Mais il la sent aussi s'esquiver, jour après jour, se faner au-dedans de lui, laisser passer quelque douleur incommodante, des atteintes physiques, un anthrax au nez, qu'il faut charcuter, des rhumes, ces intolérables maux de ventre qui détruisaient son père mais ne sont chez lui qu'inconvénients et pas encore misères de l'âge.

Il possède deux rois putatifs derrière lui. Il leur faudra patienter longtemps avant d'acquérir son trône. Le long temps qu'il faut pour apprendre le métier de roi. Lui, à peine en eut-il le loisir, jeté tout jeune, tout enfant, dans la fournaise. Il a appris sur le tas comme un bon maître charpentier, quoique devant Versailles il se sente plutôt maçon. Ou jardinier. Il vient de demander à M. La Quintinie de lui faire pousser des orangers en pleine terre. Il s'attendait à de hauts cris, comme de la part de tout artisan jaloux de son métier, et qui dit non avant d'essayer car « on n'a jamais fait ainsi ». « Pourquoi pas ? » a répondu le jardinier qui veut en outre lui installer le potager le plus magique du monde et rêve de fraises mûrissant en novembre. Désormais on l'appellera ici Monsieur de La Quintinie.

« La face du théâtre change », avait déclaré Louis en prenant tout le pouvoir à la mort de Mazarin. Il est encore très fier aujourd'hui de cette formule qui définit à merveille son déjà long règne. Maintenant c'est le bâtiment lui-même qui a changé. Quelles pièces mirifiques, pleines de machineries, comme les opéras d'Italie, ne pourra-t-il y diriger ? Y créer ?

Versailles enfin... Même inachevé Versailles est la nouvelle gloire de son règne, son nouveau sacre décrété par lui-même. Et sans doute le dernier. La belle affaire quand l'avenir est assuré.

Allons rendre visite au petit Dauphin en son berceau, à la Dauphine pour la féliciter encore et la cajoler. Elle en a bien besoin. Et en chemin sans doute nous arrêterons-nous dans l'appartement de sa Seconde Dame d'atours et peut-être dans son lit.

Il faudrait aussi visiter Mme de Montespan.

Plus tard.

A ce propos la chinoiserie du Trianon de porcelaine n'est plus de mise maintenant. On ne s'évade plus à Versailles pour y faire la fête, on y vit, on y travaille, on y gouverne. Cette facétie d'architecture des plaisirs n'a plus sa place ici. Elle jure. Elle va donc connaître la pioche. Démolir est aussi agir.

OÙ LE ROI A HUIT CENT MILLE SUJETS DE MÉCONTENTEMENT, PLUS UN

« Désolation on veut, désolation il y aura ! »

Louvois est au comble de la joie et du succès. Il a un ordre à exécuter et la maîtrise de cette exécution. Il est partout, se mêle de tout et, qui plus est, Colbert est malade. Il s'acquitte de tout. Il détruit, il « désole ». La « désolation », en termes militaires, est pire que le « dégât ». Ramener les « religionnaires » dans la vraie religion est une aubaine. Un rêve. Depuis la paix de Nimègue, il s'ennuyait un peu. Grignotant çà et là les prérogatives de Colbert. Mais en cet instant, il jubile. Il va rétablir l'ordre et l'autorité de Sa Majesté. Devant cette Majesté, il sait remarquablement gonfler et sublimer son action. A la Cour, on commence à le flatter comme un prince. Jules Hardouin-Mansart, qui a certes du talent mais aussi un fond d'être parfaitement servile, doit-il installer quelques lucarnes en chiens assis au Louvre, il faut bien s'occuper, qu'il les surmonte d'une tête de loup. Traduction : « Le loup voit. »

La désolation promise est pour le Languedoc.

Au nom d'un adage ancien, datant des guerres de Religion du siècle dernier et retrouvé heureusement par le secrétaire à la Guerre : un roi, une loi, une foi. Louvois pouvait se flatter que cette formule avait beaucoup plu au Roi. Il lui fut facile de démontrer que tel n'était plus le cas, puisque le Royaume se séparait sur la foi. Et ce bien sûr depuis l'édit de Nantes du bon Roi Henri, heureusement converti au catholicisme. L'immense grand-père de

Sa Majesté avait ainsi pour la paix du Royaume promulgué un édit de circonstance. Qui désormais, tout en étant respecté, datait un peu. On lui avait d'ailleurs apporté sagement, Sa Majesté avait apporté sagement, quelques aménagements : plus de place de sûreté pour ces Messieurs de la religion, plus de mariages mixtes, etc. D'autre part, de huguenots aussi célèbres et grandioses que Turenne étaient revenus d'eux-mêmes au sein de la vraie foi. Convaincus par Bossuet, convaincus par le Roi.

Il parlait vrai.

Et montrait des dépêches annonçant des conversions nouvelles.

Trente mille dans le Bas-Poitou. Le chiffre était énorme. Le Roi hocha la tête.

— Continuez, Louvois.

Le ministre s'étonna que le Roi si pointilleux, si curieux du détail, si jaloux de son pouvoir, ne l'ait pas cette fois-ci questionné sur la manière dont ces retours au berceau de l'Eglise avaient été obtenus. Le Roi avait donc d'autres soucis ou volontés en tête. Ce divertissement de l'esprit du Roi l'arrangeait car il est dangereux de lui mentir, à peine l'ose-t-on par omission, et Louvois aurait été bien embêté de lui répondre.

Un Roi, une loi, des armées.

Des armées chez l'habitant comme il est de coutume. Avec une légère modification aux billets de logement. Les gouverneurs de provinces étaient invités à loger surtout soldats, reîtres et gens d'armes chez les religionnaires... Et de faire savoir que les bons catholiques en étaient dispensés. On voyait ainsi des villages entiers abandonner le temple pour se ruer à l'église. Alors on passait au village suivant. Bien sûr, si les soldats partis, les nouveaux convertis revenaient à leur errance de croyance, ils étaient déclarés relaps et méritaient les galères.

Mais la formule efficace avait été éventée, la nouvelle avait couru vers le Languedoc, qui se rebiffait. Une rébellion était chose courante mais insupportable. Et Louvois savait mater les rébellions. La Bretagne s'en souvenait, le Vivarais en était encore ému. Et ensanglanté.

Le Bas-Poitou respirait à peine. Le Roi quelque peu informé, par le clan Colbert certainement, était revenu chez Louvois lui prêcher une certaine modération. « Pas d'exactions. » Bien. Ou un coup des curés qui aiment à rappeler au Roi les « désordres de sa vie passée », prudents ou lâches ils excusent donc ceux de la vie présente. Louvois les méprise mais il s'en sert. Comme il se sert du peuple. Il sait par La Reynie que le « bon Français », bien catholique et légaliste, déteste désormais les protestants. Ce sont les alliés des nouveaux ennemis hollandais, les alliés de Guillaume d'Orange, le pire adversaire de Sa Majesté. Mais Colbert sait le religionnaire huguenot industrieux, à l'adage de Louvois, il oppose celui-ci tout aussi ancien de « riche et honnête comme un huguenot ». Dieu merci, Colbert est malade. Et les Languedociens se comportent fort mal. Ils déclenchent eux-mêmes une minuscule guerre de religion anticatholique. L'occasion est rêvée.

Les huguenots tiennent des assemblées nocturnes, brûlent l'église de Casteljaloux, le Roi est traité de *rex ferox* et *asper lupus*, ce loup de Louvois, et M. d'Aguesseau intendant de la province réclame des renforts.

Louis XIV hésitait : les protestants, tous les protestants avaient été loyaux pendant la Fronde, et cela comptait encore pour lui, cela comptera toujours.

Mais on s'agite, on se réunit, on s'arme. C'en est fait, Louvois a les mains libres, le duc de Noailles est chargé de mater la rébellion en Languedoc, le maréchal de camp, M. de Saint Ruth, en Dauphiné. Chacun a quinze cents dragons et deux mille fantassins. On réduit les poches de résistance par l'incendie, la destruction des villages et des temples. Il faut, écrit Louvois en guise d'ordre de marche, « créer une telle désolation que l'exemple contienne les autres religionnaires et leur apprenne combien il est dangereux de se soulever contre le Roi ».

Ils apprennent, et déjà fuient chez les princes allemands et en Hollande.

Colbert sort de son lit de douleur et rencontre le Roi, qui le fait asseoir. Il renouvelle ses protestations : les calvinistes français sont une force vive pour l'économie du pays et fuient à l'étranger devant les persécutions de Louvois. Car il y a, Sire, persécution et non maintien de l'ordre. Le Royaume de France est unique en Europe qui conservait ensemble deux religions. Le retour à l'époque précédant la sagesse tolérante du Roi Henri sera un désastre pire qu'une défaite militaire. La France perdra des centaines de milliers de soldats de l'économie.

— Voudriez-vous, Sire, persécuter le banquier Samuel Bernard à qui Versailles doit tant ?

Sans parler du Trésor royal.

L'argument porte.

Dans son entourage, Mme de Maintenon, ancienne huguenote mais catholique fervente, prêche la modération, « mieux vaut convertir et ne point persécuter ». Elle est la petite-fille d'Agrippa d'Aubigné. Madame, cette chère Madame en adoration devant son Roi et qui lui marque toujours grande franchise, se souvient de sa jeunesse luthérienne et avoue, dans ses lettres soigneusement décachetées avec copie adressée au Roi par le cabinet noir de La Reynie, garder « son (*sic*) petit religion à part soi ». Deux voix qu'il écoute. Ainsi que celle de Bossuet, antireligionnaire et qui démontre les dangers de l'hérésie mais rappelle que Français, les protestants sont « nos frères en le Christ ». Louis se voulait apôtre, portant la vraie parole à ses sujets dans l'erreur, il se découvre tortionnaire.

Ordre est donné à Louvois d'arrêter les envois de troupes et aux intendants et gouverneurs de parlementer. Mais, si les religionnaires veulent encore partir vers l'étranger, il leur est interdit d'y mener leurs enfants, qui doivent être élevés dans la religion catholique. En revanche, qu'on récompense les conversions par des avantages fiscaux. « La corruption fera mieux que la violence. »

Louvois baissa la tête. Ce n'était que partie remise. Il patienterait. Deux ans.

Il se plaignit de son logement. Il n'avait pas tort. Bas de plafond, à peine éclairé à l'entresol, ce qui lui servait de bureau, de « cabinet », était pire que son « réduit » de Saint-Germain. Un placard.

Le Roi lui montra le chantier au nord, où s'élevait l'aile des ministres, pendant de l'aile méridionale du Dauphin.

— Vous logerez bientôt au septentrion, d'ou viennent les vents les plus froids et les plus fortes bourrasques, monsieur de Louvois.

Et puis Louvois avait menti, Louis le savait. Il avait annoncé deux millions de sujets religionnaires dans le Royaume. Ils n'y étaient que huit cent mille. Huit cent mille sujets de mécontentement, certes, mais le mensonge était énorme.

— C'est que, Sire, la différence s'est convertie.

Louis avait besoin de lui, il fit semblant de le croire. L'Europe est exaspérée et prête à fondre sur la France.

Le Royaume intérieur est pacifié, le terme est employé, même s'il cache autre chose qui ne ressemble guère à la paix, mais Versailles se contient, puis éclate en récriminations.

On se plaint des logements. Huit cents chambres ne sont pas chauffées et tout le palais n'est qu'un carrousel de courants d'air. Louis offre des terrains proches du château. Qu'ils me construisent une ville s'ils ne veulent de mon palais ! Et il s'en va voir Montespan dont l'appartement a meilleure vue et plus de soleil que celui de la Reine.

Va-t-elle aussi récriminer ?

Françoise Athénaïs pouvait bouillir tel un chaudron et montrer dans le même moment le calme le plus délicieux. Elle avait du tempérament mais aussi de la raison. Et les temps présents ne se prêtaient pas aux emportements.

Elle était coiffée à la Fontanges, et ce n'était pas là un hommage à la passade morte dans l'indifférence de son amant. Simplement avait-elle remplacé le ruban qui retenait la coiffure, inventée un jour de grand vent qui avait défait les cheveux de la belle sotte, qui le remplaça en un tournemain par une passementerie arrachée à sa robe, eh bien Montespan l'avait remplacé par sa jarretière. Tout l'esprit de la maîtresse en titre était là, non dans les mots pour une fois, mais dans ce geste et cette gifle adressée à une morte : tu étais jolie, Fontanges, et je t'emprunte ta coiffure, mais ta cuisse te tenait lieu de tête.

L'intelligente Mortemart sait que sa beauté se fane, s'alourdit, alors que la vieille guenon Maintenon reste fine. Elle sait aussi que son esprit caustique, ses sautes d'humeur, les emportements et les querelles qui avivaient les sens de son amant le poussent à fuir, le lassent. Un sourire vaut mieux. Et la jarretière dans les cheveux est un sourire coquin, en rappel d'une infidélité qui n'était rien.

Elle ne battra pas Maintenon avec ses anciennes armes. Il lui faut changer de tactique. Montespan a compris que Maintenon pour le Roi est la tranquillité, la quiétude, la satisfaction de plaisirs simples, l'élégance du langage mesuré, la culture sans pédantisme, un enjouement sans extravagance. Toutes ses propres qualités d'esprit, mais mesurées à une nouvelle aune.

Elle l'entrevoyait, mais n'aurait su la définir. Ou bien le craignait-elle.

La nouvelle aune pour mesurer ce qui plaisait au Roi, puisque le devoir de chacune sur terre était de lui plaire, se trouvait pourtant, en cet instant, sous ses yeux. Il lui aurait suffi de regarder et de voir. Elle regardait mais ne vit pas. Elle avait encore le point de vue de maîtresse en titre du Roi, donc de maîtresse de la Cour, donc du monde.

Un simple regard de femme lui eût suffi à mesurer le changement.

Le Roi, lui, la contemplait, vaguement amusé par l'insolence du ruban, mais vaguement seulement. Il ressentait un vide. Ce vide contradictoire qui suit la satiété des plaisirs. L'étrange moment où se décide en quelque sorte une seconde existence. Le Roi n'était point un fin érudit, un roi savant, comme il fréquentait des femmes savantes, mais l'homme Louis connaissait la nature humaine, et cela depuis l'enfance. Et l'âge venant, il y avait souvent pensé à cette venue de l'âge, et il lui était le bienvenu, il admettait et désirait une forme de sagesse.

Avec Mme de Maintenon, Louis pouvait être un homme vieillissant et sachant qu'il vieillit. Avec Montespan il se devait de rester un amant roi. Et selon la nouvelle courtoisie, inventée jadis par les Précieuses, dont la plus regrettée pour lui était encore la précédente Madame, un amant était aux ordres de sa maîtresse, autre contradiction avec son état de roi.

Le Roi détestait le ridicule. Ne le supportant que sur le théâtre.

On pouvait être banni pour un mot de travers ou, pis, un trait d'esprit tombant à plat. Il détestait ce ridicule par crainte d'un jour l'être. Avec Fontanges, il avait compris qu'il le frôlait. Quelque grande que fût son admiration pour la vitalité débordante, la joie de vivre, la liberté de corps et d'esprit, et le courage physique, qu'il portait depuis l'enfance à son aïeul, le Roi Henri IV dit le Grand, il se refusait de traîner dans son âge mûr et sa vieillesse naissante les désordres de sens où la dignité se perd quand ils n'ont plus la jeunesse pour excuse.

Il regardait cette femme éblouissante pour laquelle il mesurait la faiblesse des restes de sa passion. Sa liaison avec elle ne lui apportait plus qu'une vaine agitation et encore le plaisir des sens. Mais il ne mesurait plus ainsi son plaisir d'exister.

Que disait-elle en l'instant ? Il n'en avait cure. Qu'elle quémande, elle aura ce qu'elle veut. Il suffit de lui répondre oui et on a la paix.

Il s'assit dans un fauteuil à oreillettes. La regarda à sa toilette, continua son voyage intime en lui-même. Ce n'était certes pas ce qu'elle escomptait de cette visite, et ce n'était pas ce à quoi, lui, s'était préparé.

Toutes les femmes lui avaient plu, hors la sienne. Mais à cette Reine il avait toujours montré égards et respect. Egards, respect et infidélités procurent ce curieux vide ressenti en entrant il n'y a pas une demi-heure chez sa maîtresse. Vide du cœur, vide de l'esprit. Vide de la satiété, comme il fut dit. Il avait joui de la vie si pleinement, avec tant d'ardeur et de fougue que naissait un besoin tant physique que moral d'aller vers le repos. De remplacer les passions par la conversation, l'esprit, la raison, ces nouveaux plaisirs qui prennent grand prix à un certain âge de la vie. Oui, c'est cela, une sorte d'âge de raison. Peut-être un peu tardif chez lui. On disait que l'humain l'atteignait à sept ans. Il aura donc attendu sept fois sept ans.

Il sourit.

Elle prit le sourire pour elle. Il en fut content. Qu'elle ignore encore que sa faveur décline. Il aurait la courtoisie, et la reconnaissance — le Roi s'interdisait d'être ingrat sauf quand la nécessité politique commandait — de lui cacher le plus longtemps ce déclin.

Et puis la mort de leur fille, Mlle de Tours, à sept ans, l'avait affligée. Il savait avec la Reine ce qu'était perdre un enfant. Marie-Thérèse dont la religion à l'espagnole n'était pas loin parfois de la superstition avait cité quelque vieux proverbe castillan : « Qui perd sa fille perd son âme. » Et avec un signe de croix avait béni le Roi et sa douleur, même s'il s'agissait d'une bâtarde.

Depuis ce deuil, Françoise Athénaïs s'était quelque peu tournée vers Dieu, elle aussi. Mais ne visait pas le Carmel comme La Vallière. Elle donnait aux Eglises et aux œuvres charitables. Un brin de Maintenon chez Montespan ? L'idée amusa le Roi. Imitait-elle sa rivale ou bien était-ce sincère ? En mémoire de l'âme de leur adorable petite fille, il plaida pour la sincérité.

Il dit être obligé de la quitter pour traiter des affaires qui ne sauraient attendre, mais qu'il lui avait été impossible de passer une journée sans la visiter.

Alors elle décela chez cet amant la tristesse, qu'elle se promit de guérir. Et une sorte de renoncement, qui, lui, l'effraya. Il avait une mine de deuil et quasi de vieillard. Notre fille sans doute. Elle versait bien encore des larmes en secret sur cette mort injuste. Oui, le Roi pleure sa fille comme moi : en cachette. Elle eut un élan de tendresse pour cet homme meurtri. Ce n'est plus le Roi, c'est un père aimant. Sans aucun doute, madame de Montespan, mais c'est aussi, en cet instant, un amant qui fuit pour cacher qu'il est désormais indifférent.

Elle ôta machinalement la jarretière qui retenait ses cheveux.

Le Roi n'avait pas à tenir conseil, simplement avait-il voulu cacher qu'il allait chez la Reine. Suivant en cela un autre conseil donné d'une voix douce et ferme par son excellente amie, car Louis considérait Françoise, l'autre Françoise, sans la préciosité désormais ridicule de ce prénom, Athénaïs, imposé par un poète mort, comme sa grande amie. Il en était fort aise même au lit avec elle. Ils étaient amants de fait et amis de cœur. Et ce second terme lui importait, en cet instant, plus que le premier.

Il devait se rapprocher de la Reine et de sa pâleur, de son goût pour le chocolat, et pour Dieu.

La Reine, qui n'abandonne ni Dieu ni chocolat, retrouve un mari. Qui passe de longues soirées avec elle au lieu que, le souper avalé, il quitte ses appartements pour... elle savait où, elle savait chez qui. Désormais il reste et lui donne les marques de légitime tendresse dont elle était sevrée. Sauf certaines nuits, peu avant l'aube, quand il rentrait.

Elle fut d'abord stupéfaite, passa de la stupéfaction à la simple surprise, de la surprise à une certaine joie, de cette joie timide encore à un vrai bouleversement de l'âme. Puis à la fête totale de l'esprit et du corps.

Bien que très religieuse, Marie-Thérèse ne croit pas que se produit là un miracle. Le Roi est transformé. Et non par quelque filtre acheté en cachette chez quelque sorcier charlatan, survivant de l'affaire de Bonne-Nouvelle. Elle a compris : c'est sa nouvelle amie qui fait la leçon au Roi. Quoi qu'en pense Madame qui ne tarit pas d'insultes, quoi que des langues perfides lui susurrent, la Reine sait que ce retournement est dû à Mme de Maintenon. La joliette Fontanges morte laide comme une sotte, le Roi aurait pu être tenté par une nouvelle amourette. La Dame d'atours de la Dauphine, dans ses longues conversations, pousse le Roi à revenir à sa Reine, et le Roi l'écoute.

Enfin une amie peut-être ?

On doute encore de la vertu de l'ancienne veuve Scarron. La Reine tranche en public :

— Dieu a suscité la marquise de Maintenon pour me rendre le cœur du Roi.

Elle lui donne son titre, qui, pour elle, Habsbourg, n'est pourtant qu'un titre de circonstance et n'a rien à voir avec la véritable noblesse.

Et elle lui offre son portrait par Mignard, qui l'a nettement édulcoré, en gage de leur honorable amitié. Et pour décorer son pauvre appartement au second étage de l'aile de la Dauphine. Elle n'a jamais visité cette soupente. Elle questionne le Roi, qui sourit.

— Il n'est nulle soupente à Versailles, Madame, c'est une

médisance de courtisan. Mais pour vous plaire je la vais mieux loger.

La Reine bat des mains. Ce sont ses caprices désormais que le Roi tolère et exauce.

Et Mme de Maintenon dispose désormais de quatre pièces de plain-pied avec l'appartement du Roi. Et qui donnent donc sur les jardins. La diplomatie intelligente a fait plus que force ni que rage à la manière de Louvois et de Montespan : le Roi ne rechutera pas dans les bras d'une nouvelle passade après la disparition de Fontanges et donc ne sera pas damné pour cause de trop grande complexion amoureuse, son salut étant le premier souci de la marquise, et tout danger est écarté quant à son propre avenir à la Cour, son souci en second.

La Reine de France connaît donc enfin le bonheur, le vrai : le simple, le conjugal. Il était temps que Dieu se manifeste par la voix de sainte Françoise de Maintenon, car dans deux mois la Reine sera morte, le 30 juillet.

Cela débuta le 26, par une vétille, du moins un mal assez commun, un abcès à l'aisselle gauche et une fièvre légère, mais qui forcit. L'abcès avait provoqué cette pâleur que beaucoup, dont Monsieur et sauf le Roi, avaient remarquée. Ni l'emplâtre, ni l'émétique ordonnés par d'Aquin n'en vinrent à bout. Le 29, la fièvre augmente. Normal, c'est à cause de la douleur : la Faculté aime que le malade souffre, car s'il souffre c'est qu'il combat. La santé est une guerre. L'abcès devient furoncle et se colore d'une manière pourpre avec beaucoup de pus qui paraît « se retirer dedans avec un très grand feu ». Ce n'est plus une vétille, la Reine délire.

D'Aquin, médecin du Roi, ausculte, temporise, hésite et ordonne une saignée. Le chirurgien de la Reine, Gervais, proteste : le pus risque d'empoisonner l'intérieur. D'Aquin s'entête, il est Premier Médecin du Roi ! Gervais sanglote :

—Vous voulez que ce soit moi qui tue ma maîtresse !

Il est onze heures du matin. Gervais préfère qu'on aille chercher le Saint Sacrement à la chapelle. Alors seulement il saigne. Puis on administre un laxatif. Qui affaiblit évidemment le corps ainsi maltraité et dont le pus empoisonne le poumon.

Dans ce corps soumis à une telle épreuve, la Reine comprend.

— De toute ma vie, depuis que je suis Reine, je n'ai eu qu'un seul jour de contentement.

Bien triste testament.

A trois heures elle est morte. En présence du Roi, de son fils et de la Dauphine. Nul n'a pensé à lui tenir la main.

— Voilà le premier chagrin qu'elle m'ait causé, déclare le Roi.

Bien triste épitaphe.

Le Roi semble plus attendri qu'affligé.

Maintenon arrive en grand deuil, les yeux rougis dans un visage lugubre et Montespan pousse de hauts cris et de grands sanglots pour une femme qu'elle méprisait ouvertement. Sur qui pleurent-elles, ces deux tristes figures ?

Pour Montespan, la raison est simple. La Reine morte, il n'existe plus de charge de Surintendante de sa Maison. Françoise Athénaïs vient donc de la perdre. Et la perdant qu'en est-il de son brevet d'éternité à la Cour ? Dure question quand on voit s'évaporer sa faveur.

Quant au grand deuil de Maintenon, ses voiles drapés, ses larmes sont salut à la perte d'une amie et bienfaitrice, certes, certes. Le deuil d'autres illusions, aussi : on imagine mal ce Roi veuf et solitaire, il se voudra remarier, il n'est pas Charles Quint ou Philippe II d'Espagne, conquérants devenus vieillards solitaires et dévots dans leur terrible Escorial. Il vit à Versailles, il est moins vieux qu'il fait mine de le croire. Et a encore les sens en alerte, elle en est la preuve vivante et consentante.

Tout serait à recommencer. Une nouvelle Reine ou une nouvelle maîtresse ?

Le père La Chaize et Monseigneur Harlay archevêque de Paris s'en mêlent : ce Roi ne peut rester sans une femme dans son lit. Il serait capable d'épouser la première blanchisseuse venue. Montespan souhaite de lui trouver une « bonne princesse », douce et pieuse et de préférence niaise. Comment dénicher une princesse étrangère, toutes les cours d'Europe sont nos ennemies ? Même le

Pape s'en inquiète. Bossuet, La Chaize et Harlay ont leur idée. Elle sera surprenante.

Mademoiselle apparaît, elle qui avait juré de ne plus remettre ses grands pieds à la Cour depuis l'affaire Lauzun. Elle contemple avec hauteur ce branle-bas de faux deuils. On lui conte tout. Le cœur de la Reine au Val-de-Grâce, sa dépouille à Saint-Denis, et au retour la Cour plaisantant dans les carrosses des funérailles, trois mousquetaires en profitant pour tirer la perdrix. Les hauts cris de Montespan, les voiles de Maintenon.

— Voilà des récits de gens bien affligés par la mort d'une Reine de France, laisse-t-elle tomber.

Et s'en retourne en son palais du Luxembourg.

Elle reviendra le lendemain du 6 septembre pour bien s'assurer de la mort de Colbert, qu'elle n'a jamais trop aimé, mais elle hait tant Louvois, instigateur de son malheur et de sa honte, que Colbert semble lui manquer. On dit que Colbert est mort justement de honte, car un mur nouvellement édifié s'est écroulé dans Versailles. Il avait été achevé au rabais, le Roi étant pressé et l'argent absent. Colbert est aussi Surintendant des Bâtiments, et donc fautif. Le Roi le tance mais le voyant pâle lui recommande aimablement de prendre soin de sa santé. Trop tard.

Louvois se jette sur la dépouille, l'héritage, les survivances, et va éloigner le fils, Seignelay, de la succession au ministère d'Etat. Louvois veut tout. Il aura beaucoup. Dont sa chère reprise de la « désolation » des huguenots. Le Roi a la tête ailleurs. Il déteste les deuils à répétition.

Trop de morts, trop de deuils depuis dix ans. Dans quelle ère entre-t-on ?

Il s'ordonne de ne pas être triste. A sa grande surprise, il y réussit fort bien.

La tête est ailleurs ? ou bien le cœur ?

UN MARIAGE RATÉ, UN MARIAGE SECRET

On n'en a jamais fini avec les grands extravagants. M. de Montespan, oublié dans le Sud-Ouest, où il commandait toujours ses chevau-légers, tomba en amour comme on tombe en folie. L'objet de ses soupirs, et il ne s'agissait pas que de soupirs, était Mlle de Riquet, fille de Pierre Paul de Riquet, qui se surnommait lui-même le « Moïse du Languedoc » puisque si Moïse avait ouvert la mer Rouge pour que son peuple y passât à pied sec, il avait lui, ingénieur, fendu les terres pour relier, par le canal des Deux-Mers, la Méditerranée et l'Atlantique via la Garonne. Les flottes marchandes évitaient donc le détour par le détroit de Gibraltar. L'idée était de Colbert, industrieux ministre, dans son plan de rénover et d'accroître les voies de communication du Royaume. Si Louvois terrifiait la Hollande, Colbert lui, l'imitait, prenant ses canaux en modèle. Cette idée coûta vingt millions de livres, employa douze mille ouvriers et permit au vieux Corneille de flatter Louis XIV, ce qui ne lui servit à rien : « France, ton Grand Roi parle et les rochers se fendent... » Riquet, ce Moïse terrien était donc en sa province au faîte de sa gloire. Invité partout, dans les salons de Toulouse, il y croisa forcément le fringant et ténébreux marquis de Montespan, colonel de chevau-légers. Veuf, Riquet, y était accompagné de sa fille. Mariage était en vue.

Mais Louis Henri de Pardaillan de Gondrin, marquis de Montespan, s'il était séparé de corps était toujours marié à la favorite du Roi, qui avait certes moins fait que Riquet pour le Royaume, mais plus pour le Roi.

Le marquis extravagant, qui ne doutait de rien, écrivait une lettre destinée au Pape et demandant annulation de ce mariage.

Un homme de La Reynie en eut vent. Il rôdait à Toulouse pour tout en connaître. La copie de la lettre, très belle, aimablement tournée, dénonçant un vrai style littéraire, atterrit à Versailles, où on la montra à l'épouse qu'on voulait annuler.

Elle lut, s'étonna, s'épouvanta. Son mari oublié allait encore pousser à bout la patience du Roi.

Elle écrivit elle-même dans ce sens à son mari, avec lequel plus aucune relation n'avait perduré. S'il adressait cette lettre à Rome, c'en était fait de lui. Il était homme perdu et perdu aussi serait l'avenir de leur fils commun, le charmant marquis d'Antin, qui avait vingt ans et que le Roi songeait à faire duc, ne pouvant créer sa mère duchesse, car ce serait nommer M. de Montespan duc et pair.

Montespan est fou mais il n'est pas bête et ne songe pas une minute à nuire à son fils.

On attendit la réponse de l'amoureux de la fille du Moïse fendeur de terres. Le Roi et son entourage se montraient fort émus. Si cette lettre arrivait à Rome, à n'en pas douter le mariage serait annulé. Mais les arguments de cette annulation dénonceraient et blâmeraient publiquement l'adultère royal et ses rejetons. Il en était des exemples dans l'histoire en rien agréables et très humiliants pour les rois ainsi dénoncés. Si leurs amours étaient patentes, il était insoutenable que le Pape les condamne au vu et au su de toute l'Europe catholique. Sans parler des ricanements et du hourvari que cela produirait chez les protestants, qui ne demandaient qu'à haïr leur tourmenteur et, pis, à s'en moquer. La Reynie avait déjà fort à faire à saisir et brûler libelles et gravures montrant le Roi en sombre tyran. Bon archiviste et bon policier, il en gardait chaque fois un exemplaire en ses dossiers.

C'est Louvois, promu spécialiste des calvinistes et des rébellions, qui écrivit de sa main au cardinal d'Estrées, ambassadeur auprès du Saint-Siège, de mettre en garde le trône papal contre cette manœuvre.

M. de Montespan réfléchit et sacrifia son nouvel amour au bonheur de son fils. Le Roi ne l'aimait pas, car il en craignait la folie, mais en tant que père et grand-père désormais du duc de Bourgogne, il lui rendit une sorte d'hommage. Derrière l'extravagance, il y avait un brave, ce qui était indéniable, et un vrai père.

Pas question pourtant de le ramener à Paris, encore moins à Versailles.

A mariage avorté, mariage envisagé. Marier le Roi devenait une urgence.

Un nouveau drame semblait poursuivre la maîtresse délaissée. Son fils et celui du Roi donc, le comte de Vexin, mourut pour ses onze ans. Et celle qui se moquait de la bigoterie de l'ancienne veuve Scarron versa à son tour dans la dévotion. On ne sait à quelles extrémités peut mener la perte de ses enfants. Elle ne semblait plus que préoccupée de son salut, et son regard s'était terni, comme s'il ne regardait plus les fastes de la Cour, les beautés de Versailles, mais à l'intérieur de son âme qui se tourmentait.

Si la Cour affichait une piété de façade pour plaire à sa nouvelle Egérie, comme la surnommait la finaude marquise de Sévigné, à moins qu'elle ne la nommât l'Enrhumée, car Françoise d'Aubigné était grande frileuse, elle n'en demeurait pas moins craintive de superstitions, comme l'avait montré, hélas, la trouble affaire des poisons, que nul n'avait oubliée et où beaucoup avaient tremblé et en avaient encore, certaines nuits d'insomnie, des bains de sueurs froides.

On décréta donc, la voix de la Cour est ce « on » impersonnel, car un mot, une idée sont-ils lancés par un individu que son nom d'auteur est oublié, et que le trait devient l'apophtegme qui régit toute la masse, « on » décréta donc que c'était la Reine morte, qui du haut des cieux avait demandé à Dieu, qu'elle côtoyait pour l'Eternité, la conversion de tout Versailles, Athénaïs comprise.

On voyait désormais aux messes, aux côtés des dévotes signalées qu'étaient Mmes de Montchevreuil, de Chevreuse, de Beauvilliers, la princesse d'Harcourt et Mme de Maintenon, des dames de qualité qui s'étaient toujours tenues bien éloignées des obligatoires dévotions : Mme de Montespan, sa sœur Mme de Thianges, la comtesse de Gramont, la duchesse de Lude, Mme de Soubise. Le Roi n'y paraissait plus par fonction, ne s'y montrait plus comme au théâtre, mais faisait preuve d'une piété recouvrée. Influence céleste de la Reine morte, ou terrestre du talent de Bossuet ? Ou bien encore, de cette intimité encore décidée secrète avec la pieuse Mme de Maintenon, intrigante et amante par vertu ? Et dont désormais on craignait les silences et les regards bien plus qu'on n'avait jamais craint les traits acérés et les colères de la Montespan.

Bossuet, La Chaize, Harlay s'en félicitaient.

Ils connaissaient la promise qui éviterait au Roi de commettre de nouvelles bêtises. Certes sa naissance était petite et sa noblesse première sujette à caution, son marquisat flambant neuf, et le promis était, lui, le plus grand Roi de la terre.

Elle serait épouse et non Reine, voilà tout. Et s'il en résultait des enfants, on n'y croyait guère vu son âge, et le Roi lui-même était en son automne sinon en son hiver, eh bien, le Roi en ferait comme d'habitude : des ducs. Pas question non plus qu'elle prenne rang avant les Princes du sang, Madame en eût fait une maladie et sans doute un scandale.

Et puis, audace folle, modèle pour les cours d'Europe, un Roi se marierait selon son cœur. Le père La Chaize, jésuite et confesseur, Bossuet, évêque et conscience catholique nationale, Harlay de Champvallon, archevêque de Paris, étaient des novateurs.

Simple union privée et bénie par un prêtre, et qui clorait aimablement les temps des frasques, des bagatelles, et des débordements, un retour vers la vérité de ses sentiments et à la loi divine.

Le Roi allait prendre, au registre des maris de Françoise d'Aubigné, lui, descendant de Saint Louis et du glorieux Henri IV, la seconde place dans le temps, après un poète qu'on oubliait, qui fut bossu, paralytique et libidineux ! Mais que sa mère avait bien aimé, car Scarron l'amusait.

Le projet était en effet ahurissant, et les trois saints comploteurs, parfois n'y croyaient plus et s'en remettaient à Dieu, souhaitant, aux lisières du blasphème et comme Monsieur l'avait dit, qu'Il fût taquin.

Dieu le fut car Dieu le fit.

Le Roi hésita. Il alla à Saint-Cloud, chez son frère, puis à Fontainebleau pour chasser. Hésitait-il, réfléchissait-il ? Le choix était grave. L'influence de la piété de Françoise l'avait pénétré et cela ne lui déplaisait pas mais le rassurait. Deux de ses enfants avec Montespan était morts... Avertissement divin ? Non, il se refusait à cette superstition, Françoise était pieuse et non superstitieuse, elle n'eût jamais mis sa foi en certaines potions et Dieu ne tue pas les enfants pour punir les parents.

A moins qu'Il ne soit Louvois et qu'ils fussent protestants.

A Saint-Cloud où son frère et surtout Madame lui firent somptueusement fête, on négligea le deuil de la Reine morte il y a si peu de temps. Ne peut-on faire la fête vêtu de violet, de pourpre et dans le cas de Monsieur d'un mauve délicat ? On décida qu'on pouvait, en pied de nez à la mort qui nous encerclait. A Fontainebleau, au plus fort de l'excitation de la chasse, il ressentait chaque heure un désagréable vide : l'absence. Elle lui manquait.

Sa conversation, ses silences, son esprit lui manquaient, ainsi que la justesse de ses vues. Et son corps. La pieuse Françoise avait du goût pour le métier, non comme l'avaient dénoncé Louvois et Athénaïs, mais comme sa pieuse épouse la feue Reine en avait eu sans cesser pour autant d'être catholique fervente. Et épouser Françoise, son esprit, son intelligence et son corps, la libérerait du péché qu'elle commettait avec lui dans son lit, puisque dès lors cette union charnelle serait sanctifiée.

Il se doutait que dans l'intimité de son âme, cette amante prenait tout le péché sur elle, pour l'en épargner lui.

Il en aurait pleuré, Dieu merci, la chasse sèche vite les yeux au galop de la traque.

Le galop est image imposée car il était impossible au Roi de galoper, il chassait aujourd'hui en landau, ce carrosse allemand découvert. Il souffrait trop du fondement, ce qui ne cessait de l'inquiéter car il se souvenait que, dans sa prime enfance, le Grand Cardinal, Richelieu, ministre de son père, était mort d'un mal situé en ces lieux. Il se souvenait aussi que Mme de Chevreuse, une blonde amie de sa mère et qui finit Frondeuse, le traitait de « cul pourri ». Heureusement qu'il y a la mémoire pour offrir une facétie à l'homme dans l'angoisse et l'hésitation. Surtout quand cet homme, connu pourtant comme le plus fin fusil du Royaume avec Madame, vient de rater deux faisans et une perdrix.

La chasse n'avait plus de goût pour lui. La forêt de Fontainebleau étalait son automne, saison de naissance du Roi, de sa mère, de sa mort aussi, saison de son âge, saison magnifique. Les chevaux de l'escouade de mousquetaires eux-mêmes montraient quelque bonheur, comme ceux de son attelage. Nulle part au monde on ne galopait mieux qu'ici, sur tapis de feuilles mortes et mordorées et allées sablonneuses. Un lieu rêvé pour prendre une décision qui engageait la vie. Un reste de vie, le reste de sa vie. Cinq ans, dix ans, vingt ans ? Il n'osa évoquer trente. Et pourtant...

Louis était en son être décidé à vivre avec cette femme. Ignorant qu'il vivrait en couple pendant trente-deux ans encore. Tant mieux, cela l'eût à coup sûr effrayé. Du moins ahuri, rien dans sa vie ne l'y avait préparé, sauf ce sentiment d'absence qui l'avait saisi à peine avait-il quitté Versailles.

Il y rentrait derechef.

Versailles versait dans la mélancolie. Il fallait donner des fêtes. Elles seraient fastueuses. Au travail Racine, au travail Quinault, au travail Lully. Il n'est pas bon qu'une Cour s'ennuie, elle se permet alors de penser ou va chercher ailleurs, dans quelque faubourg lointain, des remèdes qui ne font pas honneur à la pharmacie.

Avait-on joué *Phèdre* à Fontainebleau ? Non, ailleurs souvent mais pas ici. Pourtant cette forêt s'y prêtait, pour le repos du cœur de la femme de Thésée, comme tout ce sable en une carrière, pour la course funeste du char d'Hippolyte, le fils de l'Amazone... Qu'il était bien, assis à l'ombre de cette forêt. Il demanda le trot pour plus en profiter. Le trot, cette allure élégante de chevaux qui dansent plus qu'ils ne tirent carrosse ou font sur leur dos danser aussi leur cavalier.

Un carrousel à Versailles, pour fêter le petit duc de Bourgogne, dauphin de Dauphin, comme jadis aux Tuileries pour la naissance de ce même Dauphin ? Nous manquons de carrousel, nous manquons de ballets, nous avons trop de deuils, il faut les éloigner. Il plaça un coussin supplémentaire sous son fessier. Ne peut-on construire des voitures avec de meilleurs ressorts ? Et le corps du Roi est-il voué aux maladies ?

Je me suis pris pour Apollon, dieu païen, et le vrai Dieu me rappelle que je suis homme. Il devra reconnaître que je L'avais précédé dans cette mutation. Non par modestie, mais par orgueil... Il se rappelait très bien l'instant, à sa première séance au lit avec Françoise de Maintenon. Merci, mémoire, d'être fidèle, pour cet instant-là avant tout.

Mais ni Françoise ni lui ne croyaient que Dieu punissait sur terre en envoyant des maladies. Fariboles ! Contes de bonnes femmes, désastreuse théologie. Qui fréquente Bossuet écarte ces âneries.

Une idée l'assaillit qui l'amusa beaucoup. En d'autres temps, elle l'eût enragé. Pour le marier selon son inclination et non avec une impossible princesse étrangère, à moins que d'aller la chercher au Siam, en Chine, ou près de la Sublime Porte, les trois conjurés, dont ledit Bossuet, n'avaient cessé de débiter, avec talent il est vrai, et un brin de fourberie chez Harlay et La Chaize, glorieux jésuite, de fort chrétiennes recommandations, de très catholiques arguments, et le désir patent de savoir leur Roi heureux dans un amour permis par Dieu.

Bien sûr, Messieurs, bien sûr. Mais au registre des « chrétiennes recommandations » n'auriez-vous pas suggéré à Françoise d'Aubigné, ancienne protestante, de se refuser désormais à son Roi en attendant le mariage aussi espéré que secret ? C'est pourtant ce qu'elle fit ces dernières semaines, or je connais ses ardeurs et je pense que cela lui a coûté autant qu'à moi.

Ne serait-ce pas là, mes bons Pères, du chantage d'amour fait à votre Roi ? Et vous, chère amie, un de vos silencieux tours pour plus vite obtenir l'hymen espéré ?

Bien joué. Le Roi vous a laissée gagner. Mais cela aussi, comme le mariage, restera un secret.

Ce fut dans la nuit du 9 au 10 octobre, dans la chapelle de Versailles, que le Roi et Mme de Maintenon convolèrent devant Dieu et devant fort peu d'hommes.

François d'Aix de La Chaize fut chargé de la messe et de la bénédiction nuptiale. Monseigneur François de Harlay de Champvallon, archevêque de Paris et prélat diocésain, était témoin du Roi, ainsi que le sieur Alexandre Bontemps, Premier Valet de chambre de Sa Majesté, qui se trouvait de quartier. L'épousée avait, elle, à ses côtés, François Michel, marquis de Louvois et sieur de Chaville ; ce qui peut être étonnant mais répond à deux raisons : une punition infligée par le Roi en même temps qu'un honneur, avoir dénigré l'épouse du Roi avec son ancienne maîtresse et se trouver prié d'être partie prenante, devant Dieu, du triomphe de Mme de Maintenon. Le second témoin de la mariée était Henri de Mornay, marquis de Montchevreuil, Capitaine général du château de Saint-Germain et actuellement gouverneur du jeune duc du Maine, arraché à onze ans des mains de sa tendre gouvernante, selon la tradition. Son épouse, Marguerite Boucher d'Orsay, occupait, elle, la charge de gouvernante des filles d'honneur de la Dauphine, chez qui Mme de Maintenon était toujours Seconde Dame d'atours. La marquise de Montchevreuil n'était point présente, mais Mme de Maintenon était donc en amitié, tant par la Maison de la Dauphine que par la tendresse qu'elle portait toujours à son « mignon », le duc du Maine, qu'elle avait si bien élevé et soigné, avec ce second témoin qui lui permettait de supporter Louvois au poste de premier.

Mme de Maintenon savait aussi combien M. de Montchevreuil pouvait garder un secret. M. de Montchevreuil était un Mornay, comme un certain marquis de Villarceaux, son cousin. Et, jadis, c'est au château de Montchevereuil que M. de Villarceaux venait rejoindre Mlle d'Aubigné épouse Scarron pour entretenir avec elle une liaison, qui tint du concubinage, avec la bénédiction de l'autre adorable maîtresse du marquis et amie de Françoise, Ninon de Lenclos.

Et cela, Sa Majesté l'ignorait en tout. Et Louvois, dans ses médisances sur le passé de Françoise, était tombé juste au moins cette fois-ci sans se douter que le second témoin du mariage avait été témoin de ces amours-là, fort illicites, très adultères et extrêmement ardentes. Vous êtes devant Dieu pour moi, monsieur Louvois, et la présence de Montchevreuil vous absout du péché infâme de calomnie, car pour le coup, vous avez dit vrai, mais vous ne le saurez jamais.

Ce que le sombre Louvois et sa mine pieuse, mine nécessaire au moment, n'ignoraient pas, c'est que désormais, il devrait donner dans l'adoration publique et universelle qui allait être de mise à la Cour envers la ripopée, l'Egérie, l'Enrhumée. Par quel maléfice de fée était-elle arrivée à cet emploi où beaucoup passeraient par son avis que, il le savait, le Roi déjà lui demandait ? Tout bien viendrait par elle, et sans elle tout serait réprouvé.

Lui, en plus, en ce nouvel état, il avait une guerre à préparer. L'Espagne nous la déclarait. Nous allons lui prendre Courtrai, en attendant mieux c'est-à-dire pis. Et puis, ensuite, il faudra bien mettre un peu d'ordre dans les Allemagnes. Quel travail ! Sans compter, en nos frontières, la conversion de ces damnés protestants. De ce côté-là, la bigote ne saurait trop nous faire de vent.

Il signa le registre comme chaque participant et ainsi que le voulait l'Eglise, et le dit registre fut aussitôt refermé, cadenassé et emporté par Monseigneur de Harlay jusque dans le coffre le plus sûr de l'archevêché. Rien, avait dit le Roi, rien ne serait jamais déclaré. L'épousée elle-même partageait cette volonté.

On ne sut donc rien à la Cour, mais « on » se douta, « on » supputa, « on » chuchota. On fit sa cour, mais avec prudence, « on » ne sait jamais. Et puis « on » avait peur aussi de la réaction de la Montespan.

C'était mal la connaître. Si elle pouvait déclencher des tempêtes pour un mot ou un colifichet, elle était aussi d'une race où la fierté n'est ni vain mot, ni péché, et la grandeur pas seulement une posture. Elle refusait la pitié comme elle aurait refusé la peste, et eut une dignité à rendre jalouses les héroïnes de Racine.

Mme de Montespan ne dansait plus les ballets, ne jouait plus la comédie de la favorite, Mme de Montespan, empâtée, était sublimement tragique. Plus d'altercation possible entre elle et celle que nul ne se serait permis d'appeler la veuve Scarron, ni même se souvenir qu'on ait pu la nommer ainsi. Montespan était courtoise et amicale, comme quand elle jouait à l'être, l'autre magnanime et amicale, sans trop se forcer. Mme de Maintenon eut la grâce de ne jamais clamer victoire.

Pas question de rejeter Montespan. Le Roi d'ailleurs la visitait comme devant. Et s'intéressait aux deux enfants qu'ils avaient en commun et qui étaient élevés à la Cour, M. du Maine, Mlle de Nantes qui était d'une beauté sans pareille. Envers eux non plus, Mme de Maintenon n'avait pas à se forcer pour montrer affection, affection que ces enfants lui rendaient.

Simple changement, Mme de Montespan quitta son appartement du premier étage somptueux pour le rez-de-chaussée dans ce qu'on appelait l'« appartement des bains », que le Roi fit parqueter et décorer de manière délicieuse ; après une fausse salle du trône, un véritable écrin.

Tout va bien ? Ces dames en donnent l'aspect. Elles ne se visitent plus mais se rencontrent-elles que tous jureraient les meilleures amies du monde. De quoi parlent-elles ? Des enfants ; l'une les a accouchés, l'autre les a élevés. Le père est Roi, ancien amant de l'une, nouveau mari de l'autre. Mais cela on le tait, il n'empêche, les liens n'en sont que mieux tissés.

Le Roi déteste, lui, tout changement en ses habitudes. Le marquis de Dangeau, qui s'ennuie assez pour tenir un journal, note, intéressé, car le secret est un secret mais Dangeau n'est pas sot, que le Roi respecte scrupuleusement ses anciens horaires, ceux d'« avant ».

De neuf heures à midi et demi, il s'enferme et travaille avec ses ministres. Après la messe (bondée désormais), qui finit à deux heures, il va chez Mme de Montespan jusqu'au dîner (qui désignera bientôt le repas du soir, à force d'être ainsi retardé), puis il entrait un instant chez Madame la Dauphine, travaillait seul et sortait.

Le Roi a toujours eu besoin de grand air.

Le soir, à sept ou huit heures, il se rend chez Mme de Maintenon, en sort à dix pour souper, retourne chez Mme de Montespan, où il reste jusqu'à minuit, joue un instant avec ses chiens, leur distribue des biscuits, et se couche entre minuit et demi et une heure du matin. Vie bourgeoise et bien réglée.

Ces longues visites à Montespan ? Amitié et bavardage sur les enfants survivants. Le Roi n'aime pas parler de mort et déjà il lève le deuil de la Reine. Et puis Mlle de Nantes, leur fille, est si jolie. Le Roi s'accroche aux enfants et attend un nouvel heureux événement du côté de Madame la Dauphine.

Le futur père encore, le Dauphin, apporte entrain et bonne humeur. Père il n'est plus (trop) terrifié par la froide majesté de son père, devenu grand-père. Il s'entend fort bien avec Mme de Montespan qui en sa compagnie recouvre sa gaieté d'antan.

Vision idyllique d'une bonne famille à la campagne. Tout le monde s'aime et s'entr'aide. Françoise Athénaïs s'ouvre à Françoise de Maintenon de son désir d'assurer l'avenir de son fils (non adultérin) le marquis d'Antin et souhaiterait qu'il fût dès maintenant menin auprès de Monseigneur le Dauphin. Le soir même le Roi lui dira à sa visite coutumière qu'il accorde avec plaisir ce qu'elle désire.

A la Noël, elle offre un album à reliure d'or de quatre mille pistoles au Roi, renfermant les miniatures des villes conquises en Hollande. En échange, Sa Majesté fait don à ses enfants légitimés du domaine de Clagny, domaine royal, l'usufruit étant réservé à leur maman.

Au bal de carnaval, dans l'appartement du Roi, sur le thème animal, Mlle de Nantes apparaît en tourterelle roucoulante, et son fiancé le duc de Bourbon en mouton. Là, nous pointons un nez dans la nouvelle politique royale : unir les deux familles, la légitime et l'autre. La ravissante bâtarde, légitimée, va épouser un Condé. Le bal de Perroquets triomphe chez la Dauphine, auquel répond un bal chez Montespan avec la musique de la Chambre du Roi. On s'y amuse beaucoup. On y voit Mlle de Nantes mais aussi sa cadette de sept ans, Mlle de Blois.

Les enfants sont dûment élevés et dotés, les frais de leur entretien s'élevant à un demi-million. Colbert n'est plus là pour au moins plisser le nez.

La fête, c'est Montespan, et sagement Maintenon participe par sa présence et ne songe pas un instant à empiéter. A chacune son talent. L'une anime la vie, l'autre règne en coulisse.

Jamais le plus grand Roi du monde ne fut aussi bourgeois.

Les conspirateurs de la sainte union secrète, Bossuet, La Chaize et Harlay, s'en félicitent. Le Roi est sage et heureux.

Le ménage va bien. Souvent des éclairs traversent l'esprit du Roi : ne sont-ils pas ces parents bourgeois comme on en trouvait chez Molière ? Monsieur, qu'il soit Jourdain, Argan, Arnolphe ou Oronte, pensant tout régenter, et Madame, sous des dehors discrets voire de sainte nitouche a le vrai pouvoir sur la maisonnée. Ce qui devrait l'horrifier l'amuse. Certes, Molière lui manque souvent, surtout à son lever. Là ils échangeaient trois coups d'œil, deux mots et le valet de chambre tapissier comédien bâtissait un ridicule. Le Roi demanda que l'on rejoue pour lui et la Cour *Le Bourgeois gentilhomme*. Il y rit plus qu'à la première, Montespan montra un sourire en coin, Françoise rit un peu, c'est tout. De quoi avait-elle peur ?

Elle avait peur que le Roi meure. Il souffrait comme un diable des dents, avait parfois peine à s'asseoir. Et puis la douleur fuyait. Mais celle de la mâchoire se fit insistante. On convoqua d'Aquin, on convoqua Félix. Les dents gâtées, les caries pourrissaient la gencive haute, empoisonnaient le palais. Les paroles du Roi sentaient l'égout et nul ne le lui disait. Elle le lui dit une nuit car il s'étonnait de la voir détourner la tête pendant l'étreinte et montrer moins d'ardeur au métier.

Le lendemain, d'Aquin, Félix, Bessières s'attaquèrent au mal. Françoise tint la main du Roi. Ce fut un carnage digne de Louvois. On décida d'arracher toutes les dents de la mâchoire supérieure gauche. Félix tremblait à travailler ainsi dans la bouche même du Roi. Bessières le remplaça, les doigts dans la bave sanglante et un faux mouvement fit communiquer, par un trou dans le palais, la voûte de la bouche et les fosses nasales.

Il ne gémit jamais, simplement la main de Mme de Maintenon fut-elle bleue trois jours.

Mais le supplice n'était pas terminé.

Il fallait cautériser pour que ces plaies à vif ne s'infectent point au prochain repas. Quatorze fois, quatorze fois de suite, on appliqua le bouton de feu au palais du Roi. Pas un mot là encore, pas une plainte. Mais il ne put articuler son fameux « Merci, messieurs de la Faculté », qu'il leur adressait après chaque soin, ou bien au matin lorsqu'ils venaient « mirer » ses déjections et dire qu'il se portait bien.

Françoise avait compris que cet homme n'était plus un Roi bourgeois empli de Majesté publique, mais dans le privé comme à la Cour, un Roi malade.

Au premier souper du soir, le potage lui sortit par le nez. Deux cents personnes regardèrent ailleurs. Obligées à un autre secret. Alors pour détendre l'atmosphère, le Roi se met à lancer des boulettes de pain aux dames. Elles hésitent et ripostent. La maréchale d'Humières touche le Roi au nez. On l'acclame comme son mari ne fut jamais acclamé par ses troupes. Elle fut nommée cantinière de l'artillerie royale par acclamations. On rit beaucoup.

Le Roi souffrait mais nul ne le savait.

Devant Louis, Françoise faisait front et le réconfortait. L'Egérie, l'Enrhumée, la Frileuse y gagna un nouveau surnom dit avec amour et ironie, la seconde étant la pudeur du premier : « Votre Solidité ». Jamais épouse de Roi n'allait tant le mériter.

BREF TRAITÉ DU CHAOS

— Avant que la vieille guenipe ne régnât ici, la religion était en France fort raisonnable, mais elle a tout gâté.

Madame Palatine a son franc parler et, luthérienne devenue catholique en deux heures, du baptême à la confirmation, juste avant son mariage, elle sait ce que conversion veut dire.

Qu'on rapporte ses propos à l'épouse secrète du Roi, la Palatine s'en moque bien. Elle est Fille de France, elle, pas la bourgeoise du Roi.

— Versailles est un couvent et elle la mère abbesse.

Elle exagère, mais elle est outrée : le Roi appelle la guenipe, la ripopée « Madame » ! Pas Mme de Maintenon, mais Madame tout court. Un terme réservé à la Reine, qui est morte, ou à la femme de Monsieur. Qu'est-ce là, sinon une infamie ? Déjà qu'en France la noblesse s'acquiert désormais à la loterie, tant et si bien que Monsieur en rougit.

Elle qui aime son Roi déteste ses manières de gouverner. Et Monsieur ne s'en moque pas, chatouilleux sur le protocole, bien que Monsieur ait surtout l'idée folle et obsédante de jouer les héros à la guerre. Elle tremblera encore chaque jour pour son freluquet qui finira massacré par un boulet, elle en est sûre.

Et la tour allemande s'écroule en pleurant.

— Ce n'est plus une famille, c'est un chenil ! Les uns sont chiens couchants devant un épouvantail féminin, les autres veulent mordre le monde entier.

Et puis quand le Roi paraît, elle ravale ses larmes, ses injures, et resplendit comme un énorme cierge de Pâques. Le voir à demi sourire, à demi seulement pour ne pas montrer sa gencive écharpée, le voir vieillir, le voir paraître en majesté et déceler çà et là une lassitude de sa grandeur qu'il court abandonner comme un lourd manteau d'apparat chez « Madame » l'usurpatrice.

Il l'émeut plus qu'elle ne veut l'avouer. Il peut bien canonner Gênes pour une vétille et y tuer quatorze mille habitants, recevoir ici le Doge de cette République résolument aristocratique — Dieu qu'elle eut honte ce jour-là d'appartenir à cette famille —, il ne respire plus ni force ni gloire.

Il sembla à Liselotte, lors de cette entrevue en grande cérémonie, que le Prince, le vrai, le majuscule, était cet Italien Francesco Imperiali Lescaro, petit, fier, entouré de quatre sénateurs. Il n'eut aucun regard pour le mobilier d'argent, les tapis immenses sortis de la Savonnerie, le palais fastueux, les ors des grilles, les statues, le parc, les caisses d'orangers, les candélabres grands comme des géants, le plafond peint par Le Brun. L'art, le Doge connaît, il vit dedans depuis son enfance, depuis plus de mille ans, depuis toujours, et ce n'est pas un tyran français qui bombarde une ville d'art qui va le lui enseigner. Il est là pour protester. Il proteste devant les amabilités proférées avec condescendance.

— Les grâces du Roi ne me font pas oublier les disgrâces de ma patrie.

On le voulait là pour faire acte d'humilité : bernique, messieurs les Français, vous vous êtes trompés de petit Etat. Nous continuerons à construire des galères pour les Espagnols, et merci pour vos cadeaux : une tabatière en diamants, quelle utilité ? Des tapisseries, pas mal en effet, et ces portraits du Roi, dois-je les dresser devant un autel ?

Francesco Imperiali Lescaro regarde droit dans les yeux le Roi le plus puissant de la terre, et qui exaspère toute l'Europe, le Pape compris. Pas un regard égaré vers les princes qui l'entourent, lui Doge de la République de Gênes est plus prince et plus riche qu'eux.

— Il est malade. Il va crever. Tant mieux, il est la peste et la vérole de l'Europe. Je préfère les barbaresques mahométans à ce faux chrétien aux fausses bonnes manières. Et puis cela pue ici.

Le Doge n'est pas seul à le penser. L'Empereur, les Princes du Saint Empire, l'Espagne, la Suède forment une Ligue à Augsbourg, patronnés ou entraînés par Guillaume d'Orange. Le « petit seigneur de Breda » ne signe pas ; c'est bien inutile, il est l'âme de cette exécration. Tous ces gens ne veulent plus qu'un tyran attente « aux droits des gens ». Connaît-on ces droits-là ? Grande nouveauté.

Louvois ne les connaît pas.

Louis n'en entendit jamais parler. Le droit des nations, le droit des princes est sa seule loi.

C'est Fontainebleau, dont la forêt rouge et or mêlés du vert des sapins et des pins, les couleurs mêmes de ses appartements, lui inspira tant d'amour un après-midi où il chassait moins le faisan et la perdrix que ses hésitations, que le Roi a choisi pour signer un édit qui unifiera à jamais son Royaume. On l'en a convaincu, qui est ce « on » encore ? Les gouverneurs de provinces, les prêtres que désormais il entend, et Louvois.

Louvois qui a grignoté un à un les domaines de feu Colbert. Il a fait main basse sur tout, il est devenu ce que Louis jura de ne jamais voir renaître en prenant le pouvoir jeune après la mort de Mazarin, un principal ministre. « Plus de Fouquet ni de Mazarin », avait conseillé ou plutôt ordonné sur son lit de mort et dans un sourire enjôleur à l'italienne, destiné à camoufler sa douleur, ce Cardinal parrain détesté de tous mais qui l'avait chéri, lui, le jeune Roi. Louvois était à la fois le Fouquet et le Mazarin de Louis le Vieillissant, en moins élégant que le premier, en plus brutal et sournois que le second.

En ce vendredi 19 octobre 1685, Louis signe son édit de Fontainebleau. Il ne restera pas sous ce nom banal dans l'Histoire mais sous celui aux consonances tragiques de révocation de l'édit de Nantes. La tolérance et certain « droit des gens », dont celui de croire, établis par son grand-père Henri IV sont détruits de sa main. Quelle que soit la nature des « souffleurs » de cet acte tragique, comme Michel III Le Tellier, ministre d'Etat, Chancelier de France, ou Balthasar Phélypeaux marquis de Châteauneuf, secrétaire d'Etat à la Religion prétendument réformée qui le rédige, c'est la main de Louis qui signe de son nom en grosses lettres penchées et qui ne manquent pas d'élégance, et griffe au final le papier.

Une griffe en effet. Celle du fauve qui éventre et égorge alors qu'il n'a même pas faim.

La religion catholique dominant le Royaume, les religionnaires s'étant convertis (Louvois y avait veillé avec les Dragons), l'édit du Roi Henri, premier des convertis de jadis, ne servait plus à rien. Le culte réformé était donc interdit là où il subsisterait, les temples étaient démolis ou redevenaient églises, les écoles calvinistes fermées. Les soi-disant « pasteurs » avaient deux semaines pour choisir entre l'abjuration et l'émigration. Car ensuite les frontières seraient fermées. Les enfants seraient baptisés dès leur naissance. Quant aux simples fidèles, interdiction leur est faite de tenter de sortir du Royaume, sinon ce seraient les galères pour les hommes, le couvent pour les femmes.

Ce ne fut pas cri d'horreur dans le peuple ni à la Cour. Mais une explosion de joie publique et populaire ornée de médailles frappées (« Louis le Grand terrassant l'hérésie ») et d'odes à la gloire de Sa Majesté, signées de La Bruyère, La Fontaine, Racine, ce rebelle de Bussy-Rabutin, dont l'adorable cousine, marquise de Sévigné, écrivit à sa fille : « Jamais aucun Roi n'a fait et ne fera rien de plus mémorable ! » Le chancelier Le Tellier à demi paralysé sur sa chaise roulante meurt le 30 octobre, sûr d'aller directement au paradis où il jure de « chanter éternellement les miséricordes du Seigneur ».

Etranges miséricordes, curieux faits mémorables.

Ils ne peuvent ignorer, de leur place, les ordres de Louvois au maréchal Anne Jules duc de Noailles, gouverneur du Languedoc : « Le Roi veut que vous vous expliquiez durement avec les derniers religionnaires qui s'obstineront à lui déplaire. » Noailles est une brute épaisse. Et ses soldats ont une manière assez rude de « s'expliquer » : ils fouettent à mort, ils jettent des seaux d'eau glacée en plein hiver, égouttent du suif brûlant sur les cheveux, arrachent les ongles, enflent les corps avec un soufflet dans le fondement jusqu'à ce qu'éclate le ventre, les assoient sur des charbons ardents le temps de réciter un chapelet entier d'*Ave*, torturent le mari devant l'épouse, violent les filles devant les parents.

Il écrit à Louvois : « Il n'est pas de paroisse qui n'ait été bien nettoyée. »

En décembre tombe un décret qui révoltera l'avenir : « De cinq à seize ans, tout enfant sera enlevé dans les huit jours. » On arrache fils et filles aux parents protestants encore vivants pour les confier à des familles catholiques, un couvent ou une maison d'éducation. Voilà l'ordre donné au nom d'un Roi qui s'émeut devant tout enfant et se complaît à être grand-père. Et Bossuet lui-même fait jeter en prison deux fillettes orphelines de huit et dix ans qui se sont enfuies du couvent de Charonne.

Les prisons sont pleines, pour les désengorger on envoie les femmes peupler (en prostituées !) les colonies d'Amérique, cette merveilleuse terre au long du Mississippi et répondant au joli nom de Louisiane allant du golfe du Mexique aux arpents de neige du Canada. Aux galères on meurt de froid, de faim, de coups, à quinze ans, parfois douze, enchaîné à un banc de nage.

Dans le plus beau Royaume après celui des Cieux, des hommes ne sont plus des hommes, plus des bêtes même, pas de la chair vivante, mais des choses, de la mécanique à ramer.

Pourtant les derniers qui se rebellent pensent que le Roi a été trompé. Aucun Roi de France n'a pu décider une telle infamie. A moins que d'être malade comme le Valois Charles IX de la Saint-Barthélemy. On accuse Maintenon (« la Vieille ») et les jésuites.

Madame le pense aussi qui regrette le temps de la « religion raisonnable ». Sa Solidité n'y est pour rien et, comme le Pape qui adresse un bref au Roi, « regrette les violences » et les condamne.

Mais dire et affirmer que le Roi ignore tout des atrocités, c'est faire du Roi un faible. Lèse-majesté !

Deux cent mille sujets vont renforcer l'ennemi qui attend aux frontières. Des victoires étrangères pendant des siècles seront parfois gagnées par des noms bien français. Des industries prospéreront avec des noms languedociens, bourguignons, des flottes de commerce battront pavillons hollandais, anglais avec des armateurs à l'accent picard ou poitevin.

Pour la Cour tout n'est que petit mal pour un grand bien. Au nom de l'adage ressuscité par Louvois : « Un Roi, une loi, une foi. » Et un Louvois.

Et le Roi de France songe s'allier le Roi de Siam qui n'a rien à faire des protestants. Et songerait à devenir chrétien sous l'influence de l'ordre jésuite qui est grand bourlingueur. Mais on a menti, Siam est bouddhiste et entend bien le rester. Son ambassade, reçue plus magnifiquement que le Doge, le prouve.

Agacé qu'on ose vouloir changer sa foi, Sa Lointaine Majesté siamoise persécutera un peu les catholiques aventurés en ses provinces. En revanche, il envoie des cadeaux pour remercier qu'on s'intéresse à lui. Vases d'or, laques de Chine, paravents et porcelaines dont on estime mal la valeur et la beauté. Le Roi de France lui envoie l'abbé de Choisy pour l'adoucir et le séduire. Monsieur dit à son ami de prendre garde à lui. Choisy adorera le Siam, les soieries y sont superbes.

Le Roi a donc unifié la loi et la foi. Mais les nouvelles sur les méthodes d'unification lui parviennent. Une peur inconnue l'assaille si elle ne l'envahit pas. Celle de l'enfer. Il atténue toutes les mesures édictées. Trop tard. Comment se rapprocher de Dieu ?

Par la guenipe, la ripopée, la Vieille, l'Enrhumée pour les autres, par Sa Solidité pour lui. Mme de Maintenon reçoit deux millions et demi de livres pour se construire non un palais de porcelaine, mais une maison d'éducation destinée à subvenir aux besoins et à l'avenir de deux cent cinquante jeunes filles pauvres de la noblesse. C'est aussi flatter la noblesse de France tenue en laisse.

Louvois trouve le terrain, car Louvois se mêle de tout, veut se mêler de tout, entend que personne ne fasse plus que lui, et Mansard dessine les bâtiments. Racine et Boileau rédigent les statuts ; Saint-Cyr naît. Dieu sera content. La splendeur ornera l'humilité, la munificence accueillera la pauvreté.

La munificence de Françoise Athénaïs de Montespan paraît intacte. Si elle vivait le plus souvent sur ses terres de Clagny, si elle fréquentait de plus en plus Bossuet qui lui au contraire de la Cour entière n'oubliait jamais une âme, surtout celle brisée et peut-être amère d'une ancienne favorite, ainsi visitait-il souvent La Vallière devenue sœur Louise de la Miséricorde en son Carmel, Montespan recevait chez elle comme une reine. Le Roi avait Marly, Athénaïs avait Clagny. Et Montespan visita elle aussi La Vallière, entrevue d'une grande tendresse contenue et d'une vraie piété et vraie charité chrétiennes. Montespan songea elle aussi au couvent, mais comme la feue Reine Anne d'Autriche mère du Roi avait élu le Val-de-Grâce : pour le repos et non pour la vraie retraite.

Son appartement de Clagny était tendu de jaune à rayures couleur de feu, elle trônait dans le seul fauteuil de sa chambre et n'en demandait un autre que pour la Grande Mademoiselle ou Madame Palatine, qui étaient Filles de France. Les autres se contentaient de petits pliants ou bien restaient debout.

Elle avait écouté Bossuet, qui selon le Roi « protégeait des âneries » de la superstition. Elle avait choisi pour directeur de conscience le père de La Tour, un oratorien, qui avait parmi ses prédicateurs un jeune Massillon tout aussi sévère que lui. Athénaïs écoutait et se repentait.

Le repentir peut connaître ses joies. Elle eut celle d'être grand-mère. La duchesse de Bourbon sa fille, épouse donc d'un Condé, mit au jour une autre fille, Marie Anne Eléonore. Le grand Condé presque invalide fut fou de joie d'être grand-père et se moquait bien de la bâtardise de la jeune accouchée. Mais il était là un autre grand-père : le Roi, père adultérin de cette même jeune accouchée. Il y eut entre Louis et Athénaïs un rapprochement familial. Une amicale complicité, complicité non en quelque crime commis, le péché était fort ancien, mais complicité dans une forme pudique de bonheur. Ce renouveau d'amitié lui fut fort doux. Mais si doux qu'il fût, si doux aussi que fût le titre de grand-mère, l'esprit de la Mortemart était encore assez vif pour lui indiquer que les cloches du baptême de la petite Princesse du sang — une Condé désormais — sonnaient aussi l'heure de la retraite, de la disparition, du renoncement. Fut-elle seulement conviée à la cérémonie ?

Françoise Athénaïs de Rochechouart, de la lignée des Mortemart, marquise de Montespan, n'oublia pas la grandeur attachée à son nom.

Elle se défit peu à peu de ses propriétés au bénéfice de ses enfants et principalement de son fils légitime le marquis d'Antin. Ne réclama rien pour elle et quand le Roi lui accorda une nouvelle pension de douze mille écus d'or elle en reversa deux tiers à ses propres œuvres de charité qui n'avaient pas besoin de la splendeur des bâtiments de Saint-Cyr pour les abriter, elles logeaient en son cœur.

Un cœur terriblement blessé. Quand elle demanda au Roi la permission de se retirer de la Cour et de gagner le couvent Saint-Joseph, Louis sauta sur l'occasion un peu vite pour un ancien amant.

C'est que les places étaient chères à Versailles, on le sait, et son appartement fort agréable. Le Roi le destinait à leur fils, le duc du Maine.

Le duc était partagé, couvert d'honneurs, de charges et d'argent par son royal père, toujours entouré de tendresse par son ancienne gouvernante, il réfléchit et trancha : mieux valait pour lui être du côté de la gouvernante devenue une sorte de reine que du côté de sa mère, devenue... un passé encombrant. Il n'attendit pas qu'elle fasse chercher ses mobiliers dans son appartement, mais ordonna de vider tout par la fenêtre pour qu'on mène richesses, tableaux, marqueteries, précieuse bimbeloterie à Clagny ou qu'on les jette en Seine.

La Cour en fut outrée mais séduite par ce coup de grâce d'un fils à sa mère déchue et le Roi fit mine de n'avoir rien remarqué.

Ce ne fut à la gloire de personne sinon à celle de l'humiliée.

Il est vrai aussi que le Roi souffre comme jamais.

A l'étranger on ricane, on le hait. « On dit qu'il pue et qu'il puera toujours après sa mort, bouffé par les chancres. » Le Doge a fait la propagande de son bombardier à sa manière.

Il pue et il souffre. Après un affreux ténia, voici une fistule anale. « Le gros boyau qui communique au fondement se trouve pourri. » La cérémonie du soin doit être aussi secrète que fut celle du mariage. Le 18 novembre dans la chambre du Roi entrent d'Aquin, Félix, le père La Chaize, un nouveau venu, Guy Crescent Fagon, botaniste, anatomiste, son assistant Laraye, Maintenon et bien sûr Louvois, qui veut savoir ce qui se passe partout, fût-ce dans le cul du Roi.

On incise, découvre le trajet fistuleux, Félix donne huit coups de ciseau en chair vive, en chair pourrie, bourre de charpie imbibée d'huile d'olive et de jaune d'œuf, garnit la plaie avec des plumasseaux enduits de liniment. On bande avec des linges bouillis.

Les douleurs de l'incision et du charcutage furent horribles, le Roi ne souffla qu'un : « Mon Dieu. »

Il est sauvé, on avait craint plus grave : le pire.

Quant au secret, il est éventé, les huit incisions deviennent vingt coups de lancette, Paris se rue dans les églises. Le Roi aimé de Dieu qui unifie la France a failli passer, et opéré à vif « n'a pas sonné mot ». Quel courage ! Le délire les saisit.

Le maréchal de La Feuillade achète un terrain au nord de la Seine, et dresse au milieu de la place, celle des Victoires, une immense statue équestre de Sa Majesté. Il y fait inscrire dans le bronze au piédestal *Viro immortali*, à l'homme immortel.

Là c'est trop et Paris en rit. Paris se réjouit toujours du ridicule. Le Pape juge que c'est Louis qui en a trop fait : « Les hommes doivent être conduits à l'église, pas traînés. » Et passe du côté des Princes allemands.

La place de l'archevêque Prince Electeur de Cologne est vacante, le Roi pousse son candidat, le prince de Furstenberg, le pape Innocent XI choisit le prince Clément de Bavière. Louis occupe Avignon.

Louis vient de lier contre lui le chef des catholiques et le champion des protestants, Guillaume d'Orange, Son Eternelle Exécration

Tout va de mal en pis.

Le Roi d'Angleterre Charles II meurt et se convertit au catholicisme à la dernière minute de sa dernière heure, ce qu'il avait promis dans la clause secrète signée avec sa sœur Henriette. Son fils Jacques monte sur le trône et se veut catholique.

Guillaume attend qu'on l'appelle. Les protestants anglais savent ce qui est arrivé à leurs frères de France. Il ne fait pas bon se déclarer papiste dans les rues de Londres, fût-ce au palais de Whitehall. Guillaume est le gendre du Roi Jacques. Ah ! la famille !

La guerre n'est pas affaire de bourgeois mais de rois. La guerre est aussi affaire de famille. La révolution, elle, se fait au sein de ces mêmes familles. Jacques est trahi par son gendre et sa fille, Anne Stuart. Il est à Whitehall, sur le point de se coucher avec son épouse Marie. Un visiteur est annoncé fort nuitamment. Il le reçoit. Le comte de Lauzun a cessé de s'ennuyer, il vient chercher la Reine et le Prince de Galles et les mener en France. Il a ses habitudes ici. Par des escaliers dérobés, ils atteignent la Tamise. En barque on gagne Lambeth, la pluie redouble, le vent se déchaîne, Lauzun est content, il brave une tempête. On atteint Garvesend, un navire faussement marchand les attend.

Lauzun gagne sa grâce totale.

Le Roi d'Angleterre s'enfuit à son tour. Il est vite entouré par le peuple qui le ramène à Whitehall. Son gendre fort respectueux lui propose de se retirer pour sa sécurité à Rochester. Il accepte et réussit cette fois à fausser compagnie à ses gardes, vêtu en marchand. Il est fier de lui.

Guillaume d'Orange rit et porte un toast à la bière tiède : il a lui-même organisé l'évasion de son beau-père. Il n'est pas un tueur, le « petit seigneur de Breda ». Quand le Roi de France s'éveillera au matin, il y aura bien le rapport de quelques espions de Louvois — Guillaume en a les noms et les laisse faire — pour lui apprendre qu'il est le nouveau Roi d'Angleterre ! Pas tout à fait, mais cela ne saurait tarder, il est chargé pour l'instant du gouvernement provisoire et loge à Saint-James. Il est des moments rares dans la vie.

Le Roi fuyard accueilli et logé à Saint-Germain, berceau de son « frère » de France, aura, lui, l'immense honneur d'assister à la première d'*Esther* jouée par les jeunes filles de Sa Solidité. Ce qui n'est pas banal non plus. Il se demandera toutefois si avec l'histoire de cette femme vertueuse mariée au roi de Babylone Racine a vraiment songé à rendre hommage à son Roi.

Le lendemain les armées françaises attaquent les Provinces-Unies dirigées désormais par le Grand Pensionnaire Heinsius, ami de Guillaume. Elles passent par l'Allemagne.

La désolation chère à Louvois est à l'ordre du jour : Spire, Mannheim, Kreuznach, Oppenheim brûlent. Le maréchal de Duras se plaint « du mauvais effet de tout cela sur les populations ».

La Palatine hurle, on touche à son espace, à son berceau, à l'Allemagne, aux villes allemandes. Louvois a le toupet de dire à la Princesse que pour défendre ses intérêts il faut aussi brûler Trèves. Mais le Roi n'en a jamais donné l'ordre ! Sa Majesté hésitait mais Louvois était passé outre cette hésitation qui n'était donc pas opposition.

Le Roi saisit des pincettes au serviteur de la cheminée...

— Ah, Sire, qu'allez-vous faire ! crie Maintenon qui se jette à ses genoux.

Louvois recule vers la porte.

Le Roi ordonne qu'il dépêche un courrier avec le contrordre.

Il brandit toujours les pincettes, et jure que si une maison brûle Louvois perdra sa tête.

Il relève Maintenon et laisse tomber devant son épouse secrète et sa belle-sœur effarée :

— Cela ne se serait pas produit du temps où j'étais Roi.

Trèves ne brûla pas. Mais le Palatinat si. Contre l'avis de bien des généraux.

Toute l'Europe se ligue, s'allie, se bat. La France connaît la défaite. Le maréchal d'Huxelles capitule à Mayence, le maréchal d'Humières est battu à Warcourt.

Dans les Cévennes les camisards transforment leurs montagnes et leurs causses en places fortes où se perdent les dragons.

La guerre et l'ordre ont besoin d'argent. Louis fait fondre sa vaisselle d'or et de vermeil, deux mille cinq cents merveilles d'orfèvrerie se transforment en écus et pistoles. Inutilement.

Louvois, lui, ne sacrifie que le sot Humières remplacé par Luxembourg nommé par le Roi.

— Louvois me hait, Sire.

— Louvois marchera droit cette fois. Vous n'écrirez qu'à moi, ne rendrez compte qu'à moi.

Il était temps que le Roi redevînt Roi.

C'est le renouveau des victoires.

Au moment où la famille de Madame Palatine entre dans la coalition contre la France grâce au carnaval de Venise. Le jeune Prince Eugène de Savoie, jugé féal de la France et aimable « abbé de cour », fils de Maurice de Savoie-Carignan, comte de Soissons, et de cette damnée Olympe Mancini, a retourné sa veste ou plutôt son domino et plaide pour l'Empire. Et c'est à Venise qu'il convainc l'envoyé de l'Electeur Palatin. Il a vingt-cinq ans, on le prend pour un « muguet », en France du moins, il est le plus grand général des temps nouveaux.

Louis aidé par Louvois a donc réussi à dresser contre lui le « petit seigneur de Breda » devenu Roi d'Angleterre et le « petit abbé de cour » ainsi qu'il surnommait le Prince Eugène, auquel, trois ans auparavant, il avait refusé avec mépris un régiment et qui est Lieutenant général des armées impériales.

Etrange ambition que celle de créer les temps nouveaux puis de n'y plus porter attention.

Les cloches ne chômèrent pas. Le pieux Roi s'entichait des *Te Deum*. Et en neuf ans de guerre, chaque victoire ou semi-défaite fut annoncée par les gros bourdons des églises et cathédrales. On est loin des violons de Lully.

Dans le chaos de l'Europe jaillit la fausse nouvelle, la rumeur de la mort de Guillaume d'Orange. La France fut ivre durant trois jours, et on faillit brûler une partie de Versailles avec des feux de joie.

Guillaume était bien vivant et passa la Manche pour combattre dans son ancien pays. Hélas pour lui, le Roi de France était venu assiéger Mons en personne, et en carrosse découvert l'avait pris ;

Guillaume arriva trop tard. Louis en fut très heureux. Il avait beaucoup souffert. D'ailleurs il souffrait chaque jour.

Les Impériaux égalaient Louvois en brutalité et brûlaient tout ce qui avait été ou était français, dont à nouveau le Palatinat. En Savoie, les Ursulines de Gap furent violées une à une.

Neuf ans, pendant neuf ans, ce ne fut que cela. Louis nommait des maréchaux par fournées. On eut le temps de changer de pape, les enfants du Roi le temps de grandir. Les ports français, fierté de Colbert, eurent le temps d'être bombardés, le maréchal de Luxembourg eut le temps de mourir, son successeur Villeroy de commencer par une défaite puis d'incendier Bruxelles pour se consoler.

Louis eut le temps de faire la paix. A Ryswick.

La France eut le temps de voir son territoire réduit à celui du traité des Pyrénées quand Mazarin mariait le Roi à l'Infante Marie-Thérèse.

Vauban qui avait mené les sièges comme un dieu des fortifications en fut tout contrit et élevé à la dignité de maréchal de France.

Guillaume III d'Orange eut le temps d'être reconnu par la France Roi d'Angleterre. Et Jacques II de s'habituer à jamais à l'exil. Saint-Germain était un logis agréable remanié confortablement par Hardouin-Mansart. Et la ville se peupla de réfugiés catholiques anglais fidèles à leur Roi Stuart.

Louvois, lui, eut la grâce de ne plus déplaire à son Roi, de ne plus rafler tout ce qui passait à sa portée, et de mourir. Cela lui évita un séjour à la Bastille que Sa Solidité engageait Sa Majesté à lui fournir pour cause de brutalité, de dangereuses maladresses et de désobéissance.

On décida à la Cour que Louvois comme Colbert (et pourquoi pas Molière ?) était mort du chagrin de frôler la disgrâce.

Louis XIV, Roi, se sacra aussi premier ministre. Lourde charge pour de vieilles épaules de cinquante et trois ans.

Eh bien, cet homme-là pendant un quart de siècle va travailler neuf heures par jour. Il est de plus en plus tatillon, méticuleux, ne laisse plus aucune autonomie à ses ministres. Et pour éviter leurs divisions ordonne qu'ils marient leurs enfants entre eux, une Pomponne avec un Colbert.

Madame ricane sur ces épousailles de marchands. Et, bon cœur, mais amie de la vérité, ne manque pas au retour d'une de ses visites de fidélité de noter combien Françoise Athénaïs de Montespan a eu le temps, elle, de devenir laide :

« Je n'ai jamais été belle. Mais j'en vois que j'ai connues belles jadis et à cette heure plus laides que moi. Ame qui vive ne reconnaîtrait aujourd'hui Mme de Montespan : elle a la figure toute rouge, la peau toute plissée et le visage entièrement sillonné de petites rides, si rapprochées que c'en est étonnant. »

Ainsi s'en ouvre-t-elle au duc de Saint-Simon, son complice en étiquette et noblesse qui n'est pas de boutique. En souvenir d'Athénaïs et de son ascendance Mortemart, il rétorque que « les traits sont demeurés très purs en dépit des grâces à jamais fanées. Et puis, peste, Mme de Montespan restera belle comme le jour jusqu'au dernier moment ». Là, Madame ne ricane plus mais rit franchement :

— Duc, la haine de la ripopée Maintenon vous aveugle, vous trouveriez une guenon belle !

Haine qu'elle partage en lui ajoutant une belle pincée de mépris. Il faut bien s'amuser entre soi.

Avec un Roi occupé à étudier ses liasses de papiers, à tenir conseil et à se mêler de tout, quand donc la Cour pourrait-elle s'amuser, ce qui est, on le sait, son premier et seul emploi dans la pièce écrite et mise en scène par Sa Majesté ?

Et ce dans le décor le plus somptueux et réussi d'Europe, que le Roi quitte de plus en plus souvent pour se glisser dans son « pavillon », dans son intimité où peu sont invités : Marly, la douceur au milieu des jardins, la vie calme, le repos après le labeur, Sa Solidité au coin de l'âtre.

S'ils s'ennuient, qu'ils s'ennuient sans moi. Mais alors pourquoi avoir édifié Versailles pour le fuir à Marly ?

Versailles est un monument élevé à la gloire des Rois, Marly est un simple chez soi.

LA PRINCESSE DES JOIES DERNIÈRES

Le Roi songeait et ne disait mot depuis une longue demi-heure, dans son fauteuil de velours rouge à glands d'or, près de l'âtre, en face de celui de Sa Solidité. Il lui avait demandé de ne pas s'aller coucher à son heure. Elle était restée assise dans le sien, son préféré, à oreillettes, tout rouge aussi mais avec un coussin vert, alliance de couleurs qu'elle détestait mais qui était chérie du Roi, comme l'alliance des contraires. Elle feuilletait un livre d'oraisons, pris au hasard et sans y attacher d'importance. Elle se rendit compte que le Roi, lui, ne lisait jamais.

Elle sourit, il avait des gens pour cela.

Et puis vivre lui apportait plus que lire la vie des saints, des Rois ou quelque légende héroïque des temps anciens. Le fatiguait aussi, l'épuisait. Il détestait les romans, aimait les beaux vers mais à les écouter au théâtre, pas à les lire. Il lui fallait la voix d'un acteur, plutôt d'une actrice — autre sourire rentré ; pourquoi ne pas oser sourire ouvertement devant lui ? — pour apprécier Racine.

Que regardait-il sans le voir sur ce mur ? Il n'y avait aucun tableau, aucun trumeau, rien.

Elle regardait le Roi, son mari, qui ne regardait rien. Elle en déduisit que son regard était plongé au-dedans de lui-même. Tout homme sent peser le regard d'autrui sur lui et ce Roi habitué à être la cible des regards de centaines, de milliers de personnes, partout où il paraissait, sentit les yeux noirs de l'ancienne Belle Indienne devenue Sa Solidité.

Ses yeux glissèrent sur les cheveux sous le bonnet, s'arrêtèrent dans les lacs sombres et s'adoucirent. Moment de grâce qu'elle préférait à tout, quand les yeux du Roi s'adoucissaient au frôlement des siens.

— Je pensais, Madame, qu'un Roi règne sur sa famille comme sur un autre Royaume. Une sorte de Navarre dont on hérite aussi à la naissance... Que ce Royaume lui est au plus proche, au plus intime, mais est aussi un Royaume politique dirigé par la diplomatie et l'état du monde. Je pensais donc, Madame, que de toute ma famille, je suis le seul membre, patriarche régnant comme dans la Bible que vous connaissez mieux que moi (et il jeta un œil au livre qu'elle ne lisait plus), qui ait fait un mariage de pure inclination.

Il aurait pu dire d'amour, non ?

La question lui enflamma l'esprit : qui, de Sa Majesté ou de Sa Solidité, aimait le plus, aimait mieux qui ? Elle pâlit. Le Roi l'aimait, mais aimait-elle le Roi ? La question était mal formulée. Louis aimait Françoise, car c'est à Louis que le père La Chaize avait demandé s'il acceptait de prendre Françoise pour épouse ; il n'est pas de titre devant Dieu mais des êtres aux âmes nues et égales. Donc Françoise était certaine que Louis l'aimait. Mais Françoise l'aimait-elle ? L'aimait-elle d'amour ? Comme elle aima Villarceaux, délicieux amant mais pas assez courageux pour l'afficher. Et si elle n'aimait que le Roi et pas Louis ? Ou bien si elle n'aimait que le mariage ? Elle n'avait pas détesté épouser Scarron, qu'il fut impossible d'aimer.

Il était impensable qu'elle n'y eût jamais pensé avant cet instant de calme et de silence. Et aimait-elle le Roi d'amour ou simplement l'aimait-elle comme tout sujet ou courtisan aime *forcément* son Roi ?

— Vous ne répondez pas, Madame ?

— Je songeais moi aussi à votre famille.

— Il y eut parfois des pleurs devant certains mariages. Ma nièce, la fille de Monsieur, a hurlé, tempêté, pleuré dans mes bras, à mes pieds, dans les bras de son père pour ne pas épouser Charles II d'Espagne. Un Roi certes, mais avorton, mal fait, impuissant et dont l'Europe attend la mort depuis plus de trente ans... Et le Dauphin ? Il épousa un laideron et le voici aujourd'hui veuf.

Le Roi hésita, reprit.

— Je ne fus pas un bon beau-père, la mort de la Dauphine m'a causé moins de peine que la même année ne m'a causé une malsaine joie la mort de Louvois.

— Mais vous êtes bon père et bon grand-père, Sire. Le duc du Maine, les enfants de vos enfants en sont tous et toutes témoins.

Elle avait préféré citer le bâtard aîné, son « mignon », plutôt que le Dauphin lui-même, dont le souvenir de son éducation eût assombri le Roi. Ne jamais l'assombrir ! Ne jamais l'ennuyer !

— Il n'empêche que le fait est patent : je suis le seul à m'être marié par inclination. Celle que j'eus, que j'ai et aurai pour vous. Or, ce mariage est encore officiellement secret. On ne peut le divulguer. Etrange vie que celle des Princes et des Rois.

— Monsieur a épousé Madame Palatine, sur votre ordre. Ils se rebutaient et, voyez-vous, Sire, ils forment à ce jour le couple le plus uni et réussi de la Cour.

— Comme d'habitude, vous parlez juste. Mais cela était fort improbable et tient de la magie ou du miracle. Ou, disons, du hasard.

— Non, Sire. Cette réussite montre simplement que le mariage est un sacrement et que Dieu bénit cette union.

— Ah ! Votre Solidité s'appuie de nouveau sur Dieu, comme si vous aviez besoin dans vos argumentations d'un tel étai. Pourquoi citer l'exemple de Monsieur et de Madame qui vous détestent ?

— Parce que l'exemple est bon et que, moi, je ne les déteste pas. Que je sais votre tendresse parfois courroucée pour Son Altesse votre frère, et celle plus paisible et plus tendre pour Madame Palatine. Quel mal y aurait-il à aimer votre famille ?

— Qu'en aimez-vous ? Parlez sans crainte.

— Sire, vous connaissez mes attachements : le duc du Maine, Mlle de Nantes, car je les ai de si près tenus.

Louis la fixait. Voyait-il en son âme si pieuse mais si hypocrite en l'instant qu'elle citait une fois de plus les bâtards de Montespan, dont l'aîné avait préféré sa gouvernante à sa mère ? Passons vite au légitime.

— J'aime aussi quoi qu'il en pense Monsieur qui est sincère, et Monseigneur le Dauphin.

— Même sa liaison avec cette dame Choin ?

— Vous parliez d'amour et d'inclination chez les Princes. Les deux sont respectables, quel qu'en soit l'objet. Ne suis-je pas, à un autre degré, par rapport à vous, dans le cas de Mlle Marie Emilie Joly de Choin par rapport à Monseigneur le Dauphin ?

— Je comprends que Scarron et sa bande de libertins aient été fous de vous.

Ce fut la seule et unique fois où le Roi évoqua qu'avant lui, Françoise avait eu un autre mari, contrefait, libidineux mais plein d'esprit et recevant la meilleure compagnie du monde.

— Je ne vous connaissais pas à l'époque, et pourtant, nous avions, vous et votre poète, moi et la Reine et... d'autres, les mêmes courtisans.

Elle vit avec bonheur qu'il riait franchement.

— Vous l'égale de Mme Choin ! La trouvaille est admirable, le parallèle audacieux ! Je le dirai à Vauban qui est fou de géométrie !

— Pourtant, Louis, si l'on y regarde bien...

— Je n'y regarderai pas. J'ai un nouveau mariage en tête.

— Et il s'agit de politique et non d'inclination.

— Il faut bien, Françoise, il faut bien. Votre Louis est aussi le Roi.

Il sait lire dans mes pensées.

Elle rosit, ce qui la rajeunit. Pourquoi n'enlevait-elle pas ce bonnet qui en faisait une vieillarde ? Il n'osa donner l'ordre : « Plus de bonnet même dans le privé. »

Il se leva, hésita, présenta ses mains au feu, alors qu'il n'avait pas froid, le tisonna sans besoin, se redressa.

— Vous ne m'avez pas dit, Sire Louis le Roi, qui était la promise. Est-ce encore un secret d'Etat ?

Il hésita, tendit la main, défit la bride du bonnet.

— Françoise, je vous le dirai au lit.

Ses cheveux glissèrent sur ses épaules et le Roi suivit ce glissement de nuit mêlée de neige. Tant mieux, il ne voyait pas ses yeux. Qu'y eût-il lu ? La lassitude de subir encore une étreinte. Elle avait soixante-deux ans, lui cinquante-neuf. Désormais, la différence d'âge était par trop inégale, s'accentuant avec le temps qui passe. Mais ils étaient mari et femme.

N'avait-elle pas pensé le verbe « subir » ? Subir l'étreinte. Naguère, elle aurait pensé « partager ». La réponse était donnée à sa question bien antérieure à leur discussion : je ne l'aime pas. Je n'aime que ce qu'il est. Peut être n'aimé-je pas cela non plus, mais le calme, la sûreté, la tranquillité, le charme des conversations... et la peur de le perdre lorsqu'il est malade. J'aime en lui le pécheur converti. J'aime en lui, Roi de France, mon triomphe de l'avoir ramené à la religion.

La promise du petit Dauphin était Marie-Adélaïde de Savoie, fille de Victor-Amédée II, duc en titre, parente de notre ennemi le prince Eugène. Il manquait une Italienne dans la famille de France. Eh bien, voilà un manque comblé. On la disait pleine de grâces, aimable changement au vu des dernières unions décrétées par Sa Majesté, mais elle avait douze ans.

La France l'attendait, le mardi 16 octobre, au Pont-Beauvoisin près de Lyon. Elle quittait la Savoie avec seulement deux dames, la princesse de Cisterne et Mme de Noyers, un médecin et le marquis de Dronero qui était chargé de la conduite de la rencontre. Elle se para dans une maison de Savoie, échangeant ses habits de voyage pour une tenue plus princière. Au pont, qui était français, le comte de Brionne la reçut au nom de Sa Majesté. De l'autre côté, un homme en noir surveillait la scène à la lorgnette, dit quelques mots à un cavalier qui partit au galop.

Le pont franchi, la jeune fille fut accueillie dans une ravissante maison entourée d'un vaste jardin. Elle fit ses adieux à la princesse de Cisterne et au marquis de Dronero, qui s'en iraient dire au duc souverain que la jeune fille était déjà traitée en Altesse royale et Fille de France alors qu'elle n'était pas encore mariée au duc de Bourgogne. Le comte de Brionne leur confirma que le Roi avait donné des ordres écrits pour qu'il en soit ainsi. Aussi Mlle de

Savoie fut-elle saluée bien bas par le comte et la duchesse du Lude qui devait de tout le voyage être sa dame de compagnie et la servir aux repas publics et privés et l'aider à connaître sa nouvelle patrie.

Les ordres de marche étaient tout aussi précis ; on devait aller à petites journées afin de ne pas fatiguer Son Altesse et chaque ville traversée devait l'accueillir en Fille de France. Partout les cavaliers noirs regardaient, notaient et repartaient avec leur rapport.

M. de La Reynie les lisait puis les remettait à Sa Majesté. Tout se passait le mieux du monde d'après ses espions. Et à chaque étape, toute la population, les échevins et gouverneurs et les espions eux-mêmes, s'accordaient à dire qu'elle était ravissante.

Le Roi décida d'aller l'accueillir à Montargis. A six heures du soir, le dimanche 4 novembre, le carrosse de la jeune promise s'arrêta en cette ville. Et Marie-Adélaïde de Savoie vit arriver à sa portière un vieil homme digne et même majestueux, vêtu de rouge et de blanc, le visage fort encadré d'une longue perruque, marchant lentement et lui offrant un sourire de grand-père. Il ouvrit lui-même la portière et lui tendit la main :

— Venez, mon enfant.

Mme de Lude dut lui chuchoter que c'était le Roi. Elle en avait vu des portraits, mais ils devaient dater, car rien de fringant ni de fier ne subsistait chez ce vieil homme, et l'air bon et doux, le regard attendri qu'il posait sur elle, tout cela on ne le lui avait pas décrit. Bien au contraire.

En revanche, elle n'hésita pas à réussir une fort belle révérence.

Le Roi vivait un instant de bonheur comme il n'en connaissait pas depuis longtemps. Il lui présenta Monseigneur le Dauphin, Monsieur et son fils le duc de Chartres.

La délicatesse du charme, plus que de la beauté, de Marie-Adélaïde, un rien de retenue dans ses manières respectueuses mais sans embarras et pleines de gentillesse ravirent toute la société.

Le Roi décida qu'on l'appellerait la Princesse. Marie-Adélaïde battit gentiment des mains :

— La Princesse, tout court. Comme dans les contes, Sire, de votre Monsieur Perrault.

— Oui, mon enfant.

Dieu vient de me faire son dernier cadeau. Après elle, il pourra tout me reprendre. Mais qu'il nous laisse cette enfant ! Son fond de joie paraît inépuisable. Elle le diffuse comme une rose ou un oranger diffusent leur parfum. Il imprègne tout.

Ah ! la Cour n'allait plus s'ennuyer ni fuir le Roi pour la compagnie de Monsieur ou de Monseigneur, à Saint-Cloud ou à Meudon. Versailles allait revivre ! Et lui revivre plus souvent à Versailles. Pouvait-on y espérer meilleure cure de jouvence ?

A Fontainebleau qui fut en la jeunesse du Roi son château des contes et des légendes, bien plus que son berceau de Saint-Germain, la Cour l'attendait en haut de l'escalier du fer à cheval. Louis n'avait pas voulu l'apeurer en lui imposant tout de suite l'énorme et majestueuse machine de Versailles.

Elle ouvrit des yeux immenses, elle n'avait jamais imaginé en sa Savoie pourtant raffinée un tel étalage de princes, de duchesses, de marquises, de plumets, soieries, dentelles, bijoux, pierreries...

Le Roi la mena jusqu'au palier, puis ordonna à Monsieur de présenter chacun et chacune à la Princesse, confiant en la maîtrise du protocole de son frère. Pendant deux heures la Cour du Roi de France défila devant une enfant. On lui baisait le bas de la robe, ou bien sur un signe de Monsieur, la Princesse relevait le Prince du sang, la duchesse à tabouret ou le maréchal de France pour tendre sa main ou l'embrasser sur les deux joues. Qu'on soit Condé, Conti, Bourbon, Rohan, Lorraine, on était séduit.

Qu'elle a de la grâce, qu'elle est jolie !

Et le Prince charmant de cette Princesse tant vantée ?

Il a quinze ans, boite, légèrement bossu, quelque peu contrefait, mais il est grand, son visage est fin, sa peau joliment mate. Son caractère est autoritaire et railleur, avec un brin de timidité et de peur. Le Roi impressionne encore. L'influence de ses précepteur et gouverneur, Fénelon et M. de Beauvilliers, l'ont heureusement corrigé, en douceur et non comme ce que subit son père le Dauphin en son enfance, et l'ont mené vers un état affable, patient, modeste, sans pour autant enlever le fond de mélancolie que crée un corps disgracié.

La Princesse pensa qu'elle ne l'aimerait jamais. Pourtant la mélancolie du regard de cet époux si jeune lui aussi lui porta une pointe dans le cœur et une tendresse en jaillit. Elle le ferait rire, elle l'amuserait, qu'il lui fasse confiance. Et puis, un jour, il serait Roi et elle Reine de France.

Elle ne fut pas déçue et fut même rassurée, devant ce mari-là, en cet instant-là, que le Roi et l'Eglise décident les deux époux trop jeunes pour être autorisés à consommer le mariage. Il leur faudrait attendre deux ans. Elle avait le temps.

Par sa foi, cela ne la gênait pas. Elle avait une cour entière sous son charme, elle séduirait bien son mari.

Elle ignorait la douce enfant que Louis de France, duc de Bourgogne, dauphin du Dauphin, était déjà fou amoureux d'elle, qu'il le serait sa vie durant, vie courte hélas, et que de leur union allait naître le futur Roi de France, le successeur direct du si vieux Roi (qui n'est pas vieux pour une enfant de douze ans ?), la couronne sautant deux générations dévastées. Comme Marie-Adélaïde, la Princesse tout court s'amusait à sauter à pieds joints par-dessus les tabourets des duchesses, ou bien dansait sur les tables quand cela la prenait.

Conduite mutine qui lui attira les foudres de Madame, à cheval sur les traditions et la tenue.

— Cette enfant me fait pitié, dit-elle au Roi. Elle chante en plein dîner, remue sur sa chaise, met ses doigts dans les sauces, fait des grimaces. Sire, elle tutoie Monseigneur le Dauphin !

— Et elle m'appelle bon-papa...

La Palatine haussa ses confortables épaules.

— Si même le Roi s'enchante d'une si mauvaise éducation...

— Le Roi en effet, Madame ma sœur, en est enchanté.

Bien, bien. Madame avoua qu'elle était aussi amusée. Un peu de bruit et de jeunesse ne fait de mal à personne. Et comme elle était honnête, la Palatine se demanda à elle-même si ne gîtait pas dans cette récrimination adressée à son merveilleux beau-frère (ah ! le bonheur quand il me donne du « ma sœur » !), vieilli, plissé, fripé, amaigri, souffrant et le cachant, un fond de jalousie. Elle avait surpris la Princesse sur les genoux de la ripopée, de la guenipe, de l'Enrhumée, la couvrant de baisers et l'appelant « ma tante » ou « bonne-maman ». Ta tante c'est moi, jeune péronnelle !

La bien vilaine chose que cette jalousie-là. Et la Palatine se mit elle aussi à rire avec l'enfant, lui apprenant dans le parc le maniement de la carabine et à tirer les pies.

Mignard, on s'en doute, s'empressa de la peindre à différents âges de sa vie. De la Nymphe à l'Amazone, ou en costume de chasse. Tout lui sied. Son pinceau n'a pas à flatter, heureux changement dans ses habitudes.

Ravi de ce mariage, le Roi poursuivit sa politique des hymens. Il fit épouser à la fille de la Palatine le duc Léopold Joseph de Lorraine. Mlle de Blois née La Vallière était mariée avec Conti, Mlle de Nantes au duc de Bourbon, un Condé, le duc du Maine épousa la petite-fille du même Condé.

Où est-on mieux qu'au sein d'une famille unie, où le légitime épouse l'illégitime, Madame dût-elle en manger son chapeau !

Elle en mangea plus d'un. Elle vit d'abord le Roi ordonner que son fils, le duc de Chartres, épouse la seconde Mlle de Blois, bâtarde de la Montespan. Elle s'y opposa, et fit jurer à son fils de toujours refuser ce mariage.

Mais le Roi enrobe Philippe de douceurs, douceurs qu'il ne pensait nullement en son for intérieur, Sa Solidité le jugeant pervers. Philippe accepte, s'en ouvre à sa mère en pleine Grande Galerie. Elle jure en allemand, gesticule, le voue aux gémonies. Il approche pour la calmer et lui baiser la main. Il en reçoit le plus beau soufflet jamais distribué en public à Versailles. Le bruit en résonne trois jours dans la galerie devant une Cour étonnée mais alléchée et papotante.

On s'amuse de plus en plus ! Qui disait que Versailles devenait un couvent ?

Louis aussi s'amuse. Il distribue. Il dote son cher duc du Maine et son cadet le comte de Toulouse de toutes les dignités possibles : Général des galères, Lieutenant général des armées, Grand Maître de l'artillerie pour le premier. Amiral de France, gouverneur de

Guyenne, de Bretagne, Lieutenant général aussi pour le second. Et coup de force sans nom, il introduit et donne à enregistrer au Parlement une déclaration créant pour tous les bâtards venus des ses amours passées et adultères un rang intermédiaire entre celui de prince du sang et celui de duc et pair.

Madame Palatine, Monsieur et le duc de Saint-Simon pensent à l'exil, au suicide, à la rébellion.

La Princesse, elle, continue de faire la joie du Roi. Elle se laisse aussi conter fleurette par ce qui est le mieux fait dans la Cour. Les amoureux abondent, ce qui rend son jeune mari, toujours passionné, encore plus mélancolique. Va-t-elle plus loin ? Elle est discrète et n'est pas sûre que le Roi pardonnerait plus.

Cela empêche-t-il d'essayer ?

Le Roi est-il méfiant ? Qui va chez la Princesse n'y voit que des femmes. Nul homme dans son intimité, hormis le Roi bien sûr. On y joue, on y fait de la musique, Mme de Maintenon, la « chère tante », la « bonne-maman », prend son rôle de duègne au sérieux et donne de doux conseils, fait gentiment la leçon, elle materne. Elle a droit à un fauteuil alors que le Roi se contente d'un pliant. Madame en est encore horrifiée. Mais où va ce Royaume dans lequel la veuve Scarron est mieux traitée que le Roi ?

Il va trop loin, quand le 16 novembre 1700, au matin, la Cour devra saluer deux Rois dans Versailles.

Il faut deux heures pour parcourir les quatre lieues de Paris à Versailles en carrosse. C'est donc trois carrosses sans armoiries qui quittent dans la nuit de cinq heures du matin l'hôtel de la rive gauche de la Seine où siège Son Excellence Manuel de Samenat, marquis de Castel dos Rios, ambassadeur de Sa Majesté catholique le Roi d'Espagne.

Il ne sait plus de qui il est ambassadeur, puisque Charles II est mort. A trente-neuf ans. C'est jeune ? Non, on annonce sa mort depuis si longtemps. Il traverse la Seine, la ville de Sèvres, puis Chaville, emprunte la grande avenue géante presque déserte qui traverse une ville assez maigre, une ville pas finie, une ville d'utopie. On dit qu'elle contient quarante mille habitants, mais où ? On dirait un chantier ; entre les hôtels nobles, les maisons bourgeoises, surgissent des espaces vides comme des dents creuses dans une bouche gâtée. Une ville étrange, un désert où s'élèvent la splendeur de casernes ou des écuries royales quand le reste semble bien commun.

Son Excellence est à l'heure, le Roi en est à son lever.

Le Roi a un secret depuis la nuit passée. Depuis une veille d'incertitude et d'hésitation. Le Roi d'Espagne désignait dans son testament un prince français pour lui succéder. Il n'avait pas eu d'enfant. A-t-on déjà vu un avorton engendrer ? Il y avait eu réunion avec le Chancelier Louis Phélypeaux, comte de Ponchartrain, Jean-Baptiste Colbert, marquis de Torcy, secrétaire aux Affaires étrangères, le Grand Dauphin, et Sa Solidité. Voilà ce qu'était le Conseil secret du Roi pour une telle affaire qui intéressait toute l'Europe. Il avait écouté chacun et chacune, le pour et le contre, les doutes, les affirmations, les envies dictées par l'avidité (les colonies espagnoles d'Amérique et leur commerce)... et avait levé la séance sans se prononcer. Ou bien il disait non, et le partage des possessions d'Espagne se ferait avec l'Empire et la France s'agrandirait en Lorraine, en Toscane, dans les Deux Siciles, ou bien il disait oui, et la Maison de Bourbon, la sainte famille du Roi, dominerait l'Europe avec ses deux têtes, à Versailles, à Madrid.

Vieille monarchie d'un côté, et monarchie vivante et riche de l'autre, oui, vivante malgré l'âge de son Roi, et riche encore malgré les guerres incessantes.

Au risque de guerres nouvelles.

Le Roi consultait sa famille.

Mieux valait faire la guerre aux côtés de l'Espagne que contre elle, et empocher tous ses territoires plutôt qu'une partie. Certaines familles sont boutiquières, les Bourbons le devenaient. Mais Vauban, que le Roi respectait, s'inquiétait de la charge que représenterait l'Espagne, ce pays exsangue, mal peuplé, épuisé. Le duc du Maine était pour l'héritage, et la Princesse, la jeune duchesse de Bourgogne, toujours chérie par le Roi, suivait et poussait cet avis.

Alors le Roi décida que cette journée du 16 novembre se déroulerait à la manière habituelle. Il y aurait les levers, la chaise d'affaires, et tout le rituel. Simplement certaines personnes attendraient près du cabinet de travail.

Les barbiers se sont retirés, entrent le maréchal de Boufflers, les cardinaux, les évêques, les ambassadeurs, Lauzun qui est devenu duc et Lieutenant général, le duc de Bouillon, le duc de Saint-Simon.

C'est le moment où on coiffe le Roi de sa grande perruque, pas de brigadière ce matin, le Roi tient ses audiences.

Le Roi quitte sa chambre pour le Cabinet. Il consulte la montre que l'horloger a déposée sur la table. Il est presque l'heure.

Les Petits-Enfants de France sont là, dans la pièce voisine : Bourgogne, ses dix-huit ans et sa mélancolie, Anjou, ses dix-sept ans, sa blondeur et son flegme, Berry, ses quatorze ans et sa joie de vivre.

— Sire, le marquis de Torcy et Son Excellence l'ambassadeur d'Espagne attendent le bon vouloir de Sa Majesté.

M. de Nyert fait entrer.

Castel dos Rios s'approche. Le Roi fait signe au duc d'Anjou d'avancer et de se détacher de ses frères.

— Monsieur l'ambassadeur, je vous présente votre Roi.

L'ambassadeur se met à genoux devant le jeune Prince et lui baise la main. Il veut se jeter aux pieds de Louis XIV qui le retient. Le Roi complimente l'ambassadeur, lui disant sa satisfaction que la glorieuse nation espagnole ait choisi un tel envoyé pour une si glorieuse mission. Et plus bas lui promet, de son nouveau Roi Philippe V, la dignité de grand d'Espagne.

Il fait signe à Torcy, qui touche la porte du pommeau de son épée.

— Qu'on ouvre à tous, dit le Roi.

On ouvre les deux battants.

C'est la cohue. Le Roi est debout, une main sur sa canne, l'autre négligemment posée au dossier du fauteuil. Il a rajeuni, dans son port, de vingt ans.

— Messieurs, dit-il montrant le jeune duc d'Anjou, voilà le Roi d'Espagne. La naissance l'appelait à cette couronne, le feu Roi Charles mon cousin aussi par son testament. Et toute la nation me l'a demandé et l'a souhaité ardemment. C'était donc l'ordre du Ciel.

Un silence impressionnant sans un froissement de soie, rien que des souffles retenus. Le secret n'a pas filtré : Monsieur était consigné au Palais-Royal et le Dauphin chez lui à Meudon. Il attendent aussi neuf heures, pour annoncer la nouvelle à leurs courtisans.

Louis se tourne vers son petit-fils.

— Soyez bon Espagnol, c'est votre premier devoir. Souvenez-vous que vous êtes Français, pour entretenir l'union entre nos deux nations. C'est le moyen de conserver la paix en Europe.

Un courtisan s'exclame :

— Il n'y a plus de Pyrénées !

Le Roi manque de se signer. Il a déjà entendu cette phrase lors de son mariage avec Marie-Thérèse sur la Bidassoa... Lui qui parlait à l'instant de paix ! Elle n'a guère régné.

Le nonce vient saluer en premier le nouveau Roi, talonné par l'ambassadeur de Venise. Les représentants des autres cours étrangères semblent plus embarrassés. Il est neuf heures et deux minutes. Beaucoup de dépêches vont traverser les frontières avant la soirée.

Casus belli, hurle Vienne. Casus belli, sourit Guillaume III, à Londres. Casus belli, dit sombrement le Grand Pensionnaire Heinsius aux Pays-Bas.

Le Portugal hésite, la Savoie s'interroge, puis acceptent ce Roi Bourbon, pour le moment. La Bavière, le Prince Évêque de Cologne, les Princes italiens reconnaissent Philippe V.

Pendant trois semaines, Versailles abrite deux Rois qui vivront selon la même heure, les mêmes rites, seront visités par les mêmes courtisans, débordés entre les levers entrecroisés, les couchers successifs, les dîners, les soupers, les tables de jeux auxquels il faut assister et paraître.

Le Roi de France est prudent et rassis, le Roi d'Espagne bien jeune, et le grand-père rédige des « Instructions » pour le petit-fils qu'il traite en égal.

On y lit :

« Ne manquez à aucun de vos devoirs, surtout envers Dieu.

« Aimez votre femme et vivez bien avec elle. Demandez-en une à Dieu qui vous convienne. Ne prenez pas une Autrichienne.

« Faites le bonheur de vos sujets. Dans cette vue n'ayez de guerre que lorsque vous y serez forcé.

« Ne quittez jamais vos affaires pour votre plaisir.

« Jetez quelque argent au peuple en passant en Espagne et surtout en entrant dans Madrid.

« Ne vous laissez pas gouverner ; soyez le maître ; n'ayez jamais de favoris ni de premier ministre ; écoutez, consultez votre Conseil, mais décidez. Dieu qui vous a fait Roi vous donnera les lumières qui vous sont nécessaires. »

De toute sa vie, Louis n'a dû suivre que le dernier commandement de ces « Instructions ».

Dans la cour du Pavé du Roi, jusqu'à la voiture entourée d'une nuée de gardes et de mousquetaires, les deux Rois se tiennent enlacés et pleurent, le petit-fils et le grand-père s'étreignent à n'en plus finir. Il faut se séparer.

Adieux de Rois.

Bonjour à la plus terrible guerre qui n'a pas encore endeuillé et dévasté l'Europe. L'alliance des deux vieux ennemis héréditaires crée la haine des trois autres grandes puissances, les anciennes et la montante, Angleterre, Empire et Provinces-Unies.

Jamais les Bourbons n'auront la monarchie universelle !

Jamais l'Espagne ne sera sous la tutelle de la France, ni le petit-fils ne régnera sous l'égide du grand-père.

Le titre de duc d'Anjou était libre.

Il sera bientôt gracieusement relevé.

Toute l'année 1700 fut constellée de bals comme une robe de la Montespan — désormais au couvent, et qu'on y oubliait, qu'on n'invitait plus — l'était jadis de diamants. La princesse de Bourgogne y paraît en magicienne, en Savoyarde, en Amazone, en Espagnole, c'est à la mode. Le Roi a déclenché un tourbillon. Il ruine la noblesse en costumes de carnaval.

Le duc et la duchesse de Bourgogne ont le droit de consommer mariage, de vivre et dormir ensemble. Le duc est aux anges, depuis cette soirée où il fut conduit à sa femme par le duc de Breteuil, qui lui fit le chemin jusqu'au seuil du « champ de bataille ». Le duc est amoureux fou de sa femme, encore une nouveauté à la Cour de France.

Le carnaval est terminé. Tout le monde est définitivement ruiné. Sa Solidité a regardé cela d'un œil sévère : on oublie la religion à la Cour ou du moins on l'accommode à sa façon.

On marie Philippe V Roi d'Espagne à une autre Savoyarde, elles sont aussi à la mode, c'est la sœur de Marie-Adélaïde. Le grand-père est satisfait, « bonne-maman » Sa Solidité décide de s'occuper de la Camera Mayor et des dames de l'entourage, ce pouvoir occulte, secret comme un Roi de France, ce service d'espionnage en jupons, digne de celui de La Reynie. Elle pousse gentiment, fermement une amie, Anne-Marie de La Trémoille, princesse des Ursins. Princesse mais à son image, flatteuse, insinuante, désargentée et caressante.

Une victoire. Une victoire de palais.

Une guerre de palais, au matin : Monsieur attaque le Roi qui refuse un commandement à son fils le duc de Chartres, Philippe d'Orléans.

Le Roi rétorque que ce garçon ne fait que courir les dames. Monsieur proteste contre les promesses non tenues et faites quand le Prince épousa la bâtarde du Roi, ce qui lui valut un soufflet de maman. Le Roi, mielleux, l'informe que la guerre coûtera cher et il attaque son frère par le nerf : l'argent.

— Ta pension en souffrira plus que la mienne !

Tout est sens dessus dessous dans la Famille de France.

Et ce même jour au souper, Monsieur assis à côté de son fils Chartres verse une liqueur à la duchesse de Bouillon. Le liquide se répand sur la table, Monsieur ouvre la bouche, sa tête tombe sur l'épaule de son fils.

Monsieur est mort d'apoplexie.

Le Roi est à Marly, chez lui au calme. On l'avertit, il juge son frère capable d'une douteuse plaisanterie après la fâcherie matinale. Il délègue Fagon qui revient au matin, la mine triste.

Le Roi respecte le rituel, déjeune devant la Cour. Mais en pleurant et se mouchant dans ses manchettes.

Les courtisans font leurs mines de deuil.

Pourtant, on entend à l'après-dîner le Roi chanter un extrait de l'opéra *Athis.* Il esquisse même quelques pas de danse.

Le duc et la duchesse de Bourgogne invitent le duc de Monfort à jouer au brelan.

— Monseigneur, vous n'y pensez pas, Monsieur est encore chaud.

— Ordre du Roi !

Le deuil est aboli à la Cour de France.

Ailleurs et loin d'ici, en dehors des frontières, des maréchaux ont d'autres soucis.

A Saint-Germain aussi, le Roi Jacques Stuart meurt, Louis reconnaît son fils comme Roi d'Angleterre, alors que règne toujours Guillaume III ; mais il décline sévèrement. Anne Stuart, sa belle-sœur, fille de Jacques II, va lui succéder. Elle est charmante, intelligente, ivrogne et lesbienne. Il meurt en mars 1702. Les troupes de Louis prennent possession d'Orange.

Villeroi est prisonnier du prince Eugène, le petit abbé de cour.

Enfin Catinat remporte une victoire à Friedlingen, il était temps, le Roi s'impatientait contre les mauvaises nouvelles.

Ce n'est pas au canon qu'on tire à Marly dans le parc, mais aux fusées d'un feu d'artifice.

Pour Marie-Adélaïde, qui a donné à la France un garçon : dauphin du dauphin du Dauphin. Les Bourbons sont éternels. Le Roi contemple quatre générations issues de lui.

Il est heureux, plus en famille que par ses armes. Il a soixante-six ans, et voici venir l'hiver.

OMNIA NAVRANT, ULTIMA NECAT

Le Roi patientait. Il avait soif mais ne buvait pas. Le Maître du Gobelet et le Serdeau tremblaient. De peur et de froid. Le vin était encore gelé dans la carafe, et l'eau un glaçon dans l'aiguière.

Depuis deux ans, le Royaume givrait. Le Roi avait renoncé à la promenade, lui si féru de grand air, car personne ne l'y suivait. Il devait chauffer l'encre pour écrire. Le feu dans les cheminées ne donnait aucune douceur. Cent mille Français étaient morts de froid en deux ans.

Le Roi patientait. Ce qui n'était pas dans sa nature depuis sa plus tendre enfance, mais il avait aussi appris à supporter cela depuis toutes ces années.

Patienter en attendant une victoire, qui ne venait plus ou rarement. Patienter en attendant que les émotions populaires cessent et le cri de « Du pain, du pain, à bas le Chamillard ». Ce ministre des Finances dont il devrait se séparer, il l'aimait bien, mais il était nul. Les nobles étaient assaillis dans leurs carrosses, quand les chevaux acceptaient de quitter la chaleur animale de l'écurie. Des chevaux d'attelage qu'on attendait sur les routes, parfois au carrefour d'une ville, et se trouvaient destinés à la boucherie clandestine, dépecés dans les attelages mêmes, les postillons et cochers menacés par des piques et des faux.

Le Roi patientait de ne pouvoir faire le bonheur de ses peuples, qui mourraient en tentant d'arracher une racine d'une terre rendue plus dure que granit. La patience, cette suprême qualité qu'on finissait par confondre avec l'espoir, devenait un lâche renoncement.

Patienter en soi-même et n'y trouver aucune solution.

Patienter devant les attaques de la goutte, les douleurs intestinales, toutes les misères de l'âge.

La patience est l'attente de la mort qui elle aussi tarde.

Patienter en attendant la paix qui approche à pas lents dans une Europe exténuée et paralysée par les glaces qui bloquent le cours de la Seine, de la Loire, du Rhône, ce fleuve torrent qui marque aussi une frontière et même le port de Marseille.

Hiver du temps, hiver de l'âge, hiver du cœur.

Bien avant que le grand froid désole la France plus que ne le firent jamais les armées de Louvois, une autre froidure s'était saisie du cœur du roi. Non qu'il n'eût plus de sentiments, il chérissait encore un petit nombre d'humains issus de lui-même, mais il bâtissait des fortifications en son corps et son âme. Pour durer. Durer sans le goût de durer, durer car tel était son devoir, durer pour régner encore, comme il le pouvait, ne régentant plus ce qui lui échappait et n'obéissait qu'à la force des choses comme ces héros du défunt Corneille ou du déjà vieux Racine, jouets des destins.

« Les destins sont contents, Oronte est malheureux. »

D'où sa mémoire avait-elle extirpé ce vers qui s'imposait cet après-midi, quand il fallait attendre que tout dégelât pour boire et manger ?

Il rougit violemment. La Fontaine ! Pour Fouquet ! Sa mémoire plus que Dieu lui rappelait un péché ; une condamnation inique, terme qu'il balaya comme on chasse une mouche — il eût aimé entendre des mouches bombiner en été — pour le remplacer par politique. Les destins sont contents, le Roi est malheureux. Vengeance d'un fantôme.

Deux ans déjà que ce cœur se cuirassait et décidait de ne plus souffrir, que ce cœur qui détestait qu'on le quittât, choisissait l'indifférence et le renoncement pour ne plus souffrir. Que ce cœur n'était plus un cœur de Roi, mais celui d'un homme, mais de quel homme ? D'un grand indifférent ?

Il se détachait des biens de ce monde, sauf de cette gloire trop entamée qu'il passait au matin comme sa chemise du lever, mais en plus rapiécée.

Pourquoi Fouquet venait-il le piquer au détour d'un alexandrin ? Et pourquoi Fouquet mort s'accompagna-t-il d'une beauté morte aussi et dans l'indifférence ?

Un jour, un bel après-midi de mai, où, ingambe, ne souffrant pas trop, Louis décida de courre le cerf. En mai, il y avait deux ans. On apprit par courrier dépêché de Bourbon où elle prenait ses eaux inutilement que Françoise Athénaïs de Montespan était morte en demandant pardon publiquement de « tous les scandales » qu'elle avait causés. Le scandale ? C'était lui, lui avec elle, car il fut bien plus avec elle, car autrement, qu'il n'était avec Françoise de Maintenon, épouse secrète.

Louis n'avait pas décommandé la chasse. C'eût été trop grand bouleversement pour deux cents équipiers. Et pour tous ses chiens de meute qu'il convenait de respecter. Mais après avoir tué un six-cors, sans joie aucune, il s'était promené seul, avec deux garçons bleus pour pousser sa « roulette », dans les jardins de Versailles. Ici, dans ce bosquet elle avait dansé avec lui et devant la Cour. Ici... mais qu'importe de rappeler le passé à la rescousse. Deux heures dans le jardin, sans voir ce qu'il regardait, l'esprit se vidant peu à peu de ses souvenirs qui n'étaient qu'encombrement, refermant ses portes, ses grandes baies sur des soleils enfuis, car elle fut aussi des trouées de soleil dans les tempêtes. Que rien n'en subsiste, comme lorsqu'on brûle des papiers.

Il en brûla aussi devant Sa Solidité. Athénaïs avait quémandé, elle avait avoué son amour, il n'en resterait que cendres.

Sa Solidité pleura les seules larmes de la Cour destinées à l'âme de l'antique favorite. Malgré leur guerre, malgré d'autres tempêtes, Françoise d'Aubigné, marquise de Maintenon, épouse secrète du Roi de France, fut honnête avec elle-même, avec la morte, avec la vérité : elle devait tout à Mme de Montespan. Et ses larmes sincères l'en remerciaient.

Elle s'outra devant le Roi que les Capucins, Dominicains et Cordeliers se battent pour obtenir son corps. Et elle fit en sorte, en bonne croyante dont la voix était écoutée dans l'Eglise de France, que ce corps qu'on charcuta — encore cette folie de traquer on ne sait quel poison —, fût porté dans le tombeau des Mortemart en l'église des Cordeliers de Poitiers. Athénaïs avait trait toute sa vie sa plus grande fierté d'être issue d'une aussi noble et antique famille. Le Roi n'avait dit mot ; ni non, ni oui, ni, surtout, merci. Peut-être en effet, comme il l'avait lâché un jour à l'improviste, le Roi ne vivait plus « du temps où il était Roi ».

Françoise se demanda si cela était si triste.

Mais le cœur du Roi, aussi gelé que la Seine, continuait de battre, par habitude, comme le Roi continuait de tenir Conseil.

Le grand hiver se passe, Monseigneur le Dauphin a renoncé à la chasse aux loups qui sont revenus rôder près de Paris, et parfois en ville même. On en a vu dans ce jardin d'Eden de Marly, on en a eu peur dans les bosquets de Versailles au canal et aux bassins pris par les glaces.

Ce 9 avril, Monseigneur a décidé de réagir. Il est pâle, furieux car il n'en peut plus d'être confiné, il ne prend plus assez l'air. Mlle Choin ne réussit pas à le réchauffer. Il a la bouche pâteuse.

Meudon est sur une colline, le vent y souffle presque autant qu'à Versailles.

Le Roi est à Versailles et non à Marly, dont le froid craque les murs. Versailles est plus résistant.

On l'avertit que Monseigneur n'est pas bien et a le pouls embarrassé. Le Roi rend visite à son fils, engoncé dans deux houppelandes, un réchaud sous ses pieds.

Il rentre vite. Monseigneur souffre, dit-on, de la petite vérole. Le Roi doit en être protégé.

L'état de Monseigneur empire, le Roi revient à la nuit tombée.

Le 14, à minuit moins le quart, Monseigneur a trépassé. Le Roi et Mme de Maintenon, assis en silence dans l'antichambre, purent enfin pleurer.

Mme de Maintenon rappelle à Louis que le Roi ne doit pas rester dans le logement d'un mort. Depuis la fin de Monsieur, elle veille sur l'étiquette.

Le froid a cessé, Versailles est en tumulte et dans le désespoir. Le protocole est mort, le duc de Bourgogne, le nouveau Dauphin, y tient embrassée sa ravissante Savoyarde, assis sur le parquet nu. Tout cela semble au Roi attendrissement et malheur dans la bonne foi des sentiments. La Palatine qui ne put jamais avoir d'amitié pour Monseigneur sanglote dans ses immenses parures.

A Meudon, les fidèles voient le corps du Dauphin devenir noir et puer.

Le Roi a perdu un fils et bien plus : un ami à qui ouvrir son cœur, cette bastille. A lui il se confiait ces mois derniers, autant qu'à l'épouse.

Il lâche tout à coup :

— Désormais il faut se soumettre.

Et expédie sans cérémonie le corps de son fils à la basilique de Saint-Denis. On craint que les miasmes — quels miasmes ? — l'atteignent.

Le duc de Bourgogne que son père n'aimait pas est le nouveau Dauphin.

Il est affecté, mais surtout épouvanté. Le Roi est vieux et...

N'y pensons pas.

Il est trop sensible, celui à qui incombera la Couronne, refuse le droit de faire couler le sang de ses peuples, déteste la guerre, a perdu Audenarde par maladresse et non par manque de courage, mais la tache lui est restée au front.

Chez lui se font jour par-ci par-là, dans la bouche d'un duc, d'un évêque, une crise de conscience sur la politique absolue. Une coterie, pas encore une cabale. Fénelon l'ancien précepteur, dont la police a pillé et brûlé naguère le *Télémaque,* établit des plans de gouvernement qui pourraient le mener en prison.

On y parle d'états généraux, de libertés pour l'Eglise. De suppression des lettres de cachet. D'une réforme fiscale.

Les penseurs, les princes sont las d'un vieux Roi qui croit encore régner mais qui attend. On ne sait quoi. Et eux, savent-ils mieux ? Quelle lumière leur permettra d'atteindre ce qu'ils souhaitent confusément, un siècle tout neuf, il n'a pas dix ans, un siècle de Lumières ?

Une victoire ? Villars la fournit. C'est Denain, aidé dit-on au Roi par d'Artagnan.

Le Roi sursaute ! Un fantôme ! Non, c'est le jeune comte de Montesquiou qui a relevé le nom de son cousin en hommage.

— Nous le ferons maréchal un de ces jours, c'est un galant homme, fidèle à un nom que porta un grand soldat.

Le temps file comme une Parque file la laine en attendant que sa sœur la coupe.

Le temps file et se répète.

Pas tout à fait. Contre toute habitude, le Roi accepte le nouveau Dauphin au Conseil. Qu'il apprenne à gouverner, on ne sait jamais. Le Roi semble savoir un secret.

Il remâche sans cesse ce que la Palatine a soufflé l'autre soir en refusant une partie de lansquenet :

— Tous tant que nous sommes nous allons mourir l'un après l'autre.

Elle ne tonitruait pas, la solide tour de Bavière. Simplement elle se rendait, elle aussi, à plus fort qu'elle. Plus fort que le Roi. On se soumet.

Le Roi a décidé le calme en son esprit et son cœur même si chaque heure le poignarde en sachant que la dernière le tuera. Il s'en remet à Dieu et à Françoise Sa Solidité si fragile. Dieu le punit-il ? Dieu ne punit pas, Il pardonne, répète et rabâche Françoise. Seul le monde est mauvais.

Les hommes aussi, pense-t-il. Que faire du nouveau duc d'Orléans, ancien duc de Chartres, le fils de feu Monsieur, que le peuple abomine ? Il est athée, libertin, incestueux avec sa fille la duchesse de Berry. Je voulais lier mes familles mais pas à ce point.

Philippe déteste Philippe V d'Espagne, et il étudie la chimie, autant dire des poisons.

M. d'Argenson, nouveau Lieutenant général de police, suit tous ses faits et gestes. Sa mère, la Palatine, le défend auprès du Roi qui veut bien l'écouter. Il aime cette belle-sœur phénoménale et lui fait confiance sans suivre aucun de ses conseils.

Et puis la nouvelle jeune Dauphine, la Princesse des contes, est un trésor encore bien vivant.

La vie du Roi lui paraît hachée en fragments, comme son souffle qui parfois l'abandonne, ce qu'il tente de cacher.

On vient dire la Princesse malade ce vendredi 5 février 1712. Une forte fièvre la tient au lit. On lui donne du tabac à fumer et à chiquer, le Roi désormais permet que l'on pétune, et de l'opium. Les douleurs aux tempes disparaissent. Les médecins du Roi sont à son chevet. On la saigne. Elle gémit de faiblesse et des plaques roses, rouges envahissent peu à peu son joli corps. La rougeole, dit le médecin Boudin. Mareschal le chirurgien en doute. Le 10 elle délire. Le 11 on se résout à lui administrer l'extrême onction. Simple précaution.

Le duc de Bourgogne supplie Dieu, tous les saints et leur Lieutenant le Roi ; il ne dort plus, veille à son côté. Le 12, il s'endort épuisé d'insomnies à six heures du soir, tenant la main de sa tant adorable épouse. Des cris le réveillent à huit heures. Il ouvre l'œil et découvre celui grand ouvert de la princesse qui le fixe sans le voir. Elle ne voit plus rien. Elle est morte en le regardant. La main glacée et bleue est crispée sur la sienne. Il jure de se la faire couper.

Après l'hiver, le tonnerre. Louis reste prostré près d'une Solidité défaillante.

— Je ne serai plus jamais heureux.

Ce n'est pas égoïsme de vieillard, qui ne pense qu'à sa survie devant la mort d'une jeunesse qu'il aime, c'est un chemin qu'ont trouvé les mots de cet homme secret pour libérer du silence amertume et désespoir. Une formule qui draine et cache la plus grande douleur du monde à côté de laquelle ses douleurs physiques, presque continuelles et qui l'obligent à s'asseoir en « roulette » au lieu de marcher à la promenade ne sont rien.

La mort du bonheur déclarée englobe la Princesse mais aussi le monde, la vie, et Dieu. Elle ne concerne pas sa personne.

Il prend son petit-fils, fils de la Princesse défunte, dans ses bras et le tient fort serré à le faire pleurer. Le pouls du Prince bat fort. Pauvre enfant, il l'aimait. Un Prince aimant sa mère... cela lui rappelle l'automne de sa vie. Il l'emmène à Marly. L'Eden bucolique, le pavillon des joies dernières et qui viennent de mourir, la douceur et la joliesse des jardins tracés pour le bonheur calme.

Le 15, le Dauphin garde le lit. Les taches ne sont pas rouges, mais violettes cette fois, comme si son corps malade portait le deuil de l'aimée.

— J'offre à Dieu mes souffrances, et veuf, je mourrai avec joie.

Vingt-neuf ans, est-ce un âge pour mourir ? Il n'est pas d'âge, songe le roi. Je perdure et ce qui m'est cher, plus cher que ce que j'eus jamais de plus cher, disparaît en deux fois.

On reparle de poison. Faut-il y croire ?

Le Roi se souvient de l'affaire qui lui fit brûler bien des papiers.

Dans Paris et Versailles cinq cents personnes sont mortes de cette même mort mais nulle n'était prince ou princesse, il l'ignore. Après le grand hiver, la scarlatine. Les nouvelles plaies d'Egypte, les nouveaux cavaliers de l'Apocalypse comme guerre, pestilence et mort.

Le petit duc de Bretagne dont le pouls battait si fort quand son grand-père le Roi le tenait embrassé est donc Dauphin à cinq ans et demi. Il le sera quelques jours.

Le 27 février, il est atteint des plaques funestes. Les médecins entrent dans sa chambre avec lancettes et fioles d'émétique. Il n'y résiste pas. Il veulent s'occuper de son frère de deux ans, le duc d'Anjou.

Dans un sursaut de sagesse antique, telle Vénus sauvant le jeune Ascagne, Mme de Ventadour, la gouvernante, saisit le bambin, l'enveloppe d'une couverture, lui tient chaud deux jours. Le mène chez le Roi. Il survit.

Le Roi contemple ce bambin, le prend dans ses bras. Le garçonnet encore en robe sourit, touche le nez du grand-père, recueille au bout d'un doigt grassouillet une larme échappée. Chagrin épuisé ou réaction du corps qui veut simplement rejeter les poisons d'un désastre insupportable.

— Mon minuscule Dauphin, il ne me reste plus que vous.

L'enfant sourit ; il a des yeux de lumière.

La solitude. A deux. Mme de Maintenon et le roi, quelques rares intimes. Plus de fêtes, Versailles ou Marly sombrent dans le silence. Un peu de musique toutefois, quelques violons, pas plus.

Le mystère règne. Sa Solidité ne peut plus remplir son office : distraire le roi. Les conversations qu'il aimait tombent à plat. Il s'emmure. Il pleure tout à coup ou étouffe, hoquette. Il s'ennuie et ennuie.

Nouvelle aberration dans ses principes, son épouse secrète assiste au Conseil de ses ministres.

— Si l'on veut tenir Conseil, on m'appelle. Sinon je me retire un peu plus loin, écrit-elle à sa nièce, Mme de Caylus.

Le Conseil se déroule dans la chambre de Sa Solidité. Elle dort ou elle brode, entendant le murmure des mauvaises nouvelles qu'on débite au Roi.

On étouffe ici.

Le seigneurs désertent Versailles et Marly pour Paris. Ils fuient les tombeaux, ont besoin d'air et non de bigoterie. Les hôtels du Marais, du faubourg Saint-Germain reprennent vie comme au temps du Roi Louis le Treizième, comme au temps aussi de la Fronde. L'éloignement volontaire de son Roi en est une autre espèce. Il n'y manque que Ninon de Lenclos, morte elle aussi. Sa Solidité a pleuré à peine son ancienne amie et complice et bienfaitrice mais a longuement prié pour elle.

La duchesse du Maine tient cour à Sceaux. On s'y rue. La jeunesse est galante et, c'est nouveau — ou du moins un quasi-retour au temps des Précieuses —, littéraire. On y fête un jeune homme, un bourgeois venu de Rouen et qui n'a pas vingt ans, François Marie Arouet. Il publie déjà quelques vers satiriques sur les princes, sous le sobriquet de Voltaire.

— Et qu'allez-vous entreprendre bientôt ? Une tragédie ?

— Sans doute et une Histoire aussi.

— Laquelle ?

— Le siècle de Louis XIV.

— Mon Dieu, quelle idée !

— Qui peut se vanter à part ce Roi d'avoir vu naître en un même temps autant de génies et de talents ?

— Mais de qui parle-t-il ?

Il observe, et s'en retourne chez lui. Demain il sera invité ailleurs. Il étonnera encore.

Maintenon soupire, elle ne reconnaît plus rien. Elle écrit à son amie la Camera Mayor de Madrid, sa chère princesse des Ursins : « Je me garderai bien de décrire les mœurs présentes. Il me semble que je prêcherais contre l'amour que je dois avoir pour la France. Les maris s'accommodent de sorties nocturnes de leurs femmes et les facilitent. Les femmes boivent, prennent du tabac, jouent, ne s'habillent plus. »

Le Roi reçoit l'ambassadeur du shah de Perse. Un peu d'exotisme détend l'atmosphère et rappelle les turqueries des ballets du temps où l'on dansait et où Molière vivait et toussait.

Il souffre.

Une tache noire au pied.

Fagon se tait. Maréchal se tait.

— Je vois bien, messieurs, que vous me trouvez mal.

On lui bande la jambe.

Il s'évanouit.

Dix médecins sont à son chevet. Le Roi souffre mais pense à Molière.

Il ne peut présider la présentation de la Gendarmerie, et demande au duc du Maine de le remplacer.

Le duc d'Orléans en est fou de rage, la Gendarmerie est à lui. Alors il va quérir Mme de Ventadour, habille le jeune Dauphin de quatre ans en gendarme, et lui présente *ses* troupes qui acclament le Dauphin et leur général pendant qu'au balcon, Maine ne reçoit aucune ovation mais une gifle.

C'est une affaire d'Etat.

La gangrène en est une autre.

Le 24 août 1715, la jambe droite du Roi est entièrement noire.

Louis a compris. Il assiste à la messe et insiste pour dîner en public :

— J'ai vécu avec les gens de ma Cour, ils ont suivi toute ma vie, il est juste qu'ils me voient finir.

C'est Molière jouant jusqu'au bout un malade non imaginaire.

Jamais Sa Majesté ne fut plus digne et n'en imposa autant. Décharné comme son père le fut quand lui avait quatre ans, et qu'il mourut. Un air de chevalier des temps anciens, aventureux et fier.

Il réclame son viatique. Six garçons bleus, deux laquais de Fagon, un de Mme de Maintenon portent les flambeaux, deux chapelains soutiennent le dais sous lequel avancent à pas lents le cardinal de Rohan et Claude Huchon, curé de Versailles.

Louis communie avec dévotion.

Le maréchal de Villeroy est nommé gouverneur du très jeune Dauphin. Le Roi lui recommande la souplesse.

Il reçoit son neveu Philippe d'Orléans, le pervers de la famille selon Sa Solidité, l'incestueux :

— Mon testament que je viens de signer vous conserve tous vos droits de naissance. Je vous recommande le Dauphin. Servez-le bien, travaillez de votre mieux à lui conserver son Royaume. S'il venait à manquer, vous seriez le maître, cela vous oblige. Je connais votre courage et l'étendue de votre esprit. Soulagez les peuples de mon Royaume. Je vous en fais Régent. Vous allez voir un Roi au tombeau, un autre au berceau. Souvenez-vous de la mémoire de l'un, et des intérêts de l'autre.

Le Régent qui sait ce que valent testaments de rois devant un Parlement est curieusement ému. Cet homme lui donne pleins pouvoirs, lui confie un enfant et un Royaume. Au seuil de la tombe il se veut en paix avec toute sa famille. Et ce mécréant de Philippe d'Orléans est saisi d'une étrange et curieuse pensée religieuse, qui bien sûr, frôle l'hérésie et le blasphème, devant ce corps cireux, décharné et puant de gangrène. Est-ce un homme qui meurt lentement, est-ce un roi, est-ce un dieu ?

Sa vraie grandeur, l'humaine, est née du lent déclin menant de la statue de monarque mythique au statut de vieillard tragique, dont il fait en cet instant une épopée personnelle et solitaire et sa plus terrible gloire. Si Dieu mourait, pense Philippe, Il mourrait comme Louis XIV. Et son héritier serait un bambin.

La nuit de la Saint-Louis, qui fut naguère fête de la France, le Roi ne dormit point. En plein août il eut froid. Froid bienvenu qui gommait la douleur à cette jambe pourrissante. Il appela à lui vainement les fantômes de sa vie, mais ils ne vinrent pas. Les morts aussi peuvent être ingrats.

Maintenon dormait dans son fauteuil à oreillettes, les pieds qu'elle eut d'une finesse princière sur des coussins. Il aurait bien parfois hurlé mais c'eût été la réveiller.

Dieu, qu'elle est vieille !

Près de quatre-vingts ans.

Il lui faut du repos, il faut qu'elle parte d'ici. Je lui ordonnerai à son réveil d'aller à Saint-Cyr, c'est le seul lieu qui lui plaise et qui lui appartienne. Et puis il renferme de la jeunesse.

Que faire, que dire, que penser ? Dieu ? Il m'a retrouvé, elle m'a mené vers Lui, comme s'Il l'avait envoyée sur terre dans ce seul dessein, lui faisant subir des épreuves afin de mieux sauver l'âme d'un roi. Elle ne m'a pas épousé par amour, je le sais, elle ignore l'amour, et je ne lui en livrerai pas le secret, pas le temps, mais par devoir.

Elle peut être satisfaite, elle accomplit à la perfection sa mission terrestre. Je vais passer dans une heure ou dans un jour, mais elle me rejoindra sous peu. Peut-être alors m'aimera-t-elle sans le devoir de m'aimer.

Et puis qu'importe d'être aimé ?

Cela importe. Il faut jouer l'amour pour qu'il semble éternel, toute l'âme de la tragédie est là. Il faut jouer la mort pour devenir immortel, toute l'âme de la gloire est là.

L'insomnie a purifié l'esprit. Nul besoin que les fantômes d'une si longue vie viennent à la rescousse. Louis Dieudonné affrontera seul le passage, la fin, la seule vraie grandeur est celle de la fin.

Dans la nuit de la Saint-Louis, ses fantômes chéris ou désirés ne le visitant pas, sans réveiller, par le moindre gémissement, le garçon bleu somnolant en chien de fusil près de la cheminée, Louis réussit à quitter son lit, la jambe pourrie comme paralysée mais paralysant aussi la douleur, à saisir une cassette et à en tirer un à un des papiers, qu'il jette dans les flammes par-dessus le corps du jeune homme endormi. Les flammes dévorent tout ; tout ce que le vieillard leur donne en pâture comme il donnait naguère un massepain à ses chiens préférés. Le garçon bleu dort toujours, jeunesse indifférente au misérable petit tas de cendres près de lui.

Pendant cinq jours, Louis Dieudonné fut le plus grand acteur de son temps. Et le Régent avait raison, il fut digne de Dieu.

Il reçut Madame Palatine, blanche comme un pain de sucre, la fit asseoir sur son lit, ne lui lâcha pas la main.

— Je vous dis adieu, ma sœur, et je veux vous assurer que je vous ai toujours aimée plus que vous ne le croirez jamais et vous prie de me pardonner si je fus cause de bien de vos chagrins.

La Palatine, bouleversée, pleura sur l'oreiller pendant que le Roi lui caressait ses cheveux dont la rébellion naturelle n'avait jamais pu tenir un chapeau droit.

Maintenon alla à Saint-Cyr, dormit enfin, pria, revint. Elle ne l'abandonnait pas, elle le laissait par pudeur au sein de sa vraie famille. Le Roi devait prendre congé en roi. Pas en mari d'une épouse secrète.

Un émétique lui rendit vigueur pendant deux jours. Fagon en perdit son latin. Le Roi se sauvait, le Roi ressuscitait, le Roi put manger. Fagon le dit, on quitta le futur Régent à qui on faisait la cour.

— Si le Roi dîne encore une fois, je n'aurai plus personne, soupira Philippe d'Orléans, admiratif.

Quel homme que cet oncle !

Le Roi ne dîna plus, le Roi baisa le Dauphin bambin, l'entretint avec douceur et tendresse, lui donna les conseils que lui n'avait jamais suivis. Curieux enfant si calme et si sérieux avec dans l'œil cet éclat de sourire que la bouche ne montre pas.

Le Roi ne jouait plus le roi, il redevenait grand-père, arrière-grand-père même, son esprit se perdait dans ces comptes tragiques venus de deuils et de malédictions sans doute. La superstition assiège souvent le mourant.

Le 31 d'août, il entra en agonie. Mme de Maintenon revint au galop d'une voiture sans armoiries. Elle ne tenait pas à être reconnue. Avec elle, il récita la prière des agonisants mais ne put aller plus loin que « et jusqu'à l'heure de notre mort ».

Les adieux se déroulèrent en trois actes, au rythme des départs ordonnés par le Roi et des retours de Saint-Cyr.

Il souriait, l'aumônier venait de le quitter.

— Qu'il est aisé de mourir, on m'assure de mon salut !

— Ne pensez qu'à Dieu, Sire !

— Je n'ai que le regret de vous quitter, mais nous nous reverrons bientôt.

Sa Solidité frémit. Il la voulait donc morte comme lui. Il se trompa sur ce frémissement et réussit à sourire.

— M'aviez-vous cru immortel ? Pour moi je ne l'ai jamais cru.

Au deuxième acte, il lui demanda pardon.

— Je n'ai pas, Madame, assez bien vécu avec vous, ne vous ai point rendu heureuse mais je vous ai toujours aimée et estimée. N'y a-t-il personne ?

— Non, Sire, nous sommes seuls.

Alors Louis pleura.

— Et puis qu'importe qu'on me surprenne d'être attendri avec vous. Personne n'en serait étonné.

Ce fut Françoise qui sortit, car le mourant souffrait en son âme, et elle ne voulut point par sa présence activer cette douleur. Seul il reposerait mieux, en lui-même.

Au dernier jour de sa vie, il sut que c'était le dernier jour, il lui dit simplement :

— J'admire votre courage et votre amitié d'être toujours là pour un si triste spectacle.

Il a dit amitié, et non amour.

— Qu'allez-vous devenir ?

Il tenta de se redresser sur ses oreillers. Elle mit la main sur son front.

— Qu'allez-vous devenir car vous n'avez rien ?

— Je ne suis rien, Sire. Ne vous occupez que de Dieu.

Elle eut l'air préoccupé. Il la regardait. Quelle pensée morose l'agitait donc, et qui n'avait pas trait à sa mort ?

— Françoise, dites ce qui vous tourmente.

— Les princes, Sire... Et Monseigneur le duc d'Orléans...

— Mon neveu, quand il sera Régent aura de la considération pour vous. Il fera ce que vous demanderez pour vous, vos parents et vos amis. Il l'a juré devant moi. Il sait que vous n'en abuserez pas, et moi, je sais qu'il tiendra parole. Ayez un peu confiance en l'humaine nature, même en la sienne que vous n'aimez pas.

Elle sembla rassérénée. Confiante ? Elle n'aurait su s'y forcer. Ainsi se termina le troisième acte de leurs adieux. Le Roi devait penser en roi à l'épilogue.

Il serra la main de Françoise.

— Dites à Dieu de me venir en aide ; qu'Il se hâte de me secourir.

Dieu le fit attendre et patienter jusqu'au lendemain matin, jusqu'à ce que l'horloge de la chapelle sonne un coup pour le quart de huit heures. Dieu tenait à lui offrir le calme d'une belle nuit et la douceur imprévue d'un vrai sommeil sans cauchemars. Une vraie nuit d'été.

Au coup de la cloche, le ciel ne s'ouvrit pas, nul tonnerre ne gronda, il faisait beau, comme en tout été bien mûr. Un matin doux et tiède de septembre, le mois de sa naissance. Les fenêtres bien sûr béaient sur le parc. Une brise fraîche. Il semble qu'il n'y eût point de douleur, de douleur supplémentaire, s'entend. Bien au contraire celle, perpétuelle, de la jambe s'engourdit doucement. Un froid délicat comme celui d'un sorbet saisit doucement le pied, remonta, s'étala, non un froid de gel, mais une fraîcheur bienvenue, acceptée, celle recherchée pendant toute une vie, à coups de courants d'air, une fraîcheur de brise au petit matin ou en début de soirée. Une fraîcheur de crépuscule, quand les étoiles hésitent. La fraîcheur qui suit une flamme qui s'éteint. Tiède encore d'un simple souvenir de la chaleur.

L'âme s'envola.

Un grondement semblable à celui d'une mer en colère déferla dans les couloirs, les galeries, vers l'appartement de Louis XV. Il avait cinq ans. Ils sont tous et toutes là, chamarrés, emperlés, endiamantés, emplumés, féroces et libérés, menés par le Régent, le plus digne, en gris de perle, élégant, souriant, maître du monde.

Mme de Ventadour serre la main de l'enfant qui lève les yeux vers elle, puis contemple avec calme cette marée humaine qui déferle sur son parquet. Il a les yeux noirs, venus d'Espagne par quelque aïeule qu'il n'a jamais connue.

L'oncle Philippe est doux, beau, attentionné, calme, il met genou en terre :

— Sire, je viens rendre mes devoirs à Votre Majesté comme le premier de vos sujets.

Louis le Bambin lui sourit. Louis le Bien-Aimé commence son règne. Le sourire est grave mais sincère. Comme seuls savent les adresser les enfants.

Louis le Défunt n'aurait souhaité meilleur hommage.

Il en eut d'autres, dont un quelque part en Prusse, ancien duché et nouveau Royaume qui vient de naître dans cette Europe qu'il a bouleversée.

Le Roi Fréderic II, futur Frédéric le Grand, reçut la dépêche que tout un continent attendait et dit simplement à ses familiers :

— Messieurs, le Roi est mort.

Le Roi tout court, nul ne demanda sur quel pays ce Roi-là régnait.

Paris fut moins noble. La dépouille quitta Versailles dans la soirée du 9, en un char funèbre drapé, escorté de hérauts d'armes, de mousquetaires, de chevau-légers. Il n'y eut personne pour contempler ce spectacle de huit cents cavaliers avançant au petit trot, cette allure si élégante que le défunt aimait, dans la brume de la nuit puis du matin, un cierge de cire blanche à la main.

Paris buvait, trinquait, se moquait bien de la route de Saint-Denis. Le jeune Voltaire regarda passer le convoi. Sans un mot. Il ne priait pas, il pensait.

A Saint-Cyr, une voiture noire sans armoiries et qui avait évité la traversée des villes s'ouvrit pour qu'en descende une vieille femme en noir. Une veuve ou une mère abbesse. Elle ne se rendit pas tout de suite à son oratoire. D'abord, dans ses appartements, chassant ses suivantes, elle brûla des papiers. Elle regardait sans les voir ces flammes qui dévoraient des secrets. Lesquels ? Les siens, ceux de sa vie, ceux de sa vie avec lui. Ceux de Louis aussi.

L'oraison funèbre revint à Jean-Baptiste Massillon, sublime orateur, assez grincheux parfois pour faire peur aux croyants timides.

C'est au style de cet oratorien qui rivalisait avec celui de feu Bossuet, et dépassait celui de son maître Bourdaloue, qu'appartient à jamais le mot de la fin.

Son oraison débuta ainsi :

« Dieu seul est grand, mes frères... »

A Paris, en la paroisse Saint-Eustache,
Le troisième dimanche de l'Avent 2004 A.D.

REMERCIEMENTS

L'auteur adresse toute sa gratitude, d'abord à Mmes Noëlle Dufreigne et Muriel Beyer, pour leur patience et leurs encouragements.

Ensuite à MM. Olivier Orban qui a imposé cette idée folle, et Alexandre Dumas, qui a soufflé l'esprit.

Ainsi que, pour le plaisir des lectures, et leur collaboration involontaire, à Mmes Françoise Bertaut Dame de Motteville, Françoise Chandernagor, Claude Dulong, Françoise Hamel, Evelyne Lever, Anka Muhlstein, Gilberte Perrier, Marie-Geneviève Pioche de la Vergne comtesse de La Fayette, Marie de Rabutin-Chantal, marquise de Sévigné, Béatrix Saule.

Ainsi qu'à MM. François Marie Arouet dit Voltaire ; Philippe Beaussant, Isaac de Bensérade, Lieutenant-colonel Henri Carré, André Castelot, Abbé Timoléon de Choisy, Hercule Savinien Cyrano de Bergerac, Alain Decaux, Philippe Erlanger, François Paul de Gondi cardinal de Retz, Michel de Grèce, Jean de La Fontaine, Pierre La Porte, Jean Orieux, Blaise Pascal, Jean-Christian Petitfils, Jean-Baptiste Poquelin dit Molière, Roger de Rabutin comte de Bussy, Jean Racine, Louis de Rouvroy duc de Saint-Simon, Paul Scarron.

Et bien sûr aux lectrices, lecteurs et critiques qui ont soutenu, à leur manière, les deux tomes précédents, *Louis XIV, le lever du Soleil* et *Louis XIV, les passions et la gloire.*

TABLE

Cet ouvrage a été composé par
Nord Compo (Villeneuve-d'Ascq)
et imprimé par **Bussière**
à Saint-Amand-Montrond (Cher)
pour le compte des Éditions Plon
76, rue Bonaparte
Paris 6e

Achevé d'imprimer en février 2005.

N° d'édition : 13875. — N° d'impression : 050842/1.
Dépôt légal : février 2005.
Imprimé en France